古墳時代の国家形成

下垣仁志

吉川弘文館

目次

図表目次

序

国家形成論は、日本古代史においてだけでなく、日本考古学においても重要な研究テーマでありつづけてきた。ただ、近年の研究状況をみると、文献史学は国家成立前後に検討を集中させ、信拠できる史料がとぼしい国家形成期（六世紀以前）の研究は敬遠されている。考古学にしても、「国家」や「王権」の語がさかんに飛び交うものの、無定義的な濫用にとどまることが多く、いくぶん混乱の様相を呈している。

「日本古代国家の成立過程」の研究を志して考古学の門をくぐった筆者としては、この現況はなんとも歯がゆい。そこで、前著『古墳時代の王権構造』（二〇一一年）の上梓前後から、国家形成論の構築にとりくんできた。このたび、二〇一〇年から二〇一五年までの五年間に執筆した八本の論考を本書におさめ、一書にまとめた。年齢でいうと、ちょうど筆者が三十代後半におこなった仕事である。『古墳時代の王権構造』は二十代後半に執筆し、『三角縁神獣鏡研究事典』（二〇一〇年）は三十代前半に執筆した成果なので、吉川弘文館からは五年ごとの成果を刊行していただいていることになる。

収録論考を一冊の書籍として読み返すと、五年間という短期間とはいえ、自身の研究が展開していった過程をみてとることができる（括弧内は執筆年）。この期間、まず筆者は、権力資源論を導入した国家形成論の概要提示（第一章、二〇一二年）、保有論を加味した威信財論（第三章、二〇一〇年。ただし本書では保有論を割愛）、単一集団を基体とみがちな「首長墓系譜」論の再検討（第二章、二〇一二年）を同時併行で進めた。そして、鏡の長期保有と首長墓系譜の造営が、流動的な集団の結節を保証する機能をはたしていたとする仮説をデータで埋めてゆくなかで（第五章、二〇一二年）、鏡の長期保有の開始と古墳の出現との同軌性に気づき、さらに両者が複数の権力資源を複合的に発効させる媒体として機能しえたことが、日本列島の国家形成において重要な意味をもったとの仮説をえるにいたった（第四章、二〇一三年）。その後は、鏡と大型墳がそうした媒体として機能した具体的な状況と脈絡を、考古資料を駆使して追究する作業に従事した（第六章、二〇一五年。第七章、二〇一五年）。

他方、徐々に構想を拡幅し深化させていった副作用として、重複箇所が少なからず生じてしまった。その点、なにとぞご海容いただきたい。また筆者は、用語やその指示内容をなるべく変えないようつとめてきたが、一書にまとめるに際して若干の変更をほどこした。とくに注意を喚起しておきたいのが、これまで使用してきた「王権中枢」を「畿内中枢勢力」に変更したことである。筆者は「王権」を、「その規範が成員の面識圏を超える範域を被覆する、単一ないし複数の身体（＝王）を核として、求心的に構成された有力集団構造」、「倭王権」を「倭国王を核として求心的に形成された有力集団構造」と定義している（下垣二〇一一等）。「王権」の中枢には、畿外諸地域の集団がくわわっていた蓋然性が高く、「畿内中枢勢力」によびかえることが不適切であることは承知している。ただ本書では、畿内／外の差異化と畿内における国家形成の先行性を重要な柱にしたため、議論の進行上、やむなく用語のみを変更した。

本書収録論考の初出は以下のとおりである（論題は初出時のもの）。ただし、収録にあたって加除修正をほどこした。

第一章「考古学からみた国家形成論」『日本史研究』第六〇〇号、日本史研究会、二〇一二年

第二章「古墳時代首長墓系譜論の系譜」『考古学研究』第五九巻第二号、考古学研究会、二〇一二年

第三章「威信財論批判序説」『立命館大学考古学論集』Ｖ、立命館大学考古学論集刊行会、二〇一〇年（後半を割愛）

第四章「青銅器からみた古墳時代成立過程」考古学研究会関西例会編『新資料で問う古墳時代成立過程とその意義　発表要旨集』考古学研究会関西例会、二〇一三年
第五章「鏡の保有と「首長墓系譜」」『立命館大学考古学論集』Ⅵ、立命館大学考古学論集刊行会、二〇一三年
第六章　新稿（国立歴史民俗博物館研究会での発表内容を基礎とした。二〇一五年に脱稿）
第七章「日本古代国家形成と時空観」吉川真司他編『日本的時空観の形成』思文閣、二〇一七年（「畿内」『季刊考古学』第一一七号、雄山閣出版、二〇一一年の内容を増補）
付　章「政権交替論の現状と展望」福永伸哉編『古墳時代の考古学』九、同成社、二〇一四年

国家形成論を具体性豊かに構築するためには、史資料の統合的な検討が必要不可欠である。そのことは重々承知しているが、文献史と考古学の乖離が進みつつある現在、両者を「野合」させることは慎んでおきたい。文献史は記述が具体的なぶん、潤色や造作を見抜けずに利用すると、弊害がひときわいちじるしくなる。考古資料は年代観があやふやであり、しかも痕跡資料であるゆえに解釈の選択肢が多いため、史料との繋合はいかようにも繕えてしまう。史資料の両者を十分に駆使できない以上、まずはいずれかの立場から議論を構築すべきである。したがって本書では、原則的に考古資料に立脚し、文献史の成果は大局論に関して参照するにとどめる方針をとる。

とはいえ本書は、国家という普遍性と抽象度の高い実体を検討対象にするので、複数の学問分野の枠組を参照した。本書では構造マルクス主義の諸潮流の理論枠を重視したが、もはや半世紀以上も昔の枠組である。それ以後の展開を吸収して日本古代国家形成論に役だてるべく、筆者は現在、横文字を仕方なく渋々と読んでいるところである。その成果は、いずれ機会をあらためて公表したい。

第一章　古墳時代国家形成論

一　目　的

国家形成論において考古学がはたす役割は大きい。一般に「国家形成期」は文献史料が乏しく、文献史学からのアプローチには大きな限界がある。また、現代の「未開」社会の様態から過去の人類社会がたどった「社会進化」の道筋を再構成する文化人類学的アプローチも、調査対象である「未開」社会の経時的変化や同時代社会からの影響を軽視しがちな従来の立論姿勢が批判されるなど、その有効性に疑問が付されて久しい。そのため現在、国家形成論における考古学の発言力は、国際レヴェルでは以前よりも高まっている。

他方、日本列島の（古代）国家形成論に目を向けると、建設的な議論が交わされないまま、考古学と文献史学の乖離が進みつつあるのが現状である。この理由としては、研究の細分化（蛸壺化）が進行して協同的な姿勢が稀薄化したことや、社会主義国家の衰退をつうじて、アクチュアルな課題としての国家論への関心が後退したことなどをあげうる。

しかし、より直截的には、両学問分野の方法論的・資料的な特質と限界によるところが大きい。考古学は、人類が物的痕跡を遺した全時期を研究対象としうるため、文字の出現以前を射程におさめた長期的な国家形成論を構築しうる強みがある。だが反面、対象資料の即物性ゆえに、官僚制や成文法などにかかわる制度・機構面の究明には不向きであり、国家の「必須条件」としてしばしば最重要視される「領域による住民の区分を前提とした機構的・非人格的支配」を、十分にとらえきれない弱みをかかえている〔伊藤循一九九五、倉本二〇〇六等〕。他方で文献史学は、史料の質・量に応じて制度・機構面の究明に力を発揮するが、信頼できる史料が乏しい時期の検討には当然ながら微力であり、その場合は常識的な遡及法や隣国の史料、そして考古学的成果に依拠せざるをえない。したがって、「初期国家early state」〔都出一九九一〕の当否をめぐり争点となってきた三〜五世紀は、一方で考古資料は厖大にあるがそこから制度・機構を精密に復元しがたく、他方で確実な文献史料が少ないため、列島の国家形成に深くかかわる重大な時期でありながら、史資料いずれのアプローチにも難点がかかえこまれているわけである。

一九九〇年代頃から、考古学による国家形成論が、国外の考古学的・文化人類学的な国家論の枠組をさかんに参照ないし導入するようになったのは、ひとつには前記のジレンマを克服するためであったと考えられる。こうした枠組にふれることで、「大もとの人類学内部では、すでに死滅した理論」〔小野沢一九八四〕を延命させてきたマルクス・エンゲルス式の国家論の限界、ひいては『家族・私有財産・国家の起源』(以下、『起源』)に強く依拠してきた日本古代国家論の限界が自覚され、これらの枠組を援用する必要性がいっそう痛感されていった。史料批判の検討が深化した結果、五世紀以前の社会編成に焦点をあてた実証的な文献史的研究が大幅に減少したことも、考古学の文献史離れと国外の諸研究への接近を促進した。

一方、七世紀代に焦点をあてる文献史学の国家成立論は、すこぶる精緻に組みあげられており、とりわけ制度・機構面の分析精度は、考古学の到底およぶところではない。『起源』に依拠して、階級対立の深刻化を抑制するべく支配階級が組織した機構こそが国家であり、氏族制度と比較したその特徴を①地域による住民の区分、②公的権力、③

租税制度、④官僚の具備とみるならば、列島における国家の成立は、石母田正の金字塔的研究が明示したように、七世紀後半に求められることになる〔石母田一九七一〕。むろん、『起源』のみに依拠してきたわけでなく、また階級対立の非和解性よりも対外関係の深刻化が支配階級の結集を促進した面が重視されたり、氏族制の遺存のために人民の地域的区分が遅れたことが指摘されるなど、『起源』を鵜呑みにすることなく、列島社会のおかれた状況を加味した立論がなされてきた。

とはいえ、この数十年来の日本古代国家成立論の根幹をなしてきたのが『起源』であることは明白な事実であり、これに固執していてはその欠陥をもかかえこむことになるにとどまらず、世界の国家形成論の趨勢からとりのこされることにもなりかねない。たとえば、エンゲルスが全面的に依拠したモルガンの『古代社会』の文化人類学的知見は、それ以後の研究により根本からの修正を余儀なくされた。実際、国家形成に関する文化人類学サイドからの研究は、一九二〇年代以降に参与観察をつうじて蓄積したデータをもとに大きく進捗し、国家が成立するまでの長く複雑かつ多様なプロセスを明らかにしてきており、氏族組織／国家という社会構成の截然たる二分案はもはや成立しえない。文献史的解釈においても、「地域による住民の区分」の例としてあげられるアテネにおけるクレイステネスの改革は、その後のギリシア史研究に照らせば、「国郡制的な行政区画の設定による人民の支配などとは似ても似つかぬもの」であるとの指摘がなされている。そうであれば、律令国家をもって日本古代国家の成立とみる最重要根拠が失効することになる〔長山一九九八〕。

もちろん、国外の新たな研究成果が無条件に正しいわけなどなく、その導入には批判的態度が欠かせない。『起源』を軸にしつつ、史料の綿密な検討をつうじてこれを修正し、列島の国家成立を細緻に説き明かしてきたことは、誇るべき成果であろう。しかし、国家が世界的に普遍性の高い社会機構であることを考慮するならば、国家の「本質」を解明するためには、さらには列島の国家形成の独自性ないし普遍性を明らかにするためには、『起源』以後に展開された有力な国家形成理論や世界各地の国家形成の状況を吟味したうえで、列島の状況を検討する姿勢が不可欠である。もし国内で錬磨してきた国家論こそが正当だと自負するならば、なおのことその成果を国外に発信し、国外の諸研究との比較検討をつうじて彼我益しあうべきである。なお、初期国家論など近年の（考古学的な）国家形成論にたいし、国家の「本質」にせまりえていないとの批判が文献史サイドからくだされることがままあるが、「本質」は究明すべき最終目標であり、まずは国家形成のプロセスを史資料に即してえがきだしてゆくことが先決である。

したがって本章では、近年の考古学的な国家形成論の成果と問題点をふまえ、国家形成プロセスを考古資料から再構築する。ただ、国家形成に関する過去の国内外の研究史は厖大であり、逐一吟味することはかなわない。考古学に軸足をおいた国家形成論については、有益な整理が数多くあるので参照されたい〔岩永一九九一・一九九二・二〇〇三・二〇一二、植木編一九九六、佐々木憲一九九九・二〇〇四・二〇一七、岩崎他編二〇〇八、須藤二〇一四a・b、福永二〇一四、有松二〇一五等〕。筆者も現在、国内外の国家形成論の研究史と論点の整理に向けた作業に着手している。その成果は、いましばらくの猶予をえたのち提示したい。

なお、国家は普遍的現象でありつつも、その地理的・歴史的環境に応じて多様であり、それゆえ国家の定義はそうした多様性を吸収しうる程度のものが望ましい。厳密な定義にこだわりすぎると、列島の特定時期の政体や特定の主張にしか合致しない定義になりかねない。本章では後述の議論をふまえ、経済・軍事・イデオロギー・領域（・「社会関係」）の権力コントロールを効果的かつ恒常的におこなう支配機構の成立をもって国家の成立とみなしておく。

二　考古学による一九九〇年代以降の国家形成論

(1) 初期国家論の提唱

一九八〇年代までの考古学サイドの国家形成論は、巨大古墳の存在や朝鮮出兵などの『古事記』『日本書紀』(以下『記』『紀』)の記載に寄り添いつつ、漠然と古墳時代前期〜中期(≒四〜五世紀頃)に専制国家の成立を想定するか、あるいは石母田の『日本の古代国家』〔石母田一九七一〕など文献史学の新たな研究動向に呼応して、七世紀代に国家成立を求めるかにとどまることが多く、考古資料に即した国家形成論は低調であった。この状況を大きく動かしたのが都出比呂志の「初期国家論」〔都出一九九一・一九九六〕である。この論を画期として、一九九〇年代以降に、考古学的な国家形成論が活況を呈してゆくこととなった。

都出の初期国家論の要点をまとめると、以下のようになる。まず理論面で、エンゲルス学説に立脚してきた従来の国家形成論の問題点を剔出し、『起源』以後に蓄積された文化人類学と考古学の知見に立脚したH・クラッセンおよびP・スカールニクの初期国家概念〔Claessen 他編一九七八〕を改変しつつ導入すべきことを提言し、初期国家とは階層制・恒常的余剰・地域編成原理・強制力の四指標が発達する点で首長制と区別される社会段階だとした。そのうえで、階級分化と身分制、租税と徭役、支配組織と人民編成、物資流通の広域掌握こそが国家の指標であり、それらの成熟過程を考古資料に即して長期的にとらえるべきことを強調した。実践面では、まず三世紀に集落と墓制に階層分解が生じる現象をとりあげ、租税を示唆する大型倉庫群と徭役を推定させる巨大古墳などを考慮すれば、これらは収奪をともなう階級分化の物証だとみなした。ついで、古墳の墳形および規模の差に、身分制的秩序の存在を読みとり、武器類から推測される軍事編成や地域計画の運営の背景に、強制力をもった権力機構と人民編成の整備をみた。そして、畿内中枢勢力による鉄・須恵器など必需物資の流通の掌握状況から、自給関係に基礎をおく共同体的な基礎単位の自立的構造の解体を確認した。以上から、これらの指標をみとめうる三世紀半ば以降の古墳時代を、国家成立段階と結論づけた。そして国家段階を、前記の指標のあらわれる初期国家（古墳時代）と、それらが制度化され固定される成熟国家（律令国家）とに大分したのである。

都出が提唱した初期国家論は、国内外の諸理論と最新の発掘資料に裏づけられた総合的な国家形成論として注目を集め、賛否両論をよんだ。国家形成を長期的プロセスとしてとらえ、（成熟）国家成立までの移行期を独自の社会段階として把握すべきとの提言や、多様な考古資料を活用した点などは、おおむね好意的にうけいれられた。他方で、国家の「本質」的かつ最重要の指標であるはずの「地域による人民の区分」をはじめ、設定した指標が考古資料から十分に実証されておらず、そもそも国家の「本質」にそぐわない指標もふくまれること（①）、設定した指標が出揃う五世紀ではなくその一部が出現するにすぎない三世紀代を国家の始発点としていること（②）に、多くの批判がよせられた。国家の「本質」規定を曖昧にしたまま国家段階を二分し、指標の内容が制度化されてゆくプロセスを説明するだけの平板な発展段階論のきらいがあること（③）、これに関して、変転いちじるしい三〜六世紀代の古墳時代を同一の初期国家段階におしこめてしまっていること（④）などにも、批判がくわえられた〔岩永一九九二、伊藤循一九九五、大平一九九六等〕。

これら諸批判のうち①については、その論拠と枠組に疑義が呈されて久しい『起源』を基準にして国家の「本質」や指標を細かに議論したところで、益するところは少ないだろう。他方で②〜④の批判は妥当であり、本章ではそれらを承けつつ私見を提示したい。

なお②〜④に関して、初期国家論をふくむ新進化主義的な国家形成論の根幹にかかわる近年の研究動向にふれておきたい。新進化主義に範を求める国家形成論では、段階の名称に相違はあれ、バンド社会→部族社会→首長制社会の変遷をへて（初期）国家が誕生するという、社会段階の進化を想定するのが一般である。しかし近年の研究では、このような単純な発展段階論は棄却されつつある。首長制社会から国家への進化はむしろ例外的と説かれ、両者は別個のプロセスをたどって併行的に展開した社会類型であるとの見方も有力になりつつある〔Mann 一九八六、Yoffee 一九九三、石村二〇〇六等〕。つまり、社会の単系的な発展段階論に、根本から疑問が投げかけられているわけである。実際、首長制社会とされる社会は、「文化複雑度」において「一つの独立の範ちゅう」にくくりがたいほど多様であり〔大林一九九一〕、そのうえ発達した首長制社会と初期国家との境界は不明瞭だという〔都出一九九一〕。したがって、そうした多様さを国家への発展線上の小段階差とみるか、当該社会がおかれた固有の状況に由来するとみるかが、国家形成論を左右する重要な論点となる。三世紀末を「本格的な国家形成の開始点」だと評価し、指標が制度化されてゆくプロセスのなかに成熟国家への円滑な成長をみいだす都出の論は、明らかに前者の見方である。実際、都出の国家形成論にたいして、「畿内の政治センター」がひたすら成熟国家への道を歩んでゆく「平板なヤマト政権の一方的拡大過程」を描出したにすぎないとの批判がなされている〔大平一九九六〕。そうした「平板」さは、都出自身が「一時的な短期の連合にすぎない類型と、国家機関の萌芽を生み出すような持続性の強い成熟した類型とを識別し、それが形成された歴史過程をも考慮する」必要性を説きつつも〔都出一九九一・一九九六〕、首長制社会から成熟国家への展開を法則的かつ一線的にとらえている以上、当然の帰結ともいえる。

筆者はここに、初期国家なる概念の正当性と意義を問う重要なポイントがあると考える。首長制社会から国家への

「進化」が例外的であるとすれば、その例外が生じた契機や状況、当該社会の特質の究明こそ、国家形成論の核心を衝くのではないか。（成熟）国家の根幹的要素を萌芽的に有し、かつ（成熟）国家へと必然的に生成してゆく機構が存在するならば、そうした機構こそを初期国家と規定するのが妥当である。列島を例にとれば、律令国家の根幹的要素を萌芽的にそなえ、たとえシステム変動に直面してもこれを乗りこえ、律令国家へと成長してゆく機構がみいだされるならば、それを初期国家とよびうるのではないか。逆にいえば、三世紀後半に想定される「初期国家」が（成熟）国家へと展開をとげたのは必然でなく、歴史的偶然にすぎないならば、たとえ「初期」の二字を冠しても国家とはみなせない[1]。本書では初期国家概念を採用しないが、前記した意味での初期国家が列島に成立した時期を求めるとすれば、その上限は弥生時代末期（後半）になる。なお、単系的な社会の発展段階論への疑義に関連して、国家の生成原理を、独立して内的に生成した一次国家 pristine state とその強い影響下で生成した二次国家 secondary state とに区分する視座〔Fried 一九六七等〕も、中国王朝の周縁部でその強い影響のもと展開した列島の国家形成を明らかにするうえで、重要な手がかりをあたえてくれよう〔穴沢一九九五、福永一九九八等〕。

（2）多彩な国家形成論の展開

都出の初期国家論が起爆剤となり、列島の国家形成を論じた多彩な考古学的研究が登場した。これら諸研究のスタンスは、国外の新たな枠組に依拠したもの（スタンスⅠ）、従来のマルクス・エンゲルス理論を中心にして国内で検討が進められた枠組に依拠したもの（スタンスⅡ）、特定の理論枠を導入しないもの（スタンスⅢ）、におおむね三分できる。以下、スタンスⅠを中心に一九九〇年代以降の国家形成論を概観し、その意義と問題点を抽出する。

スタンスⅠでは、A・サウゾールの「環節国家 segmentary state」概念を古墳時代後期に適用した新納泉、C・

レンフルーが提唱した「初期国家単位Early State Module」概念を弥生時代中期頃の九州北部に適用しうることを説いた岩崎卓也ら、一次国家／二次国家論を軸にB・カーンリフの中核圏―境界圏―辺縁圏説を加味し、「古墳文化」はその政治組織が「首長国ないし初期国家の段階」にある「境界」圏の文化現象だと説いた穴沢咊光、弥生時代後期から古墳時代の社会を首長制社会（首長国）の一類型だと規定し、国家形成への最初の段階ととらえた鈴木靖民など、多くの論者が興味深い研究を提示してきた〔新納一九九一、鈴木靖一九九三、穴沢一九九五、岩崎他二〇〇八等〕。古墳時代前期の社会にC・ギアツの「劇場国家」やS・タンバイアの「銀河系政体」と共通する特徴をみいだし、当該期がすでに「国家の初期的段階」であったと推断した福永伸哉の所説も注目された〔福永二〇〇五〕。ただしこれら諸論は、国家（・首長制社会）に関連する諸現象の部分的比較や類似性の指摘、当該社会の特徴の摘出にとどまりがちであり、列島における国家形成プロセスを総合的にとらえきれていない憾みがある。(2)

そうした難点をかなりの程度クリアしうる点で、本書において重視したいのが、構造マルクス主義の諸潮流の理論枠を採用した国家形成論である。とくに重要であるのがマルクス主義人類学であり、フランスを主舞台にM・ゴドリエやJ・フリードマン、G・デュプレらが一九六〇年代から七〇年代を中心に、新たな民族誌データの分析と理論的検討をつうじて、マルクス・エンゲルス理論の再構築を積極的に進めてきた〔山崎編訳一九八〇、岩永二〇一二等〕。生産関係・生産力・親族関係・イデオロギーなどの構造的自律性と相互連関性を明確にし、それらが社会編成体の（複線的）進化と緊密に結びついていることを民族誌データに即して説き明かしたことは、生産様式や社会編成体の分析が不十分だった『起源』モデルやマルクスの生産力決定論に再検討をせまり、これをより高次のレヴェルで賦活したといえる。それゆえ筆者は、「『起源』の論理を現在の時点で新たに発展させよう」〔都出一九九一〕とするならば、吟味・導入すべきは新進化主義や初期国家論よりも、むしろマルクス主義人類学であったと考える。(3)

とりわけ、この視座からの議論の到達点であり、近年ようやく日本考古学に導入されたJ・フリードマンとM・ローランズの体系的枠組〔Friedman他一九七七〕は注目に値する。両氏はまず、生産諸関係は所与の技術発展レヴェルに規定される限度内で、労働全体のインプットと人口のアウトプットを配分し、直接的な労働プロセスと環境開発を組織化すると考え、生産―流通プロセスを支配し人口を再生産させる特定の社会形態の再生産構造を再構成してゆくアプローチを提言する（図1）。そのうえで、個々の政治単位は外部の生産に依存する以上、それらの社会進化は相互に関連しつつ世界システム内で進行するとの見方と、社会進化の各段階はつねに前段階に規定されて「後成的《エピジェネティック》」にうみだされるとの観点を導入し、初期文明（領域国家・都市国家）へといたるひとつの道筋として、親族の再生産システム（婚姻関係）や余剰物・財のフローなどに結びついた社会的再生産のポジティヴ・フィードバックをつうじて、部族システム→アジア的国家→威信財システム→領域国家・都市国家のように「進化」してゆくモデルを、世界各地を対象とした潤沢な具体事例をもって例証したのである。フリードマンらが提示した枠組は、世界システム内での中心―周辺関係の形成に焦点をあてており、一次国家／二次国家論に連繫しうる点、殷（アジア的国家）→西周（威信財システム）→東周（領域国家）というように、東アジアの社会進化をあつかっている点、円錐クランの展開など各段階の親族構造の特質を詳細に解き明かし、社会進化のプロセスに結びつけて論じえている点、近年の列島の国家形成論で重要視されながらも感覚的な検討にとどまりがちな威信財論を、社会関係の再生産・発展に関連づけて理論

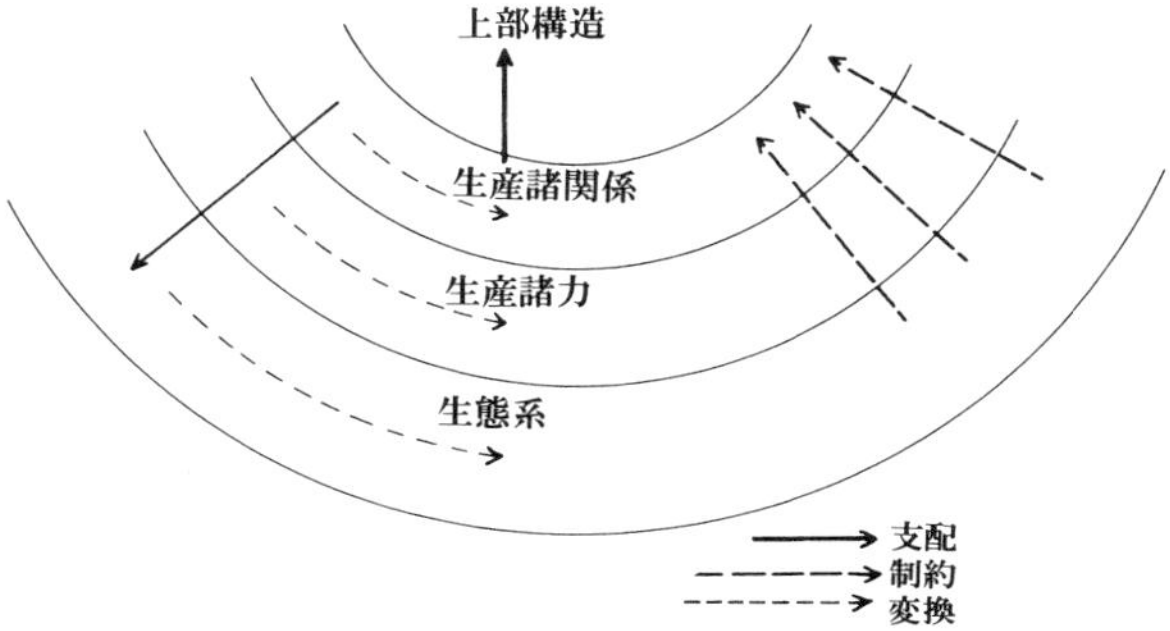

図1　社会形態の再生産構造モデル

化しえている点など、列島の国家形成論にも多大な示唆をあたえるものである。

近年、辻田淳一郎がこの枠組を参照して、列島の国家形成プロセスをえがきだしている。すなわち辻田は、鏡の授受の様態などから、古墳時代前期〜中期を威信財システムの確立・展開期ととらえ、そののち古墳時代後期に親族関係の父系化や葬送儀礼の転換など多様な変化と連動して中央集権的な政治支配体制のインフラ整備が進行し、律令国家成立の基盤が準備されたのだ、と論じている〔辻田二〇〇六・二〇〇七〕。

フリードマンらの枠組は、指標主義に陥ることなく国家形成のダイナミクスを追究しうる可能性を秘めており、きわめて重要である。しかし、社会進化の後成的性格と多様な進化軌道を強調したものの、それと裏腹に実作業面では、初期条件に規定された決定論的な単線進化プロセスを復元した感が否めない。これにたいし、構造マルクス主義の潮流に属する以後の諸研究では、社会の発展軌道の多様性がいっそう重視された。日本考古学でとくに注目されているのが、T・アールとK・クリスチャンセンの研究であり、一九九〇年代末頃からさかんに紹介されてきている。ただし、部分的に適用されはするものの、列島の国家形成論に十分に活用されていないのが現状である。

アールは、M・マンのIEMP（イデオロギー・経済・軍事・政治）権力資源モデル〔Mann 一九八六〕に強い影響をうけつつ、デンマーク・ハワイ・ペルーの首長制社会において、環境の相違とコントロールされる諸種の権力資源power source の比重に応じて、中心化した政治システムが多様な仕方で展開した実態を明らかにした〔Earle 一九九七等〕。福永は、これらの権力資源のうちイデオロギーに着目し、物質化されたイデオロギーである公的儀礼・象徴的器物・公的記念物の管理とコントロールこそが、弥生時代末期〜古墳時代の「中央政権」が政治的主導権を獲得・維持してゆく重要かつ有効な戦略であったことを、豊富な例証を駆使して力説した〔福永一九九九a〕。アールの分析視角のうち、とくに注目されてきたのが、後述する「基本物資財政 staple finance」と「富裕物資財政 wealth finance」に二分されるポリティカルエコノミーであり、環境条件の規定下で有力者 elites に戦略的に採用される両財政の差異が、首長制社会の発展軌道の差異につながると想定する。これは、都出が重視した「政治権力の形成維持と必需物資の掌握」との「密接な関係」〔都出一九九一〕を、より詳細かつ体系的に追究できる分析枠組である。列島の国家形成論の脈絡では、富裕物資財政が弥生時代後期の日本海沿岸諸地域や古墳時代前期の「畿内政権」の「経済基盤」としてはたした意義を説く論考が提示されている〔福永二〇〇四、野島二〇〇九等〕。

構造マルクス主義の影響が色濃いクリスチャンセンの論考も、「階層社会」の有力者をささえる財政の相違が、その社会の発展軌道を左右するとの見方をとり、基本物資財政にもとづく集団志向の首長制社会は「集権古代国家」をへて「帝国」へ、富裕物資財政にもとづく個人志向の首長制社会は「分権階層社会」をへて「都市国家」へ、という二肢的な「進化軌道」を想定した[4]〔Kristiansen 一九九一〕(図2)。単系的な社会発展を想定せず、さらに世界システム的な中心―周辺関係を考慮した枠組であり、列島の国家形成を考えるうえではなはだ興味深い。

スタンスⅡとしては、『反デューリング論』と滝村隆一の「外的国家」論に依拠して、「基礎的な小共同体」が「共同の利害」のた

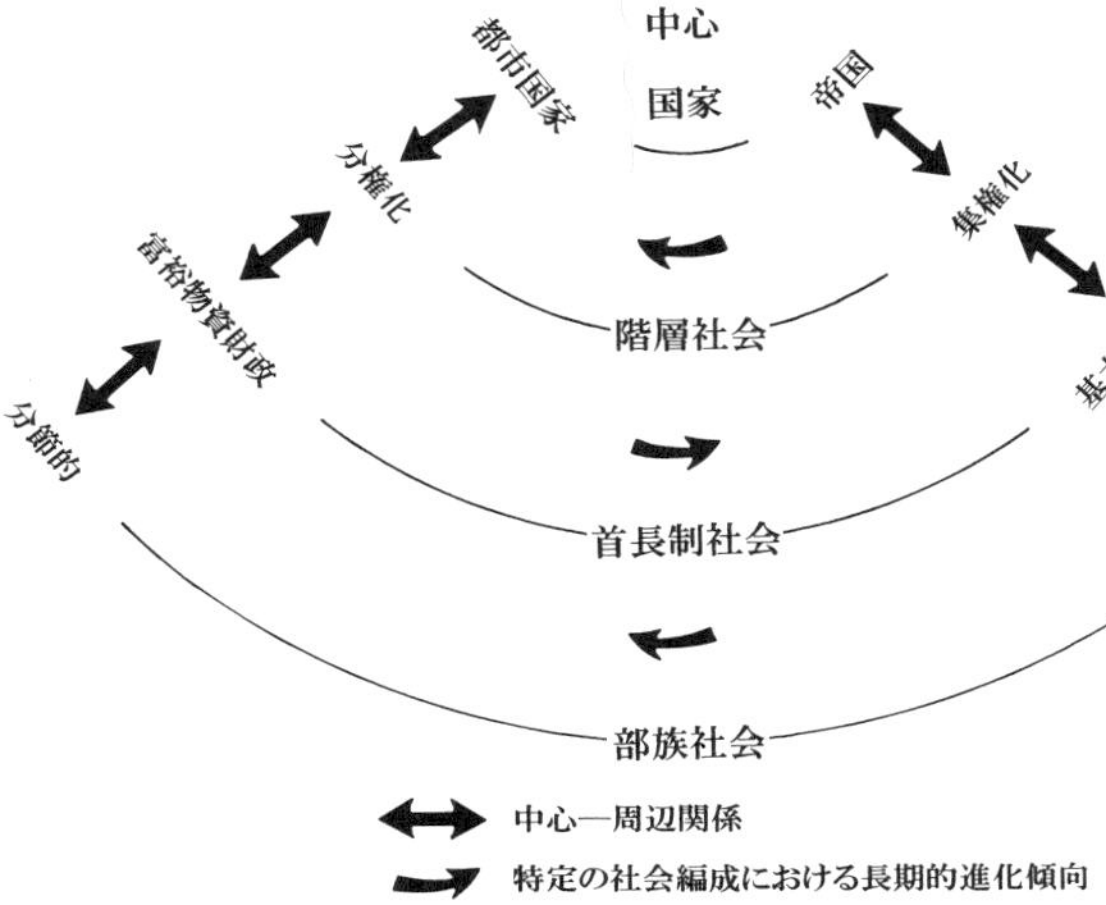

図2　社会の二肢的「進化軌道」モデル

めに「外部に向けての権力として打ち出される実体」こそが、広義の国家（部族的国家）であり、列島では九州北部で弥生時代前期末（～中期初め）に誕生したと主張した寺沢薫の所説が異彩を放つ〔寺沢薫二〇〇〇・二〇一三等〕。また、徳本正彦の所論に依拠し、国家が成立してゆく「過渡期」を、特殊利害の発生から国家の制度的完成にいたるまでの一時代を画するに足る「前国家段階」として独立させたうえで、「支配者層の族組織としての安定、被支配者としての農民層の経営単位としての安定」により、国家の必須属性の確立に必要な条件が準備された五世紀後半～六世紀を、律令国家の前提と基礎が形成された重大な時期とみた岩永省三の見解は注目される〔岩永二〇〇三〕。

最後にスタンスⅢであるが、広瀬和雄の「前方後円墳国家」論が代表的な研究である。広瀬は、「領域と軍事権と外交権とイデオロギー的共通性をもち、大和政権に運営された首長層の利益共同体」であり、その成員権を前方後円墳により表象した三世紀中頃～七世紀初め頃の「政治団体」を、「前方後円墳国家」と評価した〔広瀬二〇〇三〕。都出の前方後円墳体制論を掘りさげた立論であり、前記したIEMPモデルと共通する部分もあり興味深い。ただ、「前方後円墳祭祀」という「共同幻想」が国家をイデオロギー的にささえた側面を重視するため、実証困難な点が多いことや、前方後円墳という特定の墳墓形態を指標に「三五〇年」もの長期間を一括視できるのか、などといった課題もある。また、古墳時代前期～中期に焦点をあてた都出にたいし、中期～後期の状況を重視し、墳墓全体の動向や生業の検討をつうじて、古墳時代を一体的にとらえる都出の初期国家論に修正をせまった和田晴吾の提言も重要である。和田は、「首長層」の在地支配が温存された古墳時代前期～中期を「初期国家段階」と理解し、「王権」の支配が「家長層」まで直接および、「首長層」が官人化しはじめる後期に本格的な国家秩序が始動したと説く〔和田二〇〇四〕。古墳時代後期に国家形成の最大の画期をみる見方は、前述の岩永や辻田の見解とも響きあい、近年の資料・研究動向とも合致しており説得力に富む。

（3）小結―成果と課題―

考古学サイドからの近年の国家形成論を、文献史研究者にも周知してもらうねらいもかねて、やや冗長に都出以降の考古学的な国家形成論を解説した。その成果と課題を簡単にまとめれば、次のようになる。成果としては、マルクス・エンゲルス以後の多様な国家形成論の枠組を導入し、親族構造や儀礼、イデオロギーや長距離交易などといった新たな観点を導入することで、硬直化の様相を呈していた列島の国家形成論に新風を吹きこんだことが大きい。韓半島における発掘調査と研究の飛躍的な進展をうけて、韓半島と日本列島が相互作用しつつ国家形成をとげたプロセスが具体的にえがかれつつあることも重要である〔朴二〇〇七、高田二〇一四等〕。

他方、課題も少なくない。考古学という学問の性質上いたし方ないとはいえ、依然として機構・制度面の検討が後手にまわり、文献史サイドからの批判に応答できていない感が強い。また、新たな枠組に依拠する場合、そうした枠組から長期的に通覧する志向に欠きがちで、枠組の部分的流用や現象面の類似点の抽出にとどまりがちなことも問題である。そのため体系性に乏しく、国家の成立プロセスや存立基盤の検討が不十分な議論に堕しがちである。特定の枠組に依拠しない論考の場合、その正当性を示すためには、そして国家が普遍的現象である以上、国外の諸研究との接点を探る努力を重ねなければ、独りよがりの論に陥る危険性がある。(5) 国家に関する理論的な検討どころか定義すらせずに、感覚的にくりだされる「国家」論にいたっては論外である。

三　分析視角

以上の研究動向と課題をふまえ、本章では以下に提起する視点から列島の国家形成プロセスを論じる。そのためには、指標の羅列や現象面のたんなる比較にとどまらず、恒常性をもった支配機構・制度の成立プロセスを長期的に追尾しうる枠組を採用すべきと考える。支配機構を追究する以上、支配集団を核とする集団構造の様態を把捉でき、さらに国家形成にかかわる多様な現象を説明しうる枠組が望ましい。前述した枠組を閲すると、アールの権力資源モデルがとりわけ有望だと判断する。マルクス・エンゲルスの枠組を理論と例証の両面において発展的に継承した〈構造〉マルクス主義人類学につらなる枠組であり、従来の列島の国家形成論に節合しやすい点でも有益である。アールの権力資源モデルについては、その起点的位置を占めるマンのモデルもふくめ適確に整理・解説したうえで、南米中央アンデス地域の国家形成に適用した関雄二の卓抜した研究成果がある〔関二〇〇六等〕。以下、関の解説を導きとして、権力資源モデルの概要とその有効性について略説しておく。

権力資源モデルはマンにより体系づけられた。マンは社会を、相互に重複・交差しあう複合的な権力ネットワーク群により構成される社会空間だととらえた。そうした権力ネットワーク群のうち、イデオロギー・経済・軍事・政治の四つのネットワークが、多様な社会的協同の諸形態を可能にする点ですぐれており、人びとが目的追求のためにこれら四つの権力資源をいかに組みあわせ組織化していたかの様態を追うことで、社会の構造と歴史をえがきだせるとみた〔Mann 一九八六〕。

一方アールは、マンの視角を継承しつつ、首長制社会の有力者が、権力や支配機構を構築するために、権力資源をいかにして独占し、他者によるアクセスをコントロールしつつ戦略的に駆使したかを、考古資料に立脚して分析し、複雑な政治機構が登場してくるプロセスを追究した〔Earle 一九九七〕（図3）。ただしアールは、マンのあげた「政治」を採らず、その代わり新たに「社会関係（親族関係）」をくわえた[6]。「中央集権的・制度的・領域的なコントロール」である「政治」が除外されたのは、アールが首長制社会を分析対象にしたためであろう。しかし、国家形成を論じる本章では、考古資料から追究できる「領域的なコントロール」を中心に、「政治」も検討の対象にする。

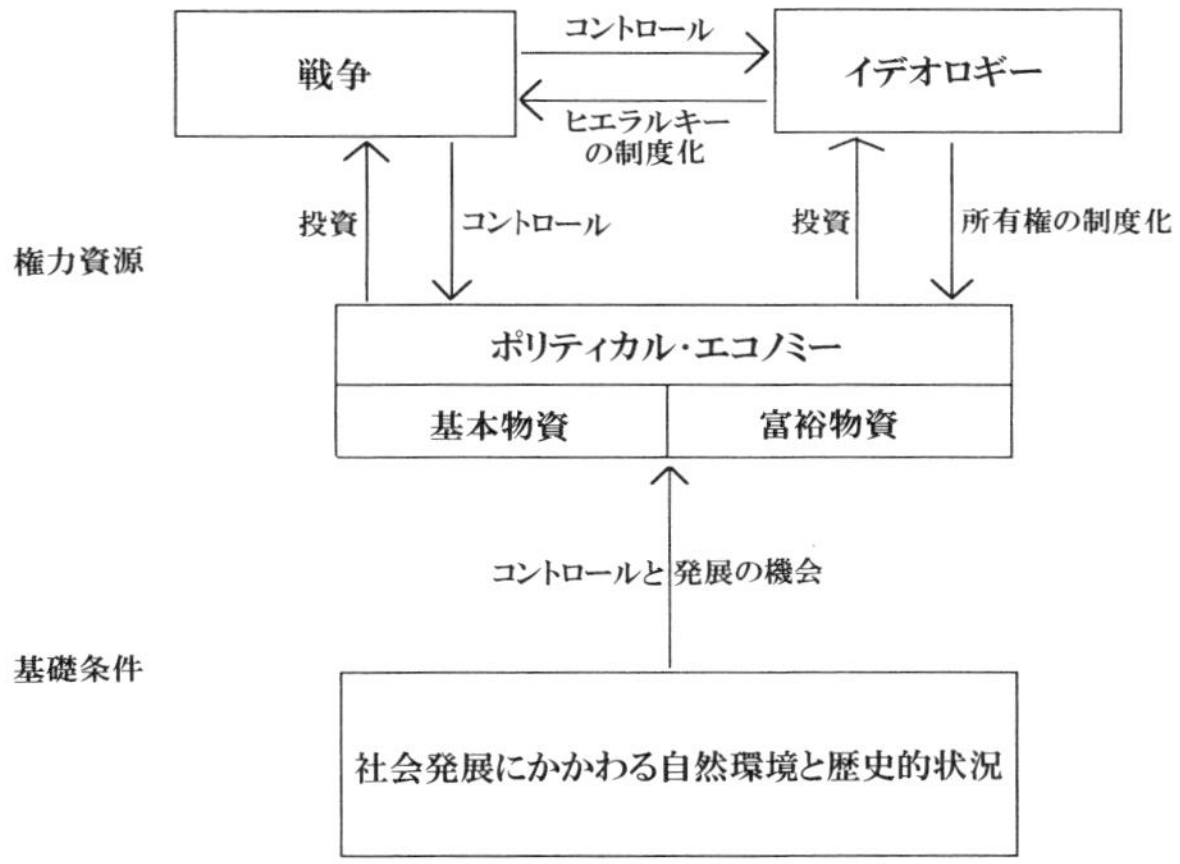

図3　首長の権力戦略における権力資源の諸関係

結局アールは、経済・軍事・イデオロギーという三つの権力資源を分析の俎上に載せたわけである。権力資源としての経済において重要であるのは、余剰生産物が有力者や支配組織の政治活動などに振り向けられるポリティカルエコノミーである。これは、貢納や徭役をつうじて一般民から集積された基本物資（農産物・家畜等）の生産・流通・消費を支配機関がコントロールする基本物資財政と、交易ルートや専門工人の掌握をつうじて威信財などの特殊な物品の生産（入手）・流通・消費を支配機関がコントロールする富裕物資財政とに、理念的に二分しうる。前者はおもに輸送に、後者は独占手段や価値の共有に困難がともなうが、有効にコントロールしえた場合、ほかの権力資源の維持・展開にも活用できるため、非常に重要な権力資源になる。軍事は、兵士や武器を威嚇装置にして強制的に命令を遵守させうる権力資源であるが、兵士の叛逆を常時警戒せねばならない点に難点がある。そして権力資源としてのイデオロギーは、一定の様式の信仰・行為・儀礼・物質文化をつうじて権利・義務などの社会秩序の規範を示し、有力者による支配を正当化する作用をはたす。不可視のままでは権力資源として微力だが、公的儀式イヴェント・象徴器物・公共モニュメント（と景観）・文字システムの形で可視化することで、イデオロギーの社会への普及が促進される。したがって、イデオロギーの可視化につながる技術やその流通・消費をコントロールすることが権力の掌握につながる。

この権力資源モデルは、アールや関の研究成果が明示するように、特定政体において有力者が権力資源を組みあわせコントロールすることで権力や支配機構が構築されてゆく様態とプロセスを、その環境条件に即しつつ長期的に実証しうる点で、きわめて有効である〔Earle 一九九七、関二〇〇五・二〇〇六〕(7)。しかも関が証示したように、各種の権力資源に多量の投資をおこない、これらを密接かつ効果的に関連づけてコントロールする機構が、安定的に維持されていたか否かの相違が、当該社会が「前国家段階」にとどまったか国家を成立させたかの分水嶺をなす〔関二〇〇六〕(8)。とすれば本モデルは、列島の国家形成論にも有望な視角をもたらすと期待してよい。

とはいえ権力資源論は、社会の仕組みを知悉した支配者が、精妙な計略を駆使して支配を実現していたという、陰謀論めいた印象をあたえかねない。しかし、権力資源のコントロールを広域的に、かつ考古資料に反映されるほど長期にわたり安定的に実施するには、それを可能にする組織・機構が不可欠であるし、そうした組織・機構が支配者当人をも束縛する側面があることを考慮すべきである。また、権力一元論に傾斜しかねない難点もある。権力資源のコントロール主体を具体的に特定しがたい難点も重大である。本章では、超巨大古墳（王陵級古墳）に葬られた最有力者を頂点として構成される最有力集団（畿内中枢勢力）を、そうした主体とみておく。ただ、最有力者はともかく、最有力集団の特定は至難であり、また複数のコントロール主体が併存した可能性も想定しておかねばならない。こうした点で、本章の検討には曖昧さが残らざるをえないことを断っておきたい。

権力資源論とならんで本章で採用したいのが、畿内地域の政治的展開を長期的にとらえる視点である。当地域は弥生時代末期後半頃から列島の中心でありつづけ、他地域との関係を優位のうちに進めた。しかし、畿内地域の政体は、当初から列島広域に堅固な支配体制を布いたわけではない。自地域の政治的確立をへて、徐々に他地域の政体への政治的影響を強めていったのである。このプロセスの実態を、権力資源モデルに関連づけつつ示したい。この視点は、いわゆる畿内政権論や地域国家論の当否をめぐる議論〔門脇一九七五、大津一九八五等〕に、考古学から一石を投じうるものである（本書第七章）。

本章のテーマを詳細に論じきるには、優に一書を要する。その作業は機会をあらためてはたすことにして、本章の検討は要点を摘記する形で進める。本章の対象時期は、おおむね弥生時代末期から古墳時代後期までとし、弥生時代末期（二世紀半ば〜三世紀前半）・古墳時代前期前半（三世紀中頃〜末）・前期後半（四世紀前半〜後半）・中期（四世紀末〜五世紀後半）・後期（五世紀末〜七世紀初頭）に区分する（括弧内は大まかな暦年代）[9]。

四　考古学からみた国家形成プロセス

（1）弥生時代末期

階層化と生産力の進展を両輪として、弥生時代後期のうちに順調に成長した畿内地域の勢力が、弥生時代末期頃に鉄輸入をめぐり九州北部の勢力を制圧して広域的な政治主導権を握った、とする従来の有力説は、近年の研究成果からみて、もはや成立しがたい。むしろ、近年のネットワーク分析や韓半島系土器の分布分析の成果などを参照すると、九州北部を窓口とする列島外との「貿易」を介して結ばれた西日本広域のネットワークのうち、畿内地域とりわけ奈良盆地東南部がその「媒介者的位置」ゆえに急速に成長し、中心化をとげたと考えうる〔久住二〇〇七、Mizoguchi 二〇〇九〕。とくに末期後半の発展はいちじるしく、「都市」的とすら形容される奈良県纒向遺跡では、列島広域の人びとを吸引しながら巨大集落が着実に発展してゆき、末期末頃から一〇〇メートル前後の規模を誇る纒向型前方後円墳が次々に造営された。ただ、同時期の西日本各地には、高い計画性をそなえた巨大集落群である福岡県比恵・那珂遺跡群をはじめ、岡山県足守川流域遺跡群、大阪府中田遺跡群などの巨大集落群が割拠し、纒向遺跡のみが突出していたわけではない。九州北部では鉄製品が活潑に生産され、「博多湾貿易」の窓口として自律的な動きもみせていた。しかし、奈良盆地東南部に居をかまえたであろう有力者による権力資源コントロールが少なからずみいだせる点は重要である。

たとえば、末期末頃に列島への流入が本格化した画文帯神獣鏡は、富裕物資の代表格であるが、奈良盆地東南部を分布の核として、総数の七割近くが畿内地域に分布する。一方、「貿易」の窓口であった九州北部の出土例は皆無に近く、末期後半に流入しはじめた上方作系浮彫式獣帯鏡などの諸鏡式が列島広域に分散する状況といちじるしい対照をなす〔岡村一九九九等〕（図17）。鉄器の生産・入手の中心地である九州北部に鉄器の多量出土墳がない反面、纒向遺跡内のホケノ山古墳（墳墓）から多量の鉄器が出土したことも注目できる。これらの現象は、外来の富裕物資を中心とする重要品目の入手・流通を、奈良盆地東南部の有力者がコントロールしていたことを示す。

この時期、イデオロギーのコントロールがとくに目だつ。神仙思想（道教信仰）を表現した画文帯神獣鏡が、近畿式銅鐸の清算的な破壊行為に踵を接するように盛行することは、末期後半に有力者のコントロール下で「宗教的枠組みの改革」が断行された可能性を示唆する〔福永二〇〇一〕。前方後円墳形の墳丘や「一大率」などが道教に関連するとの説〔吉田一九九五等〕もあり、おそらく外来信仰とそれにかかわる「象徴器物」がコントロールされていた。纒向遺跡では、獣魚・穀類（米など）・果実（桃など）といった食品類や祭祀用具を多量に埋納した古墳出現前後の土壙がいくつも検出されており、山野河海の多様な産物を集めえた有力者による公的儀式イヴェントが挙行されたことを示す。当遺跡中枢部で近年発見された超大型建物群は、この種の土壙をともない、まさに公共モニュメントと評しうる。その付近に造営された纒向型前方後円墳の一群も、列島の墳墓史上かつてない規模を誇り、これも公共モニュメントの一種といえよう。なおホケノ山古墳において、列島諸地域で醸成された祭式や墳墓要素が集約されている事実は、葬送面でのイデオロギーのコントロールを示し、古墳時代に顕著になる祭式の吸収―再分配行為の起点をなしている。なお、中国王朝などとの「外交」には、文書を作成・読解するうえで文字に関する知識が不可欠であり、有力者にとり重要な権力資源であっただろう。しかし、文字の使用は硯や筆などの実物資料の出土をもって実証できるが、文書作成の技術とそのコントロールについては、文字史料の出土がさほど期待できない現状では、考古学からの究明は至難である。

他方、軍事的な権力資源コントロールの徴証は少ない。たとえばホケノ山古墳からは少なからぬ武器類が出土したが、儀仗的性格の強い銅鏃が多くふくまれ、列島各地でも鉄鏃が生産・副葬されており、強いコントロールの形跡はみいだせない。鉄製甲冑も不在であり、軍装も軍組織も未成熟であったと考えられる(10)。

領域的なコントロールに関しては、土器様式や銅鐸の埋納地などからみて、弥生時代後期にはすでに文化圏・経済圏としての畿内地域が形成され、心理的な境界意識も生まれていたが、政治的な領域支配の証拠はない。奈良盆地東南部を発信源として纒向型前方後円墳が点的ながら広域に拡散したものの、諸地域では依然として地域性の強い墳墓が造営されたことが示すように、その影響力は点的なものにすぎず、領域支配の証拠はみとめられない。

以上をまとめると、当該期の権力資源コントロールはイデオロギー面にかたより、おそらくは諸地域の中心への求心性に依存する側面が強かったうえに、中心からの強制力が弱い点で、コントロールとしては脆弱であった。また、纒向遺跡の突出性を過度に強調することもできない。「奴国」の中枢と目される比恵・那珂遺跡群は、纒向遺跡と同様に計画性の高い「都市」的様相を呈し〔久住二〇〇八〕、足守川遺跡群でも鉄器・青銅器など多様な生産が有機的に配置されていた〔河合二〇一六〕。当該期は、交易ネットワークの幹線上で発達してきた同列的な諸政体のなかで、纒向遺跡が急速に成長をとげ、求心性を高めつつイデオロギーを中心とした権力資源コントロールを始動させた段階だと評価できる。

(2) 古墳時代前期前半

現在では一般に、奈良県箸墓古墳の造営をもって古墳時代の開幕とみなしている。破格の規模を誇る本墳の築造と軌を一にして、定型性をそなえる前方後円墳が、点在的ながら列島広域で採用されるなどの現象が看取される以上、この時点を重大な画期とすることに異論はない。しかし、そうした前方後円墳の各地への普及・定着は一様でなく、諸地域では個性的な墓制がしばしば存続しており、「定型化」前方後円墳が拡散した政治的意義を従来説ほど高く評価できない（本書第四章）。

古墳の造営と埋葬儀礼を軸に権力資源が複合的にコントロールされはじめる点に、この時期の特徴がある。経済に関する権力資源として、富裕物資財政のコントロールが際だっている。とくに、副葬品の主座を占める鏡の入手（製作）および流通のコントロールが顕著である。とりわけ三角縁神獣鏡は、まがりなりにも神仙の図像を表現し、画文帯神獣鏡を発展的に継承する形で、前期初頭から多量に入手・分配がおこなわれた（図18）。前期中葉頃には、面数で格差を表現した三角縁神獣鏡の流通戦略を補完・拡充する形で、サイズで格差を明白に表示する倭製鏡（仿製鏡）の製作が本格的に始動し、これら複数の格差の基準を組みあわせて、畿内地域を上位にすえつつ諸地域の有力者（集団）が序列づけられた。しかも、分配状況から想定できる畿外諸地域の優遇地域は、小期ごとに変動しており、政治状況に応じた細やかな分配戦略を実施していたことが察せられる。遅くとも前期前葉に製作がはじまった各種石製品は、その主要生産地は北陸地域であるが、分布・流通の核は畿内中枢にあり、生産から流通までのコントロールがうかがえる。鉄器に関しても、九州北部が依然として輸入の窓口であり、福岡県博多遺跡群では高い技術力を駆使して少なからぬ鉄器を製作していたが、この時期の当地域の古墳副葬鉄器はごく少量にすぎず、奈良盆地を中心に畿内地域が圧倒的な出土量を誇る〔野島二〇〇九〕。そのうえ、遅くとも前期中葉までに、畿外諸地域の鉄刀剣類の本体が畿内地域に集められ、装具を装着したうえで再分配された可能性までも指摘されている〔豊島二〇一〇〕。

富裕物資財政にくわえて、畿内中枢において基本物資財政への投資とコントロールがみとめられることは注目に値する。すなわち、古墳時代前期を中心に、纒向遺跡の下流にあたる奈良盆地中部の旧初瀬川流域において、畿内中枢勢力が列島諸地域からの「入植者」を迎えいれつつ生産基盤の充実化をはかったことが、集落遺跡の調査成果から推定されている〔坂二〇〇九〕。奈良盆地東南部における超大型古墳の継続的な造営は、このような基本物資財政への投資を促進し、そして基本物資財政の拡充は、巨墳造営の経済基盤となったであろう。厖大な物資と人員を必要とした当地域の巨墳造営には、旧初瀬川流域で生産された基本物資（食糧）が、そしておそらく当地で労働に従事した人びとが振り向けられたと考えるのが自然である。

『記』『紀』をひもとくまでもなく、墳墓造営のために集められた多数の人びとは、潜在的な戦闘集団になりえ、その確保は軍事的な権力資源コントロールにつながる。また、既述したように、鉄刀剣などのコントロールも看取しうる。ただ、精製の鏃が有力古墳に共有され、一般の実用武器が有力古墳に一括副葬される現象などからみて、この時期の軍事組織は、実用武器を一般民に貸与して臨時的に戦闘集団を形成した有力者たちが、一時的な盟約を介して構成したものと推定されており〔松木一九九八〕、強力な軍事コントロールを想定することはできない。

イデオロギー面での権力資源コントロールも、古墳を軸にして展開した。前述したように、代表的な副葬品である鏡の入手・製作・流通のコントロールが、前代よりもはるかに顕著に実行された。とくに倭製鏡では、文様要素の一部抽出と合成により、完整な大型鏡を上位とし、文様の一部のみを配した小型鏡を下位とする戦略的な製作―分配がみとめられ（図19・20）、素朴ながらも「権力や不平等性（支配―被支配の理由）のイデオロギーを強化させるための情報」が、器物の図案に実体化させられていた〔関二〇〇八〕と推定できる（本書第四章）。さらに畿内中枢では、諸地域で醸成された古墳祭式の集約・統合をつうじて格差を内包する祭式を創出し、器物にくわえそれらの祭式を諸地域に再分配することで、広域的な序列形成が志向されたようである〔下垣二〇一一〕。

他方、「政治」に関して、領域的なコントロールは目だたない。とはいえ、畿内中枢勢力によるコントロールが顕著な器物の分布をみるかぎり、当該期の畿内地域は外部との区別が強まると同時に、内部の分節化が進行しているようである。とくに前期中葉頃の大型倭製鏡の分布状況に、畿内／外の大まかな区別を看取しうることは注目される。遅くとも前期中葉には、のちの畿内に近いまとまりが政治的に意識されていたようである〔下垣二〇一一〕。また筆者は、首長墓系譜（有力墓系列）の形成と鏡の長期保有という現象の背景に、自集団の流動性を克服し通時的な同一性《アイデンティティ》をうみだそうとした有力集団の志向を読みとっているが（本書第五～第七章）、それらを基底で律していたのは畿内中枢勢力であり、それゆえ「社会関係（親族関係）」のコントロールもみとめうることになる。

以上から、古墳時代前期前半には巨墳造営を軸にして、各種の権力資源が複合的にコントロールされていた事態がうかがえる。さらにいえば、巨墳造営の反復により、各種の権力資源の開発・利用が促進された可能性が高く、両者はポジティヴ・フィードバックの関係にあったようである。このような権力資源コントロールの複合化の背景に国家成立を考えることも、あるいは可能かもしれない。この見方は、巨大前方後円墳を頂点とする墳墓秩序に当該期の「国家」的特質の表出をみる都出や広瀬の見解〔都出一九九一、広瀬二〇〇三〕と接点をもちうる。しかし、コントロールがイデオロギーと富裕物資財政に偏重し、基本物資財政の開発は一部にとどまり、軍事組織の明確な証拠もない点にくわえ、前期後半の政治変動が暗示するように、当該期のコントロールが安定性を欠いていた点は看過できない。また、巨大前方後円墳を頂点とする墳墓秩序は存在していたものの、多様な格差づけを主体とするこの秩序は、諸地域の有力集団が自地域および自集団の序列化・人的区分をおこなうべく自発的に受容した側面が大きく〔下垣二〇一一〕、「体制」や「国家」に結びつけることは困難である。

（3）古墳時代前期後半

韓半島南部（加耶）との交流の本格化と連動するかのように、超大型古墳群が奈良盆地北部に澎湃として出現するとともに、畿内地域を中心に各地の首長墓系譜に変動が生じ、さらに纒向遺跡（群）や中田遺跡群、比恵・那珂遺跡群などといった弥生時代末期以来の流通・情報ネットワークの核が同軌的に衰退するなど、列島広域におよぶ経済的・政治的変動期である。とくに超大型古墳群の造営地が前期後葉後半に奈良盆地東南部から奈良盆地北部へ、さらに前期末葉以降には大阪中・南部に移動してゆく現象が注目を集め、その背景に新興勢力による「政権交替」を推定する説が考古学では有力である。しかし筆者は、当該期に生じた首長墓系譜の変動現象は、畿内中枢勢力が主導した諸地域の有力集団構造の変革によるものであり、超大型古墳群の移動現象は、この変革に連動する形で畿内中枢勢力の墓域を政治上の要地に移した結果だと判断している〔下垣二〇一一〕。

この時期、権力資源のコントロールにおいても、いくつか重要な展開がみとめられる。まず経済面では、畿内中枢勢力が従来の「博多湾貿易」のネットワークを解体し、韓半島南部諸地域との交易ルートを直接的に掌握したことが大きい〔久住二〇〇七〕。これにより畿内中枢勢力は、彼の地の鉄素材や先進文物をはじめ、新技術や統治制度や人材にいたるまで、交流の果実をいっそう優位に入手しうることになった。当該期に鍛冶加工の先端技術が畿内中枢勢力に占有されはじめる〔野島二〇〇九〕のは、その顕著な反映である。そしてまた、畿内中枢勢力がその製作と流通に深く関与した倭製鏡などの富裕物資の種類・数量がさらに増え、分布の範囲と密度がいっそう増大したことも、経済的な権力資源コントロールの拡充を物語る。

軍事面では、畿内中枢勢力のコントロール下で短甲生産が始動し、新型式の刀剣や革盾などの武器・武具類の生産が時期を追って多種・多量化をとげたことが注目される。前期後葉後半以降、実用的な武器・武具類の生産が本格化する反面、銅鏃や類銅鏃式鉄鏃など儀仗的な武器類の生産が急速に退潮し、数は多くないが短甲の副葬がより広域かつより小型墳にまでおよぶことなどから、前期末葉頃までに階層的な軍事編成が成立した可能性も指摘されている〔松木二〇〇七〕。

イデオロギー面では、前期後葉前半に生産がいっそう増進した倭製鏡や石製品などの従来の「象徴器物」が、前期末葉頃には衰退の傾向をみせた。これと対照的に、超大型古墳を頂点として、周濠・造出・三段築成墳丘・各種器財埴輪の樹立などの墳丘の荘厳化が着実に進んだ。イデオロギーを可視化する手段として、葬送儀礼という公的儀式イヴェントにかかわる公共モニュメントが最重要視されるようになった反映とみるのが穏当だろう。

この時期には、領域的なコントロールの萌芽を示唆する現象もみとめうる。すなわち、奈良県佐紀陵山古墳などの

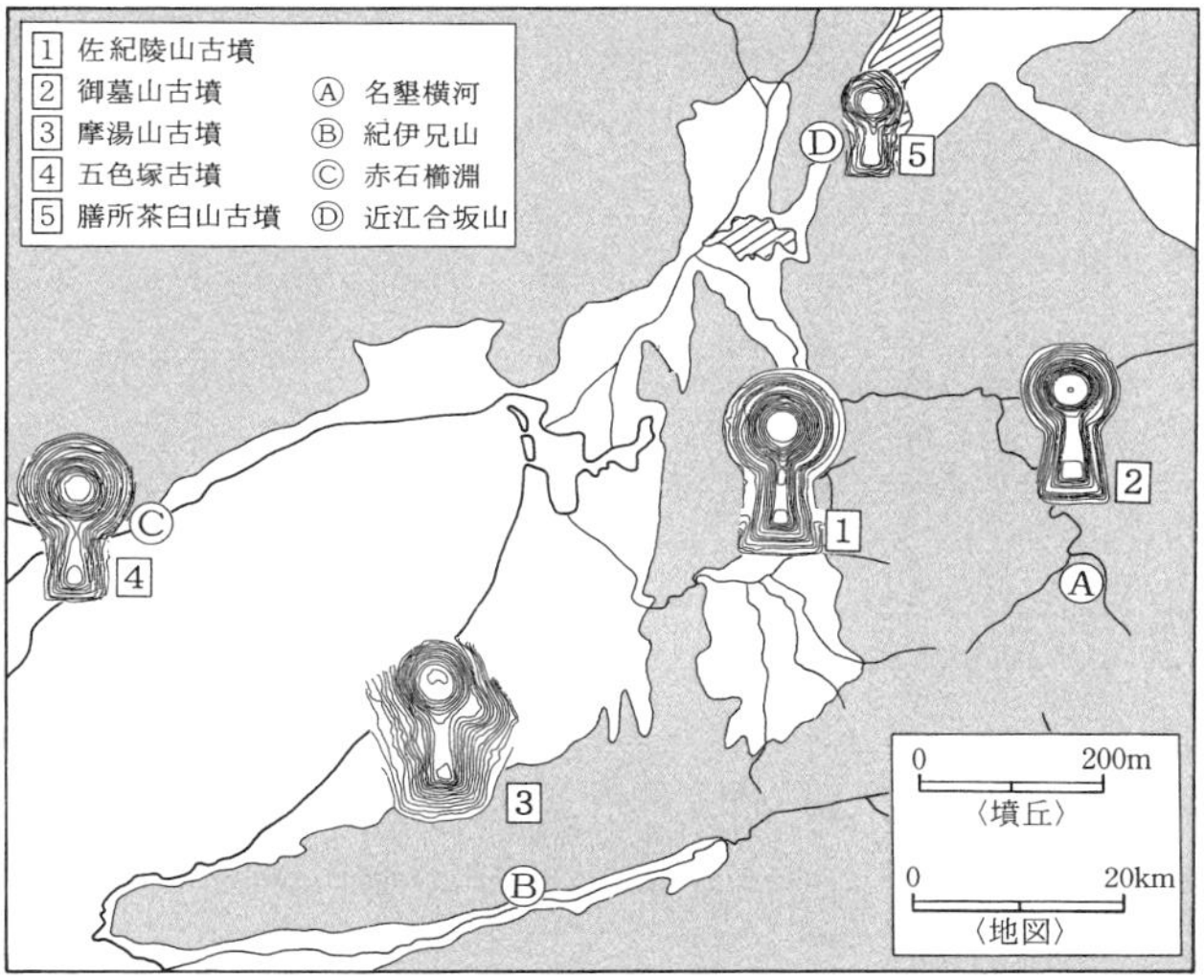

図4　超大型古墳の戦略的分布（前期後半の「佐紀陵山型」類型）

相似墳である二〇〇メートル級の超大型古墳が、後代の畿内「四至」に近い地点に突如築かれる現象である（図4）。このことは、「ネットワーク認知」による「点」での「領域表示」〔佐々木高一九八六〕が、超巨大古墳というモニュメント造営をつうじて、当該期に実施された可能性を強く示唆する。むろんこの「領域」は、後代の「畿内」とは別物であるが、その前提となる「領域」がこの時期に萌芽的に形成されたことの意義は大きい。当該期の畿内各地で、交通の要衝に有力古墳の造営が顕著にみとめられること〔寺沢知二〇一七等〕も、これと関連する現象ととらえておきたい。

当該期の権力資源コントロールの効果性および安定性については、この時期に「政権交替」をみとめるか否かで評価が変わってくる。「政権交替」をみとめる場合、イデオロギーに偏重した「伝統勢力」に代わり、軍事に力点をおく「新興勢力」が擡頭するという政治変動が想定され、旧来の権力資源コントロールの失効が強調されることになる。しかし、前記したように「政権交替」説を採らない筆者は、「象徴器物」の代表である倭製鏡が、生産量を減らしつつも従前の生産方式と分配戦略が継承されることなどを重視し、前期後葉後半頃に権力資源コントロールの重点が軍事とモニュメントに移行したと考える。ただ、このような移行が生じたこと自体、当該期の権力資源コントロールが安定性をいくぶん欠いていたことを意味しており、当該期に国家の成立をみることはむずかしい。

韓半島諸地域との和戦交えた関係の深化をつうじ、多様な器物・技術・人材が列島に流入し、社会の多様な側面に重大な変動が生じた。都出が挙示する初期国家の指標の大半が当該期に明確化することは、この時期の画期性を明瞭に物語る。

(4) 古墳時代中期

当該期の権力資源コントロールに関して、経済を軸にして多くの権力資源が有機的に操作されていることが注目される。とくにポリティカルエコノミーの進捗がいちじるしく〔田中元二〇一七等〕、中期前半には「王権の膝下」である奈良盆地と河内平野に、窯業生産・鍛冶生産・武器生産・玉作り・馬匹生産・製塩など多彩な生産拠点が計画的かつ強制的に設置され、大規模生産が開始される〔和田二〇〇四、菱田二〇〇七・二〇一二等〕(図5)。こうして生産された各種品目は、他種の権力資源のコントロールを促進させた。たとえば、韓半島から輸入した鉄鋌と新技術をつうじて鉄製農工具が刷新され、基本物資財政を大幅に増強せしめた。とりわけ、中期中頃に製作されだしたU字形鍬先は深耕を可能にし、開墾・灌漑水路の掘削などの土木事業を容易にした。大阪府法円坂遺跡の巨大倉庫群は、畿内中枢勢力が農業生産の増進を主導し、その厖大な成果物を租税として蓄積していたことの物証である〔都出一九九一〕。この時期に本格化する馬匹生産は、軍事的利用にくわえ、陸路の物資輸送や連絡網の形成にも大きく寄与したであろう〔諫早二〇一二〕。実際、奈良県鳴神遺跡や同巨勢寺下層遺跡などの「幹線道路」が、中期後半には敷設されていたことが確認されている〔近江二〇〇六、鹿野二〇一二等〕。馬匹生産が、道路網の開発にくわえ、製塩や複雑な金属工芸技術〔馬具製作〕を駆動したことも見逃せない。馬自体が下賜・贈答用の富裕物資にされた蓋然性も高い。生産・

開発・軍事・流通などが、「王権の膝下」で複合的かつ相乗的にコントロールされていた状況がみてとれる。また、当該期の滑石製・土製模造品などから推定される酒造も、世界各地の古代国家において酒がはたした権力資源としての意義〔関二〇〇六、岡村二〇〇八等〕を考えるならば、追究すべき重要テーマである。

「王権の膝下」の生産拠点において、最新型式の甲冑を筆頭に諸種の武器・武具類が多量に製作され、諸地域の有力者にもたらされたことは、軍事コントロールの存在を明白に裏づける。さらに、超大型古墳をとりまく「陪冢」に、しばしば大量の武器・武具がおさめられ、諸地域の中小円墳にはセット関係の良好な甲冑や武器類が副葬される現象は、畿内中枢勢力を頂点とする軍事編成が諸地域の「中小首長」にまで拡充されたことを示す〔都出一九九一、松木二〇〇七〕。

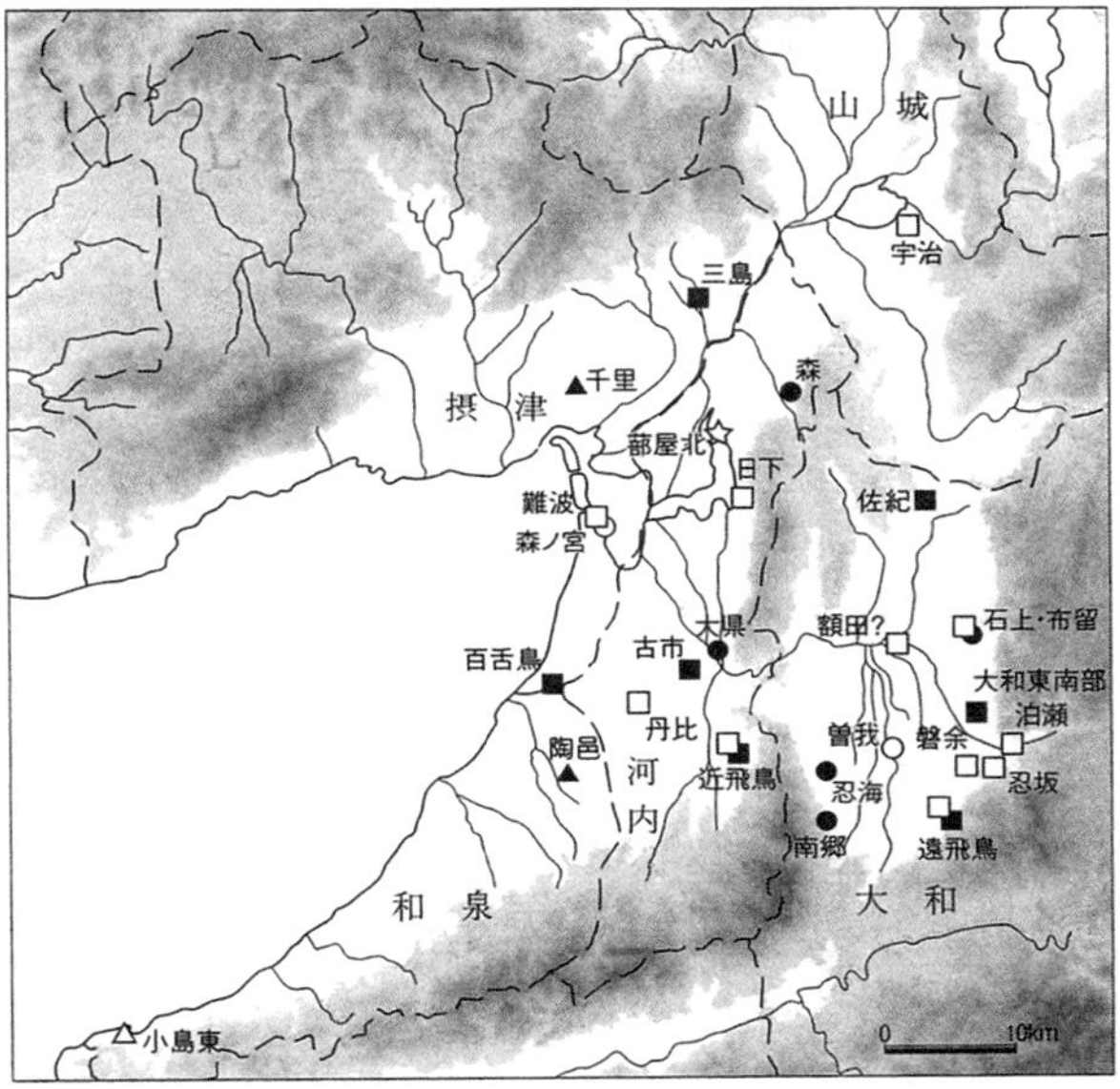

●鍛冶　○玉作り　▲窯業　△製塩　☆馬（牧）
■王墓　□王宮（推定地）

図5　「王権の内部領域」における手工業生産拠点と王墓・王宮（中期）

この時期、集落遺跡で玉類などの滑石製品を使用した祭祀行為が目だつようになるが、「王権膝下」の生産遺跡で各種玉類が多量に生産されはじめた事実は、イデオロギーにかかわる権力資源コントロールが集落レヴェルまで届きはじめたことを暗示する。当該期に盛行する「水辺の祭祀」とともに、滑石製品や鉄製品などの祭祀具を使用した「カミマツリ」は、律令期の神祇祭祀の淵源だと推測され、イデオロギー面での当該期の画期性を示す〔菱田二〇〇七、笹生二〇一二・二〇一六〕。周知のように古墳時代中期には、大阪府大仙古墳・同誉田御廟山古墳を双璧として、巨大古墳のモニュメント性が極点に達した。それを可能にしたのは、租税としての米穀の貯蓄、土木開墾具の鉄器化といった基本物資財政の拡充であり、そしておそらくは軍事コントロールを背景にした広域的な労役徴発であっただろう。

菱田哲郎が指摘するように、生産拠点および超巨大古墳群の分布上の特徴（図5）からみて、中期前半にこれらの計画的・強制的配置を可能にする「王権の内部領域」が、すなわち「のちの畿内のエリア」の前提となる「ウチツクニ」が成立した可能性が高い〔菱田二〇〇七〕。さらに、列島各地の馬匹生産の背景に、陸上交通網の布置と連動させた「倭王権のグランドデザイン」を看取する見解〔諫早二〇一二〕をみとめるならば、「王権の内部領域」を堅固に編成しつつ、畿外諸地域をもとりこむ戦略を、畿内中枢勢力が発動させた事態も想定してよいだろう。また、中期後半頃には畿内中枢勢力が中心になって、「父系直系の継承」とそれにもとづく「一系累代の王統・家系」システムが中国南朝から導入された可能性があり〔田中良二〇〇八〕、新たな「親族関係」の構築が摸索された状況を想定できる。

このように、畿内地域を中心に、経済・軍事・イデオロギー・領域などの権力コントロールが有機的かつ安定的に行使されていた点を重視すれば、古墳時代中期（前半）の当地域に国家と評価できる支配機構が成立していたとみるのが妥当である。ただ、この支配機構による統制は、畿外諸地域には強くおよんでおらず、列島レヴェルの国家は未成立と判断してよい。たとえば、垂飾付耳飾や帯金具などの金工品、初期須恵器の窯跡、「渡来系墓制」などの分布状況をみると、諸地域の有力者が、かならずしも畿内中枢勢力を介することなく韓半島諸地域と独自に交渉をもちえたことがうかがえる〔高田二〇一四等〕。とくに中期前半の岡山南部では、各種の手工業生産が計画的に配置され、畿内地域の「内部領域」の縮小版ともいえる景観をうみだした〔菱田二〇〇七〕。群馬県榛名山麓地域では中期後半以降、有力者らが「水源地帯の掌握・水利開発・耕地改良」にくわえ馬匹生産・金属加工などを複合させた「地域経営」を展開したことが、例証豊かにえがきだされている〔若狭二〇〇七・二〇一五等〕（図6）。しかし、前者は安定性に乏しく、中期後半には衰退し、後者は基本物資財政に特化し、権力資源を効果的に複合しえなかった。これらの点から判断して、当該期に国家が成立したのは畿内地域のみにとどまったと考える。

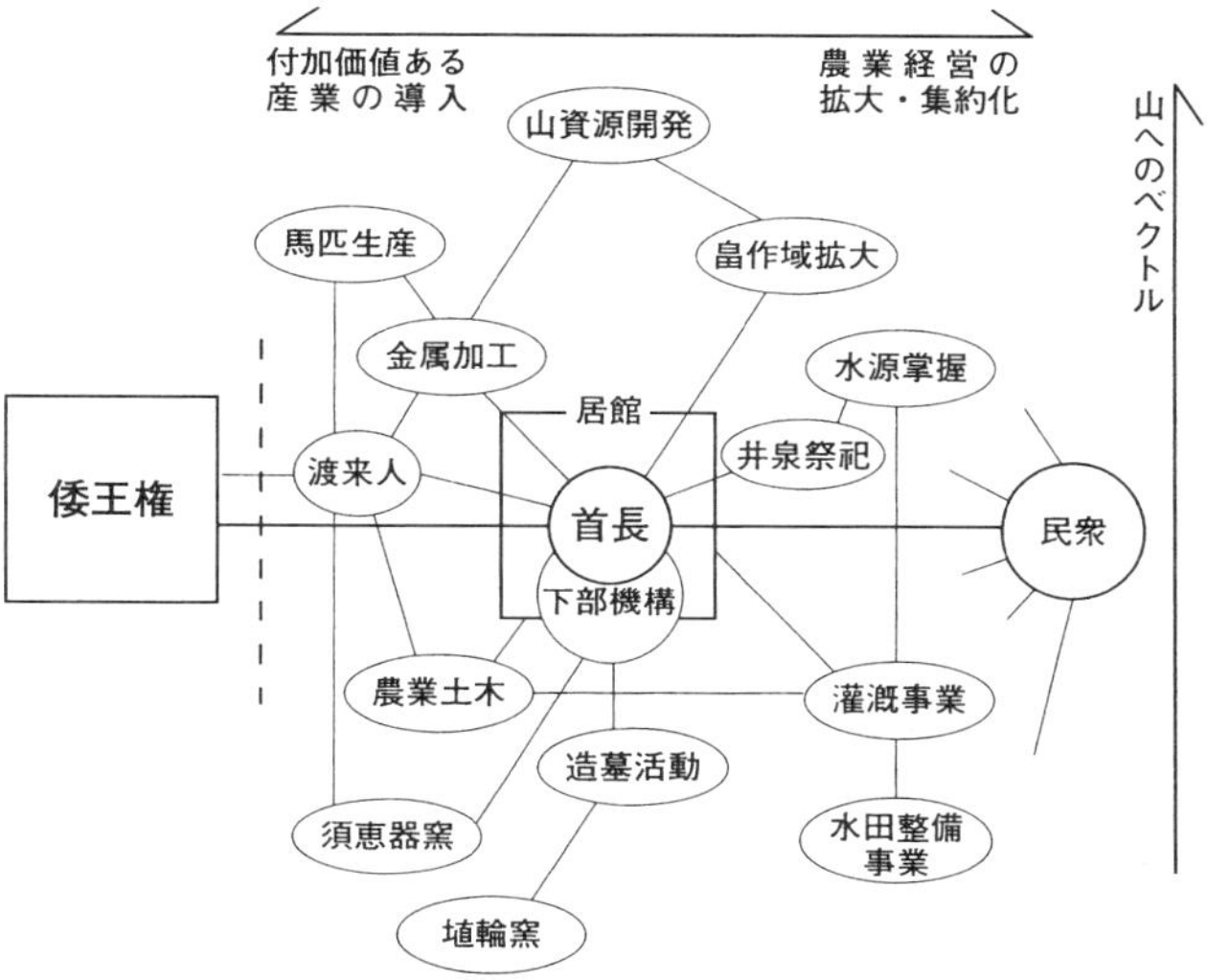

図6　榛名山山麓地域の地域経営モデル（中期）

ただ筆者は、畿内地域が特定の政治権力下で強固に統合されたなどと考えているわけではない。古墳・集落・生産遺跡などの分布と動態などから、多様な有力集団が脈動的に活動する状況を想定している。奈良盆地西部の有力集団の動態はその最たるものである〔坂二〇一二等〕。そうした諸勢力が、畿外諸地域の有力集団と個別的に関係をとりむすぶ局面も当然あった〔吉田一九九九、古市二〇一五等〕。しかし、そうした多元的・個別的な政治的諸関係をこえて、畿内地域に権力資源の複合的コントロールを可能にする「内部領域」が成立したことを、筆者はすこぶる重要視しているのである。

さて、以上の論理展開から察せられるように、筆者は門脇禎二の「地域国家」論をかなりのていど評価している。「六世紀中葉―七世紀後葉」に列島の「統一国家」が形成されてゆく以前、「領域」（広大な沖積平野を中心に河川と交通路を掌握）、「王（キミ）」による「公共的大事業」（土木・灌漑事業など）の主導と独自の外交、官僚・租税・武人集団、「一般法」という諸条件をそなえた「地域国家」が、「三世紀末から五世紀」にかけて列島各地に競合的に盤踞していた、というのが門脇の「地域国家」論の骨子である〔門脇一九七五等〕。本章で導入した権力資源モデルと相性のよい構想といえよう。日本列島全体を被覆しなければ（統一）国家ではない、という理窟は、律令国家という終着点を前提視した見方であり、国家の成立要件に措定されていなかったはずの特定範域（日本列島）が要件の妥当性を左右してしまっている点で、論理的に問題がある。日本列島が国家になることと、日本列島の特定の地域に国家が生じることを混同すべきではない。エンゲルスの枠組に拠るにせよ、権力資源モデルに即すにせよ、「日本」という所与の範域を前提としなければ、群馬・岡山南部・九州北部などといった各地に国家が形成される潜在性は、史資料をみるかぎり十分にありえた。(11) ただし実際には、これら諸地域は国家成立にいたる前に、畿内地域を覆った国家により独自の成長を抑圧されてしまったわけである。

ただ、畿内地域の支配機構にしても、地位継承が双系的であるがゆえに複数の有力者の併存状況を出来しやすく、代替わり時の騒乱が生じがちになるなど、脆弱さをかかえていた。しかし前述のように、南朝への朝貢をつうじ、「一系累代の王統・家系の首長」観を内包する「家父長制イデオロギー」を導入した可能性があり〔田中良二〇〇八〕、さらに考古学からの検証はむずかしいが、「僚属制＝府官制的秩序」の採用により「位階構造化」を進めるなど、機構の脆弱さを制度的に補強していった〔鈴木靖一九八五〕。そのうえで、同型鏡群などの器物や技術の供与にくわえ、「軍郡」や「平西将軍」などから推定されるように、畿外諸地域にたいして軍事的色彩の濃い制度的影響を強めていった状況もうかがえる。

（5）古墳時代後期

本書では、ＴＫ二三型式併行期（五世紀第４四半期頃）からＴＫ二〇九型式併行期（六世紀第４四半期頃）までを古墳時代後期とみなす。この時期、前代までに国家機構を成立させた畿内地域の政体が、その後塵を拝しつつ権力資源コントロールを推進していた岡山南部や九州北部などの諸政体に強い政治的圧力をおよぼし、列島レヴェルの国家形成が進んだ。

当該期は、墳墓の様相などから前葉・中葉・後葉に三分しておくと、社会変化の流れを説明しやすい。[12] 前葉には、有力古墳群の多くが衰滅する一方で、新興の有力古墳群が登場し、さらに従来の小型墳丘墓（方形墳）群が円墳化した古式群集墳が簇生するなど墓制上の変動が生じた。その背景には、畿内中枢勢力が新興勢力への梃子いれと旧勢力への圧力行使をつうじ、広域的な集権的支配を企図したことが推定できる。実際、岡山南部の政体に強い打撃をあたえるなど、急進的な策が断行されたらしい。ただし、地力を蓄積しつつあった諸地域への急進策は抵抗を惹き起こし、前葉後半には畿内地域の超巨大古墳群が急速に凋落し、また九州北部の諸勢力の活動が活性化するなど、畿内地域の影響力の下落を招いた。しかし、中葉にはいわゆる「磐井の乱」をへて、畿内地域を核とする政治システムがいっそう整備されていった。畿内地域とその周辺に、（畿内型）横穴式石室を内蔵する統一的な円墳群である新式群集墳が登場し、大阪府今城塚古墳などの巨大古墳を頂点とする整然とした秩序が形成されはじめたこと（図7）は、官人的な秩序が編成されたことを示唆する。後葉には新式群集墳が列島広域で爆発的に造営されるようになり、この動きがさらに加速したことがうかがえる。

五世紀後半以降、六世紀代をつうじて畿内中枢勢力が列島広域に制度的支配を推し進めたことは、部民制・国造制・ミヤケ制などの検討により文献史学が明らかにしてきた。このことは、前記のように、古墳の様態からも追認できる。そしてまた、当該期の権力資源コントロールにも、こうした広域的な制度的支配の進捗を看取できる。

経済面では、須恵器生産・製鉄・製塩などが列島各地でみとめられるようになり、とくに後期後葉以降に顕著な様相を呈する。これらの生産技術が畿内中枢勢力からの強い影響下にあることからみて、畿内各地に生産拠点を設置する従前の方式から、従来の「内部領域」の外側に設けた生産拠点に新技術を扶植し、その成果物を貢納させるシステムへと転換をはかった状況を読みとれる〔和田二〇〇四、菱田二〇〇七〕。後葉頃から「田地を伴うB型ミヤケ」が畿内地域周辺を核として列島広域に続々と設置されたこと〔舘野一九七八・二〇〇四〕、そしてこのようなミヤケには山林・鉱山・塩浜・漁場・牧場などがともなうことがあったこと〔倉本二〇〇六〕に留意すれば、畿内中枢勢力によるポリティカルエコノミーへの投資とコントロールが列島広域に拡大されたことがうかがえる。近年の発掘調査と堅実な研究をつうじて、九州北部を中心にミヤケの候補となりうる遺跡の実態が明らかになりつつあり、立地環境や周辺の古墳・集落の様態を加味した総合的なミヤケ論が進展

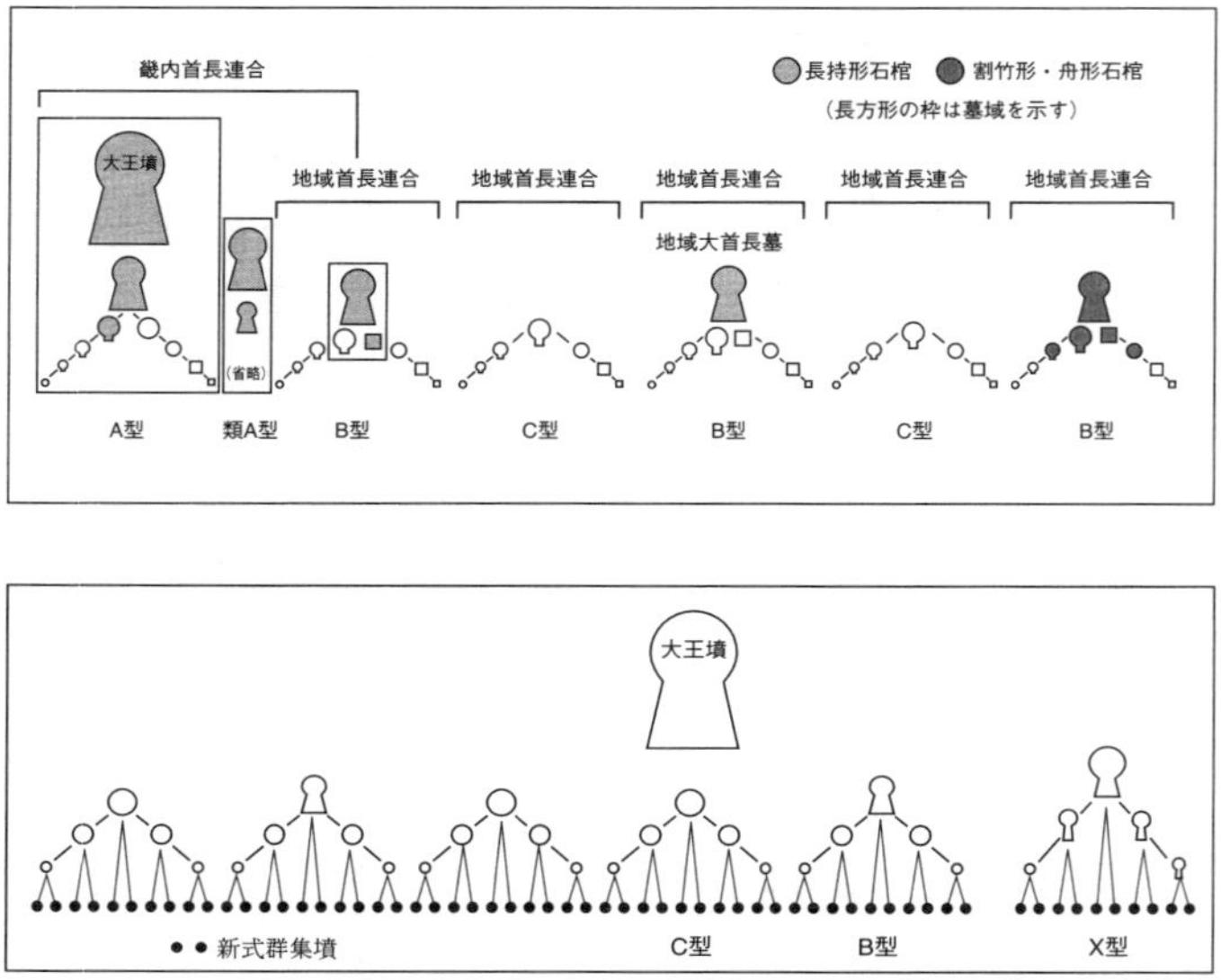

図７　中期古墳（上）・後期古墳（下）の秩序

しているのは、注目すべき研究動向である〔辻田二〇一二、桃崎二〇一二、南秀二〇一三、岩永二〇一四等〕。後期後葉以降に、畿内中枢部で「正方位直線道路」が敷設されはじめ、全国的な道路網もあるていど整い〔近江二〇〇六〕、さらには溜池造成が進んだことも、注目される動向である。

ミヤケに関しては、経済的拠点としての機能よりも、畿内中枢勢力が地域支配の目的で設置した政治的・軍事的拠点としての官衙的機能を重視する見方が有力である〔舘野二〇〇四〕。実際この時期には、畿内中枢勢力の関与のもと、軍事組織の編成が広域的に進められた。実数の信憑性は低いが、『記』『紀』をひもとくと、「磐井の乱」を契機として、数千〜数万人の兵士が動員されはじめた。長期にわたる兵士の動員には兵站の整備が必要条件となり、軍糧の安定的供給も不可欠である。(13) 事実、ミヤケの有力候補とされる遺跡で、軍糧備蓄のためとおぼしき大型倉庫群が検出される事例が蓄積されつつある。九州北部などに大規模な軍勢を長期にわたって駐留させえた前提には、ミヤケに兵糧米を集積する体制の整備があったのだろう〔仁藤二〇一二〕。

考古資料をみると、鉄鏃や一部の甲冑などが地域生産されたことが示すように、諸地域の独立性が保持されていた一方で、装飾付大刀などの武器類の保有状況をみるかぎり、関東地域のように「国造軍」に相当する広域的軍事組織が形成されはじめたことが推定できる〔新納一九八三〕。生産面でのコントロールと同様に、畿内中枢勢力が諸地域の有力者を介して軍事をコントロールしていたのだろう。国造制と戦争・大規模造営時の軍丁・役丁徴発制度（「エダチ」制）との密接不可分な関係〔吉野二〇一〇〕は、軍事と経済が複合的にコントロールされた明証といえる。

そのうえ、国造への就任は設置されたミヤケを領することと一体の関係にあり、それは畿内中枢勢力による「領域支配」の承認を意味した(14)〔舘野二〇〇四〕。要するに、ミヤケ制をはじめとする諸制度の広範な施行は、経済・軍事・領域などの権力資源を有機的かつ安定的に組みあわせた支配システムを、畿内中枢勢力が構築したことを強く示している。

他方、イデオロギー面のコントロールを示唆する考古学的証拠としては、銘文を刻鏤した刀剣の分与、倭製鏡生産の再活性化、今城塚古墳を頂点とする埴輪群像祭式の整備などが候補となりうるが、ほかの権力資源にくらべると低調な感が否めない。ただ、文献史学の成果を参照すれば、畿内中枢勢力の側では群臣が参加して執行される即位儀礼の整備が、諸地域側では畿内中枢勢力への累代的奉仕を必然化させるウヂの編成および系譜の作成が、着々と進められたことが注目される〔熊谷一九八九等〕。畿内中枢勢力の支配の正当性を示す方式が、その重点を制度性の強いものへと移行させた反映だと解釈しておきたい。なお、稲の貢納の基底に「首長」への「初穂」貢納という儀礼的・呪術的性格があるとの見方〔石母田一九七一〕を採れば、ミヤケ制の展開の背景にイデオロギー性を読みとることも可能かもしれない〔仁藤二〇一二〕。

以上のように、古墳時代後期、とりわけその中葉から後葉には、畿内中枢勢力が列島の広域を対象にして、経済・軍事・領域・イデオロギーなどの権力資源を複合的かつ安定的にコントロールしていた状況を復元できる。とくに列島広域に設置されたミヤケが、多様な権力資源を複合的に発効する媒体として重要な意義をになった。したがって、本章で提示した基準からいえば、遅くとも古墳時代後期中〜後葉には、列島広域レヴェルに支配力をおよぼす国家機構が成立したと推断してよい。なお、国家成立の画期としてしばしば重視される推古期については、後期中〜後葉に成立した国家機構がさらなる発展をとげた時期であり、乙巳の変後の孝徳期〜天武期は、新たな国際情勢と対外的な危機意識（および列島内的な矛盾）にさらされた畿内中枢勢力が、大幅な統治体制の改革を断行した時期であると、すなわちどちらもすでに成立した国家の展開期であると判断しておく。

五　まとめと課題

本章では、考古資料の検討をつうじて、列島の国家形成について私見を提示した。『起源』や新進化主義人類学に立脚した国家形成論の欠点をかなりのていど克服しうる点で有益な、構造マルクス主義につらなる権力資源モデルを採用し、列島の国家形成プロセスを具体的にトレースした。経済・軍事・イデオロギー・領域（・「社会関係」）の権力資源コントロールを効果的かつ安定的におこないうる支配機構を国家とみる本章の基準からすると、まず古墳時代中期前半の畿内地域に国家が成立し、後期中〜後葉に列島レヴェルの国家が成立したと結論しうる。とはいえ、繊細かつ緻密に構築されてきた従来の列島の国家形成論に比して、本章の検討は、理論面において粗雑さが残り、また具体的な考古資料の解釈も従来の見解と大差ない憾みがある。しかし、国家形成という人類史上の普遍的事象を解き明かすためには、世界諸地域と列島を比較しうる分析的枠組による検討が不可欠であり、その点で本章にも一定の意義はあろう。また、意を尽くしえていない箇所も多く、とくに第四節は概略の提示にとどまっている。研究史の悉皆的検討にくわえ、個々の事象に関する詳細な検討を加味した総合的な国家形成論については、いずれ稿をあらためてはたしたい。

註

（1）これに関して、「前国家段階」や「国家形成期」といった段階（時期）設定は、国家への必然的展開を自明視したものであり、本章の立場からすると問題がある。

(2) 国家論ではなく「首長制」論であるが、三好玄が最近、R・ブラントンらの「デュアルプロセス理論」を導入してポリティカルエコノミー戦略論にとりくみ、注目を集めつつある〔三好二〇一五等〕。

(3) 初期国家論の近年までの研究状況を丹念に追跡した須藤智恵美によると、一連の「初期国家プロジェクト」が発展させてきた初期国家論は、都出流にアレンジされた列島の初期国家論と少なからず相違する〔須藤二〇一四a〕。筆者はまだそれらの諸成果を十分に咀嚼できていないが、前者の初期国家論はマルクス主義人類学と統合的に展開させることが可能であるように思われる。

(4) なおクリスチャンセンは、財政の差異が「進化軌道」を決定するとはみず、これに規定されつつ軌道間を揺れ動く進化の道筋を想定する(本書第三章)。

(5) 国家論にたいする筆者の基本スタンスにたいして、「国家本質論と歴史的国家論」を方法論的に混同した、後者から前者への「逆走的一方通行」だとの批判が示されている〔寺沢薫二〇一三〕。『反デューリング論』(一八七八年)への回帰こそ「逆走」だとみる筆者との溝は深い。

(6) アールは、伝統社会では社会ヒエラルキー内でのポジションが当人の権威をおおむね規定したという理由から、「社会関係」を権力資源とみた。しかし、首長制社会の親族関係は権力資源として弱かったと判断し、独立した考察をおこなわなかった。

(7) 具体的に論証する余裕はないが、このモデルは中国大陸の殷・西周にも有効に適用しうる。

(8) L・ヘデーガーも、権力が経済的生産性・イデオロギー的正当化・軍事組織と組みあうことが国家形成論の前提条件になると指摘している〔Hedeager 一九九二、穴沢一九九五〕。

(9) 筆者は相対編年を重視する一方、揺らぎの大きい暦年代は重んじていない。したがって、本書で提示する暦年代は、目安ていどに受けとっていただきたい。なお筆者は、大賀克彦の「前Ⅶ期」〔大賀二〇〇二〕に「前期末葉」もしくは「中期初頭」の呼称をあたえてきたが、本書では「前期末葉」に統一する。この時期から古墳時代中期とみる研究者が多いので、誤解のないよう注意されたい。また筆者は、多くの研究者が古墳時代中期後葉〜末葉とみるTK二三型式併行期を古墳時代後期の開始期ととらえている〔和田二〇〇四〕ので、この点にも留意されたい。

(10) 『三国志』魏書東夷伝倭人条に記載された「租賦」をおさめる「邸閣」を、軍事的指揮者としての「国」の「大人」が管理する軍事的大倉庫とみる見解もある〔吉田一九九五〕。この見方が正しければ、有力者が経済に結びつけつつ軍事のコントロールを実施していたことになる。なお、別稿で指摘したように、弥生時代末期から古墳時代まで、戦争の考古学的痕跡は概して稀薄であり、文献から推定できる頻繁な戦闘と齟齬が生じている。「磐井の乱」の痕跡はおろか、壬申の乱の痕跡すら考古学的に検出できていない事実を考慮すると、考古学の証拠能力に大きな問題があるようである。

(11) 都出は門脇の「地域国家」にたいして、これらは「地域権力」であっても、韓半島や中国王朝との「独自の外交権」をもたず、「必需物資と威信財」を入手するために、その「流通機構の重要なカナメを掌握している」「畿内地方の有力首長」への「求心性」をもたざるをえなかった点で、「独立した小宇宙を自立的に維持できる状況にはな」く、それゆえ「国家」とはみなせないと批判した〔都出一九九五a〕。しかし、これらの「地域権力」が「独自の外交権」を発揮する対象が、列島外でなければならない必然性はなく、列島内で多様な「外交」関係をとりむすんでいたし、そもそも「畿内地方の有力首長」にしても、「必需物資と威信財」を列島外に依存していた。つまり都出の批判は、列島を所与の国家の範域とみなすかぎりにおいて有効であるにすぎない。

(12) 古墳時代後期の概要に関する以下の記述は、和田の論考〔和田二〇〇四〕に依拠した。

(13) 軍事動員は食糧を損耗するだけでなく、労働力の厖大な逸失にもなる。時期がややくだるが、七世紀初頭の推古期に「軍衆二万五千人」や「万余衆」が軍事動員されている。法円坂遺跡の計一六棟の倉庫群に、ほぼ上限値に近い三万七千石の米を収納できた〔都出一九九一〕としても、仮に「二万五千人」に一人あたり一日五合を支給すれば、一〇か月で涸渇してしまう。奈良時代の収納形態や食糧支給形態、倉構造などを加味した、より現実的な推算〔南秀二〇一三〕をあてはめれば、本倉庫群は半月あまりしかもたない。やや古いデータだが、石川昇が算出した古墳造営への投入土量と一人あたりの土盛作業量〔石川一九八五〕をひきあいにだし、ごく単純に土盛作業だけに限定して計算すれば、「二万五千人」が一〇年間、休日なしに働くと、近畿地域の津々浦々にいたる全古墳を造営できてしまう。推古期の畿内地域で大規模な道路・池溝開発が実施された背景には、徴兵に代表される大規模動員が可能になった事態を想定できる。

(14) なおこの時期、横穴式石室の構築技術や物資流通の面で畿内地域と畿外諸地域とに差異が生じ、前者を重視する様相がみとめられる。畿外諸地域への制度的支配を強めつつ畿内地域を重視する畿内制の原型が、当該期に成立していた可能性が示唆される〔太田二〇一一〕。

第二章　首長墓系譜論の系譜

一　目　的

「古墳時代」という時代名が端的に示すように、三〜六世紀の列島社会において、大小無数の墳墓がうみだされた。最大級のものは全長四〇〇《メートル》を凌駕し、列島各地で一〇〇《メートル》超級の大型墳があまた造営された。しかも前方後円墳を頂点としつつ、円墳・方墳・前方後方墳など多彩な墳形が一定の規格性をもって築造された。これほどまで墳墓に特化した社会は世界史上にも例がないほど珍しく、墳墓の様態に当該期の列島の社会状況や政治的関係が強く反映していると想定してよいだろう。実際、古墳の様相からそうした状況や関係を復元しようとする研究が推進され、重要な成果が数多く蓄積されてきた。

古墳の顕示的な特徴として、その格差の存在がある。畿内地域の超大型古墳を頂点とする格差だけでなく、地域内でも大小の差が顕著にみとめられ、そこには当該期の政治的関係がなんらかの形で表示されているのだろう。くわえて、地域内の有力古墳（「首長墓」）はしばしば群をなし、数基が累代的に造営される古墳群も少なくない。本章で検討するところの、いわゆる「首長（墓）系譜」であり、特定地域における「首長（墓）系譜」の様態や別地域への「首長（墓）系譜」の移動現象を手がかりに、古墳時代の政治関係や政治変動が検討され、注目すべき研究成果が多数うみだされてきた。

副葬品・埴輪・墳形・埋葬施設などの編年研究に裏づけられたこれらの諸研究は、近年の資料の増加と編年の細密化を追い風にして、ますます精緻の度を増している。首長墓系譜研究にたいし、「日本の古墳研究が生み出したユニークな方法」〔都出一九九五b〕であり、「日本考古学が独自に育んだもので、国際的にもっと評価されてもよい成果」〔田中裕二〇〇六〕だといった自賛がなされるのも、他国の墳墓研究に照らすならば、けっして過大評価ではない。

日本考古学のお家芸である精細な編年作業に根ざした緻密な立論という点で、たしかに首長墓系譜論は日本考古学の正の特質の見本例たりうる。しかし他方、『記』『紀』をはじめとする文献史料の直接的な導入を回避しつつ、しかし裏側から回りこむように『記』『紀』に合流するかのような議論を組みたててきたことも、否定できない事実である。正面では『記』『紀』を回避しつつ裏面でこれを参照するという、敗戦後の古墳時代研究の負の側面を代表する議論でもある。くわえて、編年は精緻だが、地域・集団などをとらえる枠組や方法論を明示しないまま感覚的に議論が積み重ねられがちであり、これまた日本考古学の負の側面が強くあらわれている。

このように、日本考古学の正負両側面が強く滲みでている首長墓系譜論を、学史と方法論にたちかえって再検討することは、古墳時代の社会・政治状況や集団編成を再構築するうえで有用である。

本章では、首長墓系譜論の「系譜」をふたつの意味で追究する。まず、首長墓系譜論の研究史を整理し、その問題意識や分析視角から数系統に区分しうる首長墓系譜論自体の「系譜」（正確には系統）を復元し、それらの達成点と問題点を明示する。そのうえで、「首長墓」の「系譜」の内容を、具体的な検討に根ざして追究する。ただ、研究史の整理作業の成果については、紙数の都合により、すでに公表した長大な論考〔下垣二〇一七〕の要点を提示するにとどめる。なお、弥生時代にもいわゆる「首長墓」は存在し、一定域で継起的に造営される現象も確認できる。また、奈良時代以後の天皇陵、江戸時代の歴代の大名墓なども、一種の首長墓系譜を構成しているといえる。ただ、対象をそこまで広げると、本書の論点から逸脱するので、本章は古墳時代の首長墓系譜に限定して検討する。

二　用語上の問題

現在、「首長墓系譜」「首長墳系譜」「首長系譜」「首長墓系列」「首長墳系列」「首長系列」などの呼称が併存している。しかも、「系譜」「系列」「首長（墓・墳）」の指示内容が論者ごとに相違する。首長墓系譜論の学史にわけいると、じつに紛糾しているが、用語の呼称法や指示内容からしてすでに混乱しており、問題をかかえこんでいる。したがって、用語を整理しておかなければ、以後の議論に支障をきたしかねない。

（1）「系譜」と「系列」

首長墓系譜については都出比呂志が、「首長墓群の一単位を首長墓系譜と呼び、被葬者群に主体をおいて表現する時は「墓」を省いて首長系譜と呼称する」と、明快に定義している〔都出一九八八〕。他方、これに伍して「首長（墓）系列」なる用語も普及をみている。この用語を採用した近藤義郎は、「諸地域における系列的な首長墳の存在」をもって「首長系列」〔近藤一九六〇〕、あるいは「部族単位の首長墓の継起的築造」をもって「首長墓系列」〔近藤一九八三〕とみなした(1)。

どちらの用語の説明も端的である。しかし、これだと「系譜」「系列」「首長」というキーワードの意味がよくわからない。この不明瞭さが、現在の首長墓系譜論の混乱を助長してきたようにすら思われる。そこで、これらのキーワードについて吟味しておく。

まず「系譜」と「系列」の意味である。手もとの辞書（『広辞苑』第六版（二〇〇八年））をひもとくと、「系譜」は「①血縁関係や系統関係を図式的に記したもの。系図。②物や人のつながり。系統」、「系列」は「①系統だって並べられた一連の物事。②資本・経営者・生産・販売などの、企業間の結合関係」だと説明されている。「系譜」には血縁関係が含意され、「系列」には含意されていないことがわかる。ちなみに、同書第二版（一九六九年）には、「系譜」「系列」ともに②の意味は掲載されていない。同書初版（一九五五年）には、「系列」の項目自体がない。

一九八〇年代以降、系譜分析を俎上に載せた文献史の研究をつうじて、「一定の系譜的基準に基づく親子関係の連鎖によって集団の成員構成を表す、裾広がりの出自系譜」が成立する「八・九世紀」以前に、血縁原理によらない政治的地位や「族長位」の継承がおこなわれたことが明らかにされてきた〔義江二〇〇〇〕。つまり、古墳時代には血縁原理によらず政治的地位や「族長位」が継承されることがあったことを、文献史研究が解明してきたわけであり、古墳およびその被葬者のつらなりに「系譜」の語をあてるのは不適切である。

都出は、みずからの首長墓系譜論の代表作〔都出一九八八〕を英文で発表するに際して、首長墓群を「chiefly tomb cluster」、首長系譜を「chiefly lineage」、首長墓系譜を「chiefly tomb lineage」と訳し、「これら地域首長墓群のうちの一群が、世襲の首長系譜を代表するものと仮定する」と論じた〔Tsude 一九九〇（原文は英文）〕。「系譜」に「lineage」の訳語をあてるわけだが、同論文中で「別個の lineage 集団間における主導権の交替」といった表現がなされていることを勘案すれば、都出は文化人類学でいうところのリネージを「系譜」の訳語にあてたらしい。ところが、文化人類学の事典で「リネージ」の項目をひくと、「明確に認識されている祖先と子孫の系譜関係にもとづいて、認識されている共通の祖先からたどられる出自をおなじくしている人びとの集団」とある〔渡邊一九八七〕。とすれば、血縁関係が含意されている「chiefly lineage」なる訳語には、先の「系譜」と同様の難点がある。そのうえ、「首長墓系譜 chiefly tomb lineage」の「lineage」が指す内容も不分明なものになってしまう。

つまるところ、内容がことなるふたつの事象（首長墓系譜・首長系譜）に同じ「系譜」の語を付した矛盾が、英訳に際して露呈してしまっているのだろう。さらにいえば、墳墓のつらなりという具体的物証よりも、そこに葬られた被葬者群の「系譜」的連続性という解釈を前面におしだしつつ、「系譜」の実態の究明に力点をおかない解釈重視型の姿勢が、こうした齟齬の原因になっているものと考える。首長墓系譜に被葬者の「系譜」が反映されているか否かがまず問われるべきであるのに、「墓」の一字の有無で両者の相違が曖昧にされたまま、安易に節合されてしまっている点に、大きな問題点がかかえこまれている。都出の首長墓系譜論は、その影響力の強さ、問題意識の深さ、射程の広さゆえに卓抜しているが、しかしそのために、立論の不十分さも際だちやすいのである。

論拠を提示したうえで「系列」を却下し、「系譜」を採用する立場もある。たとえば北條芳隆は、「辞書的な意味合いや、考古学における他の用例」との「整合性を考慮」するならば、「首長墓系譜論と呼ぶことが望まし」く、「あくまでも特定政治勢力の盛衰を時間軸において把握するための作業仮説であり、血統や家系観念に裏打ちされた解釈法」である以上、「同時性や遠隔地間の結びつきをも含む親縁関係や序列を含意する」「系列」とは「区別する必要がある」と主張する〔北條二〇〇二〕。岸本道昭も、「系列」は「前後をつなぐ時間軸よりも横の併行や連携関係が語られる意味合いがつよい」ので、「畿内を核として全国的にひろがる前方後円墳の分布は横の関係としての首長系列」にたいして、「一つの領域において明らかに前方後円墳が時期ごとに連続し、それが首長権の連続的継承と目されるもの」は「首長系譜」とよぶべきだと提唱する〔岸本道二〇〇四・二〇一三〕。

しかし先記したように、「辞書的な意味合い」でいえば、「系列」のうち「親縁関係や序列」が含意されているのは、後出的な②の意味である。そして①は、「系譜」よりも純粋に資料群の連続性を含意しており、中立的な意味あいをもつ。また、「血統や家系観念に裏打ちされた解釈法」ゆえに「系譜」の語を使用すべしとの主張も解せない。「連続的に築造される古墳」のつらなりに「血統や家系観念」があらわれているとみるのは、未検証仮説にすぎない。論点先取の用語を使用しつづけることこそ、まさに北條が指弾する、「解釈や命題同士の相互依存関係や循環論が典型的に現れた作業仮説」への固執である〔北條二〇〇二〕。墳墓の継続的築造という考古事象と、そこから推定される被葬者の連続性という解釈とは峻別すべきであり、先入観を潜りこませないためには、論点先取の用語の使用は避けるのが賢策である。

しかも、常識の部類に属する事柄だが、考古学には一定方向に変化をとげる資料の連続体を「系列」とよぶ用法がある。型式学の方法論の錬磨と普及につとめた田中琢らは、「なじみにくい造語を使う必要を認めな」いとの理由で、「組列 serie」を「系列」に訳しかえている〔エガース一九八一、田中琢一九八三〕。そもそも、首長墓系譜論の鼻祖である後藤守一も、古墳群の推移変遷に「系列《シリイス》」の語をあてている〔後藤一九三五〕。

その範囲が古墳群であれ小地域であれ、一定域で継起的に造営された「首長墓」の連続体を抽出し、それらとその被葬者の消長を検討するのが首長墓系譜論の骨子である。とすれば、「首長墓」のつらなりという考古事象を指示する用語としては、資料の連続体を示し用語的にも中立な「系列」の語を採用するのが適当である。

（2）「首　長」

「首長」なる用語にも問題が多い。この用語は、行政用語としての一般的な使用法のほか、各学問分野で多様な使われ方をしており、安易に使用すると混乱を招く。たとえば、文化人類学などでは、階級関係が目だたないか未成熟な社会（進化）段階である「首長制社会chiefdom」の長にたいして、「首長（酋長）chief」の語が適用される。日本古代史では、石母田正がポリネシア社会の分析をつうじて「首長」の語を導入したが、石母田の「在地首長制」の「首長」概念は、いわゆる階級社会である奈良時代に適用されるなど独特の意味内容をもち、文化人類学との内容の乖離がいちじるしい〔都出一九九六〕。

一方、この用語が考古学界に滲透した経緯を追尾した大久保徹也によると、日本考古学の現行の「首長」概念は、近藤が共同体の分析をつうじて、「前中期古墳被葬者の階級的性格および、それと密接にかかわる社会的職務の内容を指し示す概念として組み上げ」たものであり、「前中期古墳」が「一定の固定的エリア（郡レベル）を基盤として一代一墳、継起的に築造されることをその性格に直結する特質として重視した」ものだという〔大久保二〇〇四〕。ここでもまた、「首長墓」のつらなりという考古事象と、その被葬者（＝首長）のつらなりという解釈とが、密接不離に結びつき、論点先取型の循環論の態をなしている。

筆者は、「系譜」よりも「系列」の語が妥当だと判断したのと同じ理由、すなわち中立的な用語を選択すべきとの理由から、「首長」ではなく「有力者elite」の語を使用すべきと考えている。要するに、結論を内包した意味負荷の強い用語を選択することで生じる議論の循環を避けるため、まずは中立的な用語を選び、資料の分析をつうじてその中身を埋めてゆく戦略を採用すべきと考えるのである。

以上の理由から、筆者は「首長墓系譜」などの従来の用語に代えて、「有力墓系列」という用語を使用すべきと判断している(2)。ただ本章は、学史をふまえた再検討を主眼とするため、現行の用語法を尊重し「首長墓系譜」を使用する。また、新規の用語を採用することで生じる混乱を避けるため、本書では便宜的に現行の「首長墓系譜」を踏襲する。

三　首長墓系譜論の展開

首長墓系譜論は一枚岩の学説ではなく、一九三〇年代以降の八〇年をこえる研究史のなかで、多岐多様な議論が提示され、現在まで展開をとげてきた。本章では、研究史の整理をつうじて首長墓系譜論の「系譜」（正確には系統）を検出し、その成果と特質を評価すると同時に、批判的に乗りこえてゆくべき問題点を剔出する。

この八〇年あまりの期間にはいくつかの画期があり、また研究の展開にも時期ごとの特徴がうかがえる。したがって、それらを勘案し、首長墓系譜論の展開を第一期（萌芽期＝一九三〇～四〇年代前半）、第二期（蓄積期＝一九五〇年代）、第三期（進展期＝一九六〇～七〇年代前半）、第四期（連動重視期＝一九八〇～九〇年代）、第五期（地域重視期＝二〇〇〇年代～）の計五期に分期する。大局的にみると、三つの研究視角の系統を抽出できる。すなわち、

〈地域自律性重視系〉……地域レヴェルにおける首長墓系譜の消長の背景として、当該地域の自律的展開を重視する。地域内での「輪番」を抽出することに分析の力点をおくことが多い。

〈地域他律性重視系〉……地域レヴェルにおける首長墓系譜の消長の背景として、畿内中枢勢力からの影響を重視する。首長墓系譜の安定的展開の背景に、国造の設置を想定することが多い。

〈中央重視系〉…………地域レヴェルの首長墓系譜の消長が、畿内中枢勢力の最有力墓系列（超巨大古墳群）の消長と連動することを重視する。首長墓系譜の変動を広域的政治現象の一端とみる。最有力墓系列自体の分析もこれにふくめる。

の三系統である。より簡潔に、それぞれを「自律系」「他律系」「中央系」と略称してもよい。むろん、特定の論考が

特定の系統に過不足なく対応するわけでもなく、複数系統にまたがる論考も数多い。あくまで、首長墓系譜論の流れと特質をとらえるための理念型的分類であることを強調しておく。紙数の都合のため、「系譜」の大まかな流れとその背景を図示するにとどめる（図8）。研究史の詳細についてはすでに別稿を公表しているので参照されたい〔下垣二〇一七〕。

四　首長墓系譜論の特質と問題点

（1）特　質

図8からうかがえるように、各時期の発掘および研究動向に応じて選好される分析視角に隆替をみせながら、現在まで首長墓系譜論は深化あるいは変転をとげてきた。その分析法は、「日本の古墳研究が生み出したユニークな方法」〔都出一九九五b〕、あるいは「日本考古学が独自に育んだもの」〔田中裕二〇〇六〕と評されるように、日本考古学固有の研究・資料状況に規定されてきた側面がある。「独自」や「ユニーク」といえば聞こえがいいが、ややもすれば「孤立」や「独りよがり」にもなりかねない。日本の首長墓系譜論が、世界各地の各時期の墳墓研究の方法論を吟味しつつ「独自」に発展させてきた「ユニークな方法」であるのか、それともそれらから「孤立」してはぐくまれてきたのか、といえば、明らかに後者である。一概に「孤立」に難があると断ずるわけにはいかないが、現在の首長墓系譜論にいくぶんのゆきづまりの観があることを考慮するならば、日本の首長墓系譜論の特質を、その資料・研究状況に関連づけておさえておくことには意義がある。そこで以下では、首長墓系譜論を特色づけてきた要因を、資料面・

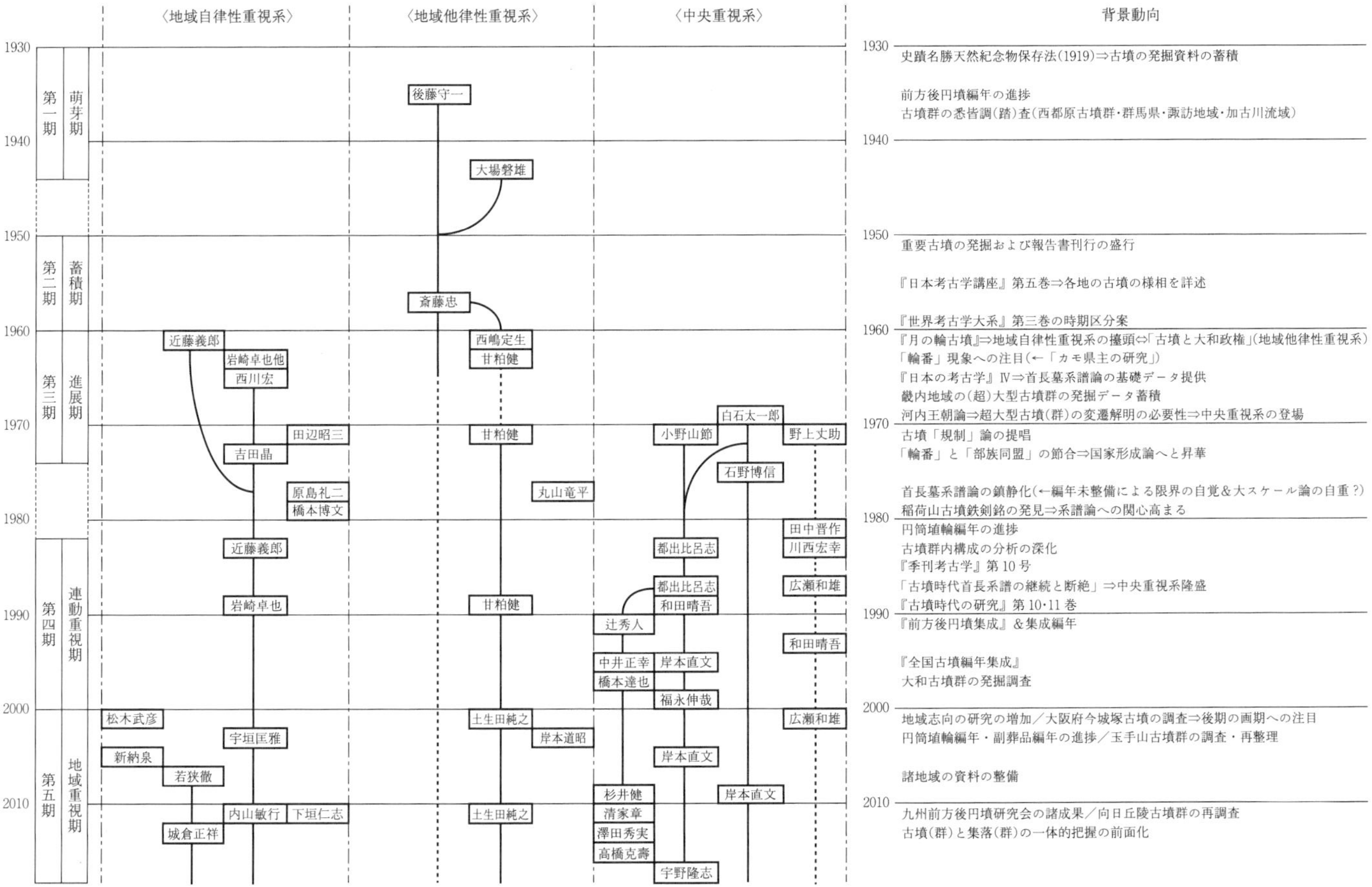

あくまでも研究の諸潮流の模式図。枠で囲った人名は、当該人物がこの時期に発表した論考を示す。それら諸論考の出典は〔下垣 2017〕に譲り省略する。

図8　首長墓系譜論の諸系統

研究状況面の双方から抽出する。

首長墓系譜の最大の特徴は、一古墳群内もしくは小平野など一定地域内で、「首長墓」が「累代」的に造営されたことである。つまり、古墳の「累代」的なつらなりから「首長」の系譜（王統譜）を復元しうると期待させる点に、首長墓系譜論の魅力があるわけである。この期待の背後には、意識すると否とにかかわらず、『記』『紀』をはじめとする古文献の存在がある。『記』『紀』などにおいて皇位はおおむね（父系）世襲継承だが、諸地域の「首長」に関しては断片的な記載しかない。諸地域の「首長墓系譜」こそ、文献の闕を補塡し、『記』『紀』の皇位継承から類推可能な「首長位」継承の姿を物的に示すものとして、研究初期から期待されたのである〔大場一九四三、斎藤一九五八等〕。しばしば墓誌が副葬され、また文献から被葬者を特定できることの多い中国考古学において、首長墓系譜論に関心がよせられず、発達をとげてこなかったことは示唆的である。文献史料の不十分さが首長墓系譜への関心を惹起し、研究方法を錬磨させてきたが、それと同時に当初から文献史料への擦りあわせの志向が内在していた点に、列島の首長墓系譜論の特質がある。

また重要な特色として、首長墓系譜内にしばしば複数の墳形が併存することをあげうる。首長墓系譜において、前方後方墳から前方後円墳に転じたり、前方後円墳から突如として帆立貝形前方後円墳や大型円墳に転じ、ふたたび前方後円墳を造営するなど、しばしば変動をみせることとあいまって、研究者の強い関心を惹いてきた。西嶋定生は、複数の墳形が併存する現象を論拠にすえて、「カバネ秩序」として示される「大和政権の国家体制である族制的結合体制」こそが古墳の造営原理だと断じ、首長墓系譜論のみならず古墳の研究の総体に深甚な影響をおよぼした〔西嶋一九六一〕。また、首長墓系譜の途中で前方後円墳の造営が中断する現象に着目した小野山節は、「河内王朝」による前方後円墳造営の「規制」を推測し、これも以後の首長墓系譜論に有力な分析軸をあたえた〔小野山一九七〇〕。つまり、首長墓系譜内での墳形の変更や前方後円墳の途絶・復活に着目することで、「規制」論などの有力な分析軸がうみだされてきたのである。首長墓系譜論への関心が比較的低い中国大陸や韓半島における墳墓が、基本的に円墳か方墳でありヴァラエティに乏しいことを勘案すると、特殊な形状の墳形（前方後円墳）を頂点とする墳形の多様性が、日本の首長墓系譜論に独特の彩りをあたえ、これを活性化させてきたとみなせる。

これと関連して、「首長墓」の基軸をなす前方後円（方）墳が比較的複雑な形状を呈し、外形からその相対年代をある程度の精度で弾きだせることも特記すべきである。墳形を手がかりに首長墓系譜内の前方後円（方）墳群を順列化し、首長墓系譜間の前方後円（方）墳の時期的関係を把捉できたことが、日本列島の首長墓系譜論を力強く駆動したわけである。しかも、「首長墓」には（円筒）埴輪がしばしば設置され、周濠や造出などの付帯施設も散見する。そうした埴輪から「首長墓」の造営年代をかなりの精度で決定でき、付帯施設からもある程度までであれば墳丘本体の築造時期を絞りこめる。埋葬施設を発掘せずとも、首長墓系譜内の構成諸古墳の造営年代を推定できる点で、日本考古学の首長墓系譜論は相当の強みをそなえている。副葬品や埋葬施設から首長墓系譜の造営順序・年代を決めるためには、構成諸古墳すべての発掘調査が必要条件となる。しかし、それは現実的に困難であるし、有力墳墓がたいてい徹底的な盗掘の厄に遭い、副葬品が掠奪されてしまっているのは、世界共通の現象である。副葬品や埋葬施設に関心が集中する中国考古学の墳墓研究において、首長墓系譜論への関心が薄いのは、当然のことかもしれない。

むろん、古墳研究では副葬品の編年研究もきわめて活発である。「モノ偏重」との評価を、国内外双方からくだされることも多いが、その利点も大きい。都出が指摘するように、首長墓系譜論は「型式学と編年論の緻密さを基礎としてはじめて可能となった仕事」である。世界的に評価の高い、ブリテン新石器時代の「長方形墳丘墓一基あたりの領域」論が、「^{14}C年代で数百年程度の幅」の「同時期」性にしか保証されていないことと対比すれば、日本の首長墓系譜論の緻密さと可能性が際だってくる〔都出一九九五b〕。

また、日本の首長墓系譜の顕著な特色として、「首長墓の継起的築造」が「列島のいたるところでうかがえる」ことをあげうる。「一つの主要な水系をもつ一まとまりの平野地域を単位」とする「首長系列」は、古墳の分布全域において「二、三百に達する」と想定されるほどである〔近藤一九六〇・一九八三〕。近年では、「北部九州」だけで「八〇近くの首長墓系譜が確認できる」とさえ説かれている〔重藤二〇一二〕。

このような離散的な集団形成の背景には、列島の地理的特性がある。列島の地形を人文地理的に俯瞰すれば、幹線的な大河川と大平野を欠き、無数の小河川が山あいの土地を潤しながら流れ、一定ていどの集住を可能にする小盆地と小平野が点在する姿をみてとれる〔米山一九八九〕。この地理的特性（制約）が、「高速な移動手段を持たない」技術的制約〔今津二〇〇二〕とあいまって、首長墓系譜の離散的分布をうみだしたのだろう。後述するように、首長墓系譜の造営母体を地理的にいかに復元すべきか、確固たる方法が存在しないのが現状である。しかし、それらがおのおの比較的小さな地理的範囲に割拠し、列島広域に無数に点在する顕著な特徴を有している事実には注目すべきものがある。

以上を要するに、日本の首長墓系譜論の特質は、墳丘形態の複雑さと多様性、そして古墳編年の発達という順境、他方で被葬者の文献的手がかりの稀少さに起因する逆境という、資料・研究上の背景によるところが大きい。

（2）問題点と課題

(A) 方法論上の問題

他方、首長墓系譜論は多くの問題点と課題もかかえている。もっとも重大な問題は、多様な分布・存在様態を示す首長墓系譜について、その造営母体の地理的範囲を復元する統一的基準が不明確で、論者の主観が投影されがちになることである。欧米圏の考古学では、モニュメント的な構築物が一定地域内に割拠する場合、ティーセン・ポリゴン法やXTENTモデルなどをもちいて、それらの造営・占有主体の「領域」を復元することがある。この方法の粗さにたいする批判〔都出一九九五b等〕はもっともである。しかし、特定の古墳（群）を中心にえがいた円弧をもって造営母体の「領域」とみなすような、日本の首長墓系譜論にままみられる安直な「方法」よりはよほど精密である。

この問題をさらに混迷させるのが、被葬者の「本貫地」問題である。「首長」がその本貫地に奥津城を造営したという前提が成立しなければ、その前提に立脚する造営母体の地理的基盤や「領域」に関する推定は無効になる。考古学では一般に、特定集団がその本貫地に墓域をいとなむという前提で論を構築する。しかし、両者の厳密な対応関係は実証されていない。常識的に判断すれば、大多数の墳墓は被葬者の本貫地に造営されたとみるのが穏当であろうし、そうでなければ墳墓からの集団構造論は不可知論になる。ただし、多様な首長墓系譜の様態を勘案すると、両者が厳密に一対一対応しているとは断じがたい。首長墓系譜から地域内／間関係を精密に究明しようとすればするほど、両者のわずかなずれも解釈に一分八間の相違をもたらす。超大型古墳群の移動現象を「政権交替」の論拠とみるか否かの議論は、その顕著なケースである。また、「複数系譜型古墳群」や「集約型前方後円墳」は、在地集団のみの墳墓地とはとうてい考えがたく、少なくとも（超）大型古墳（群）の造営地の選定には政治的配慮がはたらいていたとする見解〔広瀬二〇〇一等〕には説得力がある。結局のところ、特定の首長墓系譜あるいは古墳群とその被葬者集団との対応関係をみきわめる基準が存在しないことが、首長墓系譜論の進捗をその根幹ではばんでいるわけである。

これらの問題については、首長墓系譜（および「首長墓」）と「首長居館」や集落との対応関係を抽出する研究が、重要な突破口を開きうる。近年の調査・研究成果を総合的に判断すれば、中小古墳は近隣の集落に対応することが多く、「首長墓」は近隣の集落に対応する場合、やや離れる場合、「領域」の外縁部に立地する場合など多様な占地を示すようである。ただし、両者の関係は多様であるため、特定の首長墓系譜と特定「領域」（の有力集団）との対応関係の判定基準は十分に錬磨されておらず、まだ前記の難問をクリアするにはいたっていない。しかし、「首長居館」や集落と首長墓系譜（および「首長墓」）との関係を追究する姿勢はきわめて重要であり、最近のめざましい検討成果〔古代学研究会編二〇一六、若林編二〇一七等〕は、今後の研究の展開を強く期待させるに足る。

（B）資料的制約による問題

以上のような、首長墓系譜の造営母体やその「領域」「本貫地」を同定する方法論の脆弱さ（A）にくわえ、首長墓系譜の実態の復元作業にもさまざまな問題（B）がある。（B）は、資料的制約に由来するもの（B1）と分析視角によるもの（B2）とに大別できる。

B1（資料的制約に由来する問題）には、①未発掘あるいは既掘だが情報不足などのため位置づけが不確定な古墳の存在、②後世の開発などによる主要古墳の破壊、③未発見古墳の潜在、などがある。①に関しては、論者によって同一の首長墓系譜における構成諸古墳の編年的位置づけが大きく相違することが多々ある。発掘成果がかなり蓄積されている京都府向日丘陵古墳群や大阪府玉手山古墳群ですら、論者ごとに構成古墳の想定順序が少なからず相違する。同一論者ですら、論文ごとに想定順序がしばしば変動する始末である。ましてや、未発掘などにより不確定要素の大きい首長墓系譜の場合、論者の匙加減や新発見ひとつで、復元される消長は大きく変わる。

②は近世以降の開発、とりわけ近代の都市開発がはなはだしかった地域において、首長墓系譜の復元を至難にする要因となる。たとえば大阪府百舌鳥古墳群や同桜塚古墳群は、近世以降の開発で多くの古墳が湮滅したことが、絵図

や文書などから判明している。平城京では、新都造営にともない古墳が破壊されたことが『続日本紀』に記されており、実際に平城京や藤原京において多数の有力古墳が削平されたことが、発掘調査により明らかにされている。このような事例をみるに、後世の破壊を考慮せず首長墓系譜を復元することの危険性〔田辺一九七〇〕が痛感される。

そして③も看過しがたい。「首長墓」級の有力古墳の発見により、各地の首長墓系譜像が刷新されることも少なくない。ここ二〇年の代表例をあげると、一九九八年には富山県氷見市で、列島屈指の規模を誇る前方後方墳である柳田布尾山古墳（一〇八メートル）が新たにみつかり、当該地域の首長墓系譜観に変更をせまった。同年に神奈川県逗子市桜山丘陵で、同県最大の前期古墳である桜山一号墳（九〇メートル）および二号墳（八八メートル）が発見された。これまで有力古墳の知られていなかった三浦半島基部における大型墳の新発見は、相模地域の首長墓系譜像を書き換えるにとどまらず、同地域に関東の他地域に匹敵する有力集団が存在した証拠を提供した。そして近年、岡山県総社市（「備中」）で、全長七四メートルの前方後方墳である一丁𡉕一号墳を核とする四基からなる古墳群が発見された。この新発見により、古墳時代前期の有力古墳が「備前」にかたより「備中」に少ないという、古くからの共通認識〔西川宏一九六四等〕に修正が必要になろう。

他方、分析視角による問題（B2）は多岐にわたるが、ここでは①首長墓系譜と器物の保有の関係の等閑視、②継続面の軽視、③「一代一墳」の自明視、④複数埋葬の度外視、の四つを挙示したい。これら分析視角上の諸問題が、首長墓系譜の実態の究明を妨げてきた要因であったと考える。

（3）本章の分析視角

（A）と（B1）は現状では解決の見通しすらたたない難問であるため、本章では実証的に検討しうる（B2）の打開に専心する。①器物の保有状況、②継続面、③「一代一墳」の前提の留保、④複数埋葬、という四つの視角から首長墓系譜論に新展望をもたらしたい。

五　器物保有と首長墓系譜

墳丘や埋葬施設とならんで、副葬器物は首長墓系譜の実態・消長をとらえる重要な手がかりとなる。後世の破壊・崩壊などのため系統を詳密に追いづらい墳丘形態や、いまだ詳細な系統関係や時期を決定するまでにいたっていない埋葬施設にくらべ、副葬器物は製作系統や編年に関する研究が比較的進展している。そのうえ、甲冑や鏡のように、特定の首長墓系譜に継続的に流入したと考えられる器物があり、しかも鏡は首長墓系譜内でしばしば長期にわたり保有された蓋然性が高い〔森下一九九八〕。それゆえ、首長墓系譜における器物の流入—保有—副葬の様態をとらえることは、外部（畿内中枢勢力等）との長期的関係にくわえ、器物保有をつうじた当該系譜内の諸関係の闡明につながる。

ただ近年の研究動向をみると、特定の古墳群（首長墓系譜）で副葬が継続しない器物を抽出して、「政権交替」の根拠をかためようとする研究視角〔田中晋二〇〇九等〕や、特定の副葬器物など首長墓系譜の「変動期の特徴的墳墓要素」を探索して、列島の政治変動をより明晰にえがきだそうとする研究視角〔福永一九九九b〕が目だつ。その反面、器物をつうじて首長墓系譜の継続性に着目した研究〔森下一九九八、辻田二〇〇七〕は少ない。最近になって、ようやくこの種のアプローチが急速に深化してきた〔鈴木一二〇一一b、上野二〇一二b、加藤二〇一五、川畑二〇一五等〕。

筆者は、森下章司のアプローチを継承して、首長墓系譜「に示される在地の集団」内で保有された可能性が高い鏡〔森下一九九八〕を分析対象にすえ、鏡の流入（入手）—保有—副葬のあり方から、有力集団の実像と鏡の役割を探ってきた。具体的な分析と考察は、本書の第五章で展開するが、本章の考察にも必要な情報であるので、結論部分のみを要約的に述べておく。筆者の考えでは、古墳時代の鏡は首長墓系譜の造営主体となった有力集団にしばしば保有され、一部の倭製鏡と少なからぬ中国製鏡が長期保有された。長期保有例を調べると、首長墓系譜の初造墳や諸地域を統轄するような盟主墳に長期保有鏡が副葬されている事実が顕著にみとめられる。これらの状況を総合的に考えると、鏡には保有をつうじて集団の通時的一体性を維持・強化する機能があり、長期保有鏡の副葬とは、当該集団において格別な役割をはたした人物や破格の勢威を誇った人物とともに副葬することで、集団保有をいっそう確実化する行為であったと結論づけうる。

六　首長墓系譜の継続面の意義

首長墓系譜論では継続面より断絶面が重視されることが多い。もちろん、首長墓系譜の途絶現象や移動現象を抽出することで、脈動する古墳時代の政治社会の姿をとらえた意義は大きい。また、首長墓系譜の継続面に着目した研究もなかったわけではなく、とくに向日丘陵古墳群では、墳丘・埋葬施設・外表施設の継続面に関する研究が蓄積されてきた。とはいえ、全体的にみれば、首長墓系譜の継続面に焦点をあてた分析はいまなお寡少といわざるをえない。首長墓系譜論は、「首長墓」が一古墳群ないしは小地域内で継起的に築造される現象から出発するため、「首長墓」の継続が所与の前提となり、継続の機制や条件に関する分析は軽視されがちになってしまう。しかし、首長墓系譜が断絶・移動する短期的で例外的な状況を、これが継続する長期的で通常的な状況よりも重視せねばならない特段の理由はない。あえていえば、「首長権」が固定しない「部族社会」の特徴として〔近藤一九八三等〕、あるいは畿内中枢勢力と連動する広域社会システムの特徴として〔都出一九八八等〕、重視されるのかもしれない。だが、前時期からの歴史的展開を考えるならば、「首長墓」が特定の古墳群ないし小地域に数十年単位で固定することこそ、その機制と成立条件を究明すべき重要な現象であり、首長墓系譜の「系譜」の究明には、継続面の検討が不可欠なはずである。

ただし近年、継続の実態と機制を解く手がかりが徐々に蓄積されつつある。たとえば、関東地域を中心に、特定の墳丘規格・主軸方位・付帯施設などが特定の地域ないし古墳群で継続する現象に注目した分析が、このところ急増している〔若狭二〇〇七等〕。また筆者も、同墳複数埋葬において埋葬時期や鏡の入手時期の新古にかかわらず、埋葬施設の優劣と副葬鏡の大小が対応する現象などからみて、首長墓系譜の母体集団内で埋葬施設や副葬品（鏡）に関する情報が記憶（記録）され、管理・保持されていたと推定している〔下垣二〇一一〕。継続面と断絶面を総合的にとらえてこそ、首長墓系譜の実態をより深く究明できることを強調しておきたい。

七 「一代一墳」の再検討

首長墓系譜論の嚆矢である後藤の論考において、群馬県白石古墳群を「一代一墓」の古墳群と解して以来〔後藤一九三六〕、「一代一墳」は自明の前提とされてきた。X基から構成される「首長墓」群がある場合、最古と最新の「首長墓」の年代差Y年を抽出し、平均在位Y/(X-1)年の「首長」がX代継続したとする算出法もまた、後藤以来の伝統である。「一代二墳」論〔甘粕一九七五、石野一九七六等〕も、総期間Y年におけるX代の按分的配列という思考法において、「一代一墳」と同型である。

しかし、少し現実をみるだけでも、この按分的配列が不合理であることは明白である。ほぼ五世紀いっぱい〔四一三‐九一年）、八〇年近く在位した高句麗の長寿王や、逆に二帝あわせて二年しか在位せず歿した後漢の沖帝（一四四‐四五年）および質帝（一四五‐四六年）のような極端な例はともかく、在位期間に長短があることは当然である。日本の首長墓系譜論では、「系譜」の空白期間を訝り、年代的根拠が不明瞭な「首長墓」や、「首長墓」とはみなしがたい中小規模墳でその空白期間を充当する傾向が強い。その結果、各地の首長墓系譜は途切れなく整然と復元されてゆく。しかし、これが当時の実態を反映している保証は当然ながらない。むしろ、「一定地域一定時間一墳」の「原則」〔近藤一九六〇〕なる前提を特定の古墳群におしつけ、連綿たる首長墓系譜を架構している可能性（危険性）も十分にありうる(3)。現在の首長墓系譜論が四半世紀レヴェルでの議論を志向している以上、空白期間の有無の追究は欠かせない。

逆に、短期間に次々と「首長墓」が造営された首長墓系譜の存在にも注視すべきである。たとえば岐阜県前波古墳群は、古墳時代前期前半から末頃まで、西寺山古墳→野中古墳→前波長塚古墳の順で三基の前方後円（方）墳が累代的に造営されたとみなされてきた。しかし、出土土器や副葬品などからみて、これら三墳は前期後葉の比較的短期間に造営された可能性が高い。京都府男山古墳群の東車塚古墳・西車塚古墳・石不動古墳の三基も、前期末葉前後の短期間に築造されたようである。玉手山古墳群を構成する各小群も、それぞれ短期間のうちに形成されたとみるのが妥当である。同じことは、奈良県大和《オオヤマト》古墳群や大阪府弁天山古墳群にも該当する〔下垣二〇一一〕。「一代一墳」の模範的事例とされてきた長野県善光寺平南部の「首長墓」群の築造様態も、発掘成果によって少なからぬ変更を余儀なくされている。かつては、「三〇〜五〇年代」の「年代巾」で森将軍塚古墳→倉科将軍塚古墳→土口将軍塚古墳の順に〔岩崎他一九六四〕、あるいは「四世紀後半」の森将軍塚古墳を皮切りに、倉科将軍塚古墳、土口将軍塚古墳とつづき、「六世紀初頭」の有明山将軍塚古墳まで、「一世代一古墳の割合で、時間差をもって築かれた」〔岩崎一九七九〕と推定されてきた。ところが、一九九〇年代末に実施された埋葬施設の発掘調査の結果、「森↓有明山↓倉科↓土口」の築造順序に変更されたばかりか、「有明山将軍塚古墳は四世紀代に、倉科・土口の両将軍塚古墳は五世紀前半で、それもごく近接した時期に築造されたものと解される」こととなった〔木下二〇〇二〕。

学史をふりかえると、整然とつらなる「一代一墳」の集積としての首長墓系譜というイメージは、「大王」や国造の血統的累代性という理解に強く規定されてきた。第三期前半までの首長墓系譜論は、『記』『紀』に一定の信拠をおき、「大王」(天皇)や国造と首長墓系譜との対応性に言及することが多かった。以後の諸研究でも、論の中盤までは古墳群の分析に終始しつつ、結論で唐突に国造との関係性を説く、木竹繋合式の論考が散見する。血縁性を内包する首長墓系譜なる用語が違和感なく採用されたのも、『記』『紀』から読みとれる父系的な血統的連続性を、明に暗に承認していたためであろう。首長墓系譜論の学史的展開に、「考古学と古代史のもたれあい」〔山尾一九九九〕を容易にみてとれる。

八　複数埋葬からみた首長墓系譜

(1) 問題の所在

首長墓系譜論は「一代一墳」の前提下で展開してきた。そうなると、「一墳」の「首長」は中心埋葬の被葬者とみなされるため、同墳(槨)複数埋葬の副次埋葬は、「首長(墳)」のつらなりを読み解く首長墓系譜論の検討対象から除外されてしまうことになる。しかし、副次埋葬には首長墓級の内容を有するものもあり、複数埋葬を度外視する首長墓系譜論の現状は打開せねばならない。複数埋葬の分析をつうじ「首長」権構成にせまりうるだけでなく、複数の「首長墓」で複数埋葬が確認される首長墓系譜は、「首長」権構成の実態と変遷をとらえる恰好の資料たりうることを、最初に指摘しておきたい。

(2)「首長墓」内の被葬者間関係

複数埋葬から首長墓系譜をとらえる検討法はさまざまあるが、ここではまず、複数埋葬における他地域の要素に着目して検討してみる(図9)。ただ、悉皆的に検討できていないため、予察の提示にとどめる。発掘事例の蓄積がいちじるしい京都府乙訓地域を例にとると、規格性が顕著な当地域の埋葬施設のなかで、長法寺南原古墳の前方部に但馬地域の埋葬施設である石棺系小石室が内蔵されていること〔福永一九九二〕が注目される。福永伸哉はこの被葬者として、「但馬地方周辺を有力候補のひとつ」とする他地域から、「後円部被葬者との婚姻などによってやって来」て「乙訓地域で生涯を終えた人物像を想定」した〔福永一九九二〕。しかし筆者は、以下のデータを根拠として、福永とは真逆ともいえる解釈、すなわち乙訓地域から「但馬地方周辺を有力候補のひとつ」とする他地域に婚出し、当地域で「生涯を終えた人物」が乙訓地域に帰葬された、という解釈を提示したい。

奈良拓弥によると、乙訓地域の竪穴式石槨はチャート類を構築材とする「c型式」にまとまる「Ⅲ型」である。しかし、寺戸大塚古墳前方部の竪穴式石槨のみが、二上山火山岩を構築材とした「b型式」の「Ⅱ－一型」という、玉手山古墳群の諸古墳と共通する「型」を示す。その玉手山古墳群内には複数の「型」があるが、六号墳中央石槨が「Ⅰ－二型」である一方、同墳東石槨が「Ⅱ－二型」であることは重要である。「各「型」の消長には各技術者集団の動向や「型」を構築させた首長層の動向を反映してい」たとの想定〔奈良二〇一〇〕を是認するならば、同一古墳群

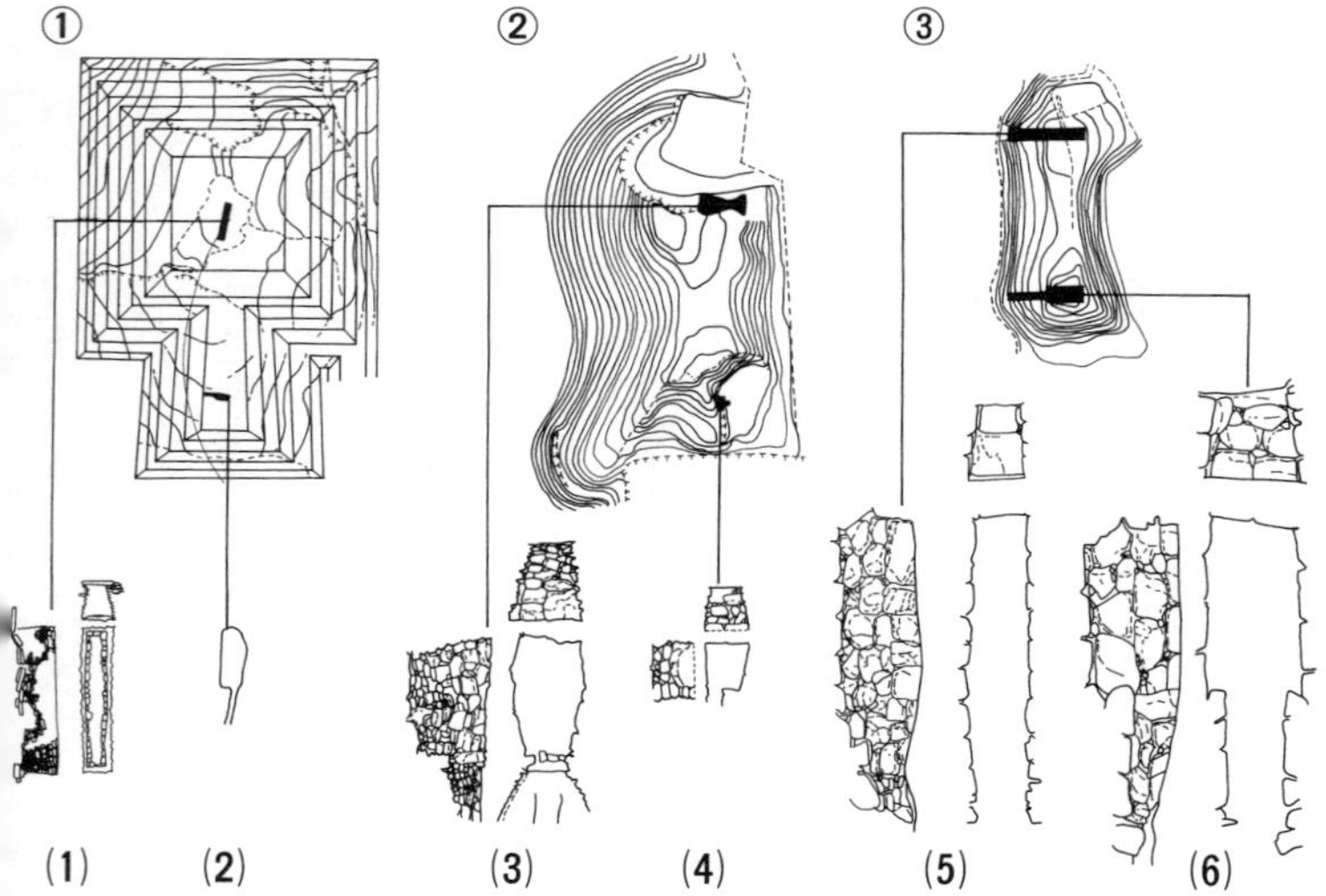

① 京都府長法寺南原古墳
(1) 竪穴式石槨
(後円部、在地系)
(2) 石棺系小石槨
(前方部、但馬系？)
② 福井県十善ノ森古墳
(3) 九州系両袖式石室
(後円部、九州系)
(4) 畿内系片袖式石室
(前方部、外来系)
③ 長野県馬背塚古墳
(5) 下伊那系無袖石室
(後円部、在地系)
(6) 畿内系両袖石室
(前方部、外来系)

図9　同墳副葬埋葬の埋葬施設にみる他地域の要素（墳丘S＝1/2000、埋葬施設S＝1/500）

のみならず同一墳丘の複数の被葬者までもが、個別に他地域集団と関係をとりむすんでいた状況が浮かびあがる。この状況は、時期がくだる横穴式石室にもみいだせる。鈴木一有は、前方後円墳に複数の横穴式石室が構築される場合、「後円部と前方部によって異なる系統の石室が構築される事例」が散見することに注目している〔鈴木 二〇一一a〕が、長野県馬背塚古墳・同おかん塚古墳・福井県十善ノ森古墳のように、在来系の後円部石室にたいし前方部石室が外来系（畿内系）である事例が目だつことは、いっそう注目に値する（図9）。

　同墳複数埋葬が古墳時代をつうじて基本的にキョウダイ原理下にあり、「婚入者は墳丘だけではなく、古墳群という墓域そのものからも締め出されていた可能性が高い」こと〔清家二〇一〇〕や、埋葬面では付帯的な部位である前方部に、既述のように他地域色の強い埋葬施設が散見することを考えあわせれば、こうした埋葬施設の被葬者は中心埋葬の被葬者の血縁者であり、婚出先の埋葬方式をもって帰葬された者と推定することも許されよう[4]。帰葬という解釈が成りたつならば、同墳複数埋葬の様相を主論拠とする聖俗二重首長制説などは、根本からの再検討

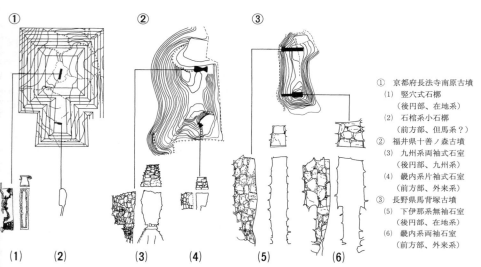

が必要になる。

他方、埋葬施設の種類差や規模、副葬鏡の面径など、埋葬後に視認できない要素にまで、中心埋葬＞副次埋葬という格差付与の原則が貫徹される事実を考慮するならば、複数埋葬は被葬者の所属・出身集団の規準のもと設置されたことが明らかである。帰葬の可能性がある寺戸大塚古墳前方部主体部に、後続の「首長墓」である妙見山古墳前方部主体部の副葬鏡に「もっとも類似する」「仿製」三角縁神獣鏡〔岩本二〇〇一〕および長期保有鏡が副葬されていることは、帰葬者に副えられた鏡は、その出自集団の保有品であることを示唆する。「首長墓」の複数埋葬の被葬者は、個別に活動を展開した側面もあったが、それは所属集団の枠内にとどまる性格のものであったのだろう。

（3）首長墓系譜の被葬者間関係

次に、首長墓系譜内の被葬者間関係がどのように推移したかを考察する。ただ、資料的制約のため、首長墓系譜内の複数の「首長墓」間における被葬者の親族関係は知りえない。ここでは次善の策として、複数埋葬墳が継続的にみとめられる首長墓系譜である向日丘陵古墳群と玉手山古墳群における複数埋葬の墳墓要素のあり方を検討し、首長墓系譜内での集団的連続性／断絶性を検討する。

①向日丘陵古墳群

本古墳群の「首長墓」は一基ずつ分散して造営されている。その墳丘規模は一定範囲におさまり、埋葬施設の規模や規格性、構築材も強い共通性をみせる。複数埋葬は寺戸大塚古墳と妙見山古墳で確認されるが、後円部と前方部に卓越した埋葬施設を一基ずつ設置する点で共通し、副葬品においても酷似する「仿製」三角縁神獣鏡を有する。他方、墳形・埴輪・葺石の様相から、畿内中枢勢力との関係を累代的に更新していた可能性が高い。本古墳群は畿内中枢勢力との関係を安定的に継続しつつ、「首長墓」内／間の複数埋葬においても共通性を維持しながら展開をとげたとみなせる。複数の「首長墓」が時期的に重複する様子もないので、本古墳群は単一の有力集団に出自する有力者（群）が累代的に築造した古墳の集積だと暫定的に判断しておきたい。

②玉手山古墳群

本古墳群は、数基の「首長墓」が群在する四前後の小群で構成される。その分布上の特徴から、複数の「首長」集団が四前後の小群をそれぞれの「墓域」として、併行的に「首長墓」を造営した累積を本古墳群とみる論が多い〔広瀬一九八七等〕。しかし筆者は、これらの小群（A～D群と仮称）は、時期的に若干の重複をみせつつ、それぞれ比較的短期間で群構成してから次の小群に移行したとみる〔下垣二〇一一〕。奈良の論考を再繙すると、本古墳群の竪穴式石槨（と粘土槨）の「型」は三つにわかれ、それぞれ別の小群に属する五号墳・六号墳・一四号墳の複数埋葬は、すべて別の「型」に属する。小群内でもB群が三つ、D群が二つの「型」にわかれ、まったくまとまりがない〔奈良二〇一〇〕。向日丘陵古墳群の母体集団を推定した理窟を適用すれば、本古墳群の各小群を単一の有力集団の所産とはみなせない。また、A群最古の三号墳は小札革綴冑、B群最古の六号墳は画文帯神獣鏡と小札革綴冑というように長期保有器物を副葬し、墳丘形態も埋葬施設の「型」も棺も相違することから、両群最古の「首長墓」は別集団の所産と考えうる。他方、埋葬施設の「型」が共通するなど、小群間には共通要素も少なからずある。以上を総合的に解釈すれば、本古墳群の特定小群は、複数の有力集団に出自する有力者たちの墓域であり、かれらが特定世代の「首長権」を構成し、次世代の「首長権」を構成した有力者たちは別の小群を墓域としたと推定しうる。

九　首長墓系譜の構成形態

ここまでの検討をふまえると、「首長墓」の母体が単一集団か複数集団か、造営は一世代に一基か複数基か、単一世代で終わるか複数世代つづくかという基準から、多様な首長墓系譜のあり方を分類できる。[5] 結論だけ述べると、おおよそ〈Ⅰ型＝複数集団・一世代一基・累代〉、〈Ⅱ型＝特定集団・一世代一基・累代〉、〈Ⅲ型＝複数集団・一（〜）世代数基・累代〉、〈Ⅳ型＝特定集団・一（〜）世代数基・一（〜）代〉、〈Ⅴ型＝複数集団・一（〜）世代数基・一（〜）代〉、の五類型をみいだせる。

ここで注意したいのが、特定集団が首長墓系譜を累代的に形成するパターンは、向日丘陵古墳群などのⅡ型にかぎられることである。墳墓要素・造営地・長期保有器物のあり方などを加味して判断すると、特定集団による累代的造営という首長墓系譜の典型的イメージは、実像にそぐわない。むしろ、そうしたケースは稀例に属する。玉手山古墳群・古市古墳群・大和古墳群などはⅢ型に該当し、複数の有力集団が特定小群内で相互の序列関係を表示し、次期には別の小群で序列関係を組み替え造墓した。短期間に複数の「首長墓」を造営した男山古墳群や前波古墳群は、それぞれⅣ型・Ⅴ型とみなせる。兵庫県六甲南麓東部地域や「輪番」的造営の代表例とされてきた長野県善光寺平地域・茨城県筑波山麓地域などの首長墓系譜はⅠ型である。

十　首長墓系譜の形成背景

最後に、列島広域で首長墓系譜が不安定さを内包しつつ活発に生成消滅した背景を考察する。首長墓系譜の様態をみると、古墳時代（とくに前半期）は、諸地域内／間で諸有力集団が交流を重ねつつ、盟主的地位をめぐり競合する社会であった。既述のように、各「首長墓」の複数埋葬の被葬者にいたるまで、個別に地域間関係をとりむすんでいた可能性がある。帰葬と想定しうる被葬者は両性にわたり、当該期の双系的な親族システムに合致する。有力集団内／間関係の多元的で複合的な諸関係にくわえ、その基底因となった双系的な親族システム・地位継承ゆえに、「首長」位の継承は流動的になり、首長墓系譜の不安定さをうみだした〔田中良二〇〇八〕。

このような競合的で流動的な集団関係のなか、各地で優勢化した集団から輩出した有力者が「首長墓」を造営した。その不安定さと競合関係ゆえに、諸地域の有力集団は他地域と積極的に交流し、そして畿内中枢勢力への求心性を強め、従属的な関係をとりむすびつつ、器物や造墓技術の供与をうけた〔辻田二〇〇七〕。ただ、諸地域の有力集団は、こうした墳墓要素をあたえられるがまま受容していたわけではなく、むしろ自集団内での序列化・人的区分を遂行する装置として積極的に受容した。当該期の集団の流動性は、脈動する社会的・政治的状況においてますます増大し、軋轢や角逐をふくむ競合関係が生じたと推定される。それゆえ、多彩な集団内／外の序列化・人的区分を実施しうる装置として、畿内中枢勢力の主導下で統合された古墳祭式は、他集団との序列関係および自集団内での序列・人的区分を表示するとともに、自集団の同一性を凝固させる装置として、諸地域の有力集団に積極的に導入されたのではなかろうか〔下垣二〇一一〕。諸地域における首長墓系譜の変動が、畿内中枢勢力の超大型古墳（群）の変動と連動するのは、このように諸地域の有力集団が競合的に求心化し、畿内中枢勢力を軸とする古墳祭式を受容したからにほかならない。

前記したように、鏡が集団内で長期保有されたのも、流動的な集団の同一性・連続性を保持するためと考えうる。各地の有力集団は、鏡の長期保有をつうじて自集団の通時的な同一性を保証・維持しようとしたのではないか。そうした鏡を最終的に副葬した理由は判然としないが、一案として、墳墓への鏡副葬はある意味で集団保有の継続であり、有力集団を代表し「首長墓」や「盟主墓」に葬られるだけの勢威を有した人物とともに埋納することで、有力集団の同一性の重要な部分を被葬者とともにその地に固定させた、との解釈を提示しておく(本書第五章)。

本章では、諸地域内の論理に焦点をあて、首長墓系譜の形成背景を考察したが、畿内中枢勢力を上位とする中心―周辺関係が首長墓系譜形成を律していた側面も看過してはならない。両側面の統一的な追究こそ、首長墓系譜研究に必要不可欠であることを強調して、本章を終える。

註

(1) ただし、首長墓系譜(首長墓系列)が造営される地理的範囲について、都出が「首長墓群の一単位」〔都出一九八八〕を、近藤が「一つの主要な水系をもつ一まとまりの平野地域」など古墳群をこえた範囲〔近藤一九六〇〕を想定しており、両者には重大な相違がある。

(2) 「有力」などという曖昧な表現を使うと、「有力墓」の認定基準が不明瞭になる弊害が生じるので、この用語にも問題はある。

(3) 古墳時代の時期細分が推し進められた結果、現在では一小期あたり四半世紀前後にまで細かくなっている。首長墓系譜の移動現象はあるにしても、列島各地で各細分時期を網羅するように連綿と「首長墓」が造営されつづけている事態は、人間の生存期間の不定性を考慮するとかなり不自然である。二墳の併存的連続を主根拠とする「一代二墳」論あるいは「二王並立」説は、輪をかけて不自然である。「一定地域一定時間一墳」の仮定を現実の資料に無理にあてはめた帰結であろう。さもなければ、「神聖王ないし人神はあらかじめ定められた一定の期間のみ生きそして治めることしかできず、これが過ぎるや仮借なく殺されることとなった」という、いわゆる「王殺し」〔フレイザー一九八六・二〇〇六〕が、列島広域で長期にわたって実施されていたなどという、無稽な推測をせねばならなくなるかもしれない。

（4）他方、三重県名張川流域の同墳複数埋葬では、後円部に「畿内系」横穴式石室を、前方部に「地域色を温存する」横穴式石室を設置する事例（春日宮山古墳・鹿高神社一号墳）があり〔岩原二〇一二〕、筆者の提示した解釈にも問題が残されている。

（5）なお、「首長墓」が離散的に存在するか特定古墳群に凝集するかも、重要な分類基準になるが、本貫地問題がからんでくるなど難問をひきよせてしまうため、ここでは採用しない。

第三章　威信財論批判序説

はじめに

「威信財 prestige good(s)」なる用語は、いまや日本考古学に定着したといってよい。各時代の器物にこの語が付され、とくに古墳時代の副葬品は、「威信財」で溢れかえっているかのような印象すらうける。この用語は本来、経済人類学や交換論の理論体系のなかで案出され、精錬されてきた学術上の用語である。ところが日本考古学では、貴重品や高級品、あるいは宝器をいいかえたにすぎない安易な使用が目だち、いささか混乱の様相を呈している。新たな用語、そしてその用語が内包する新たな理論的枠組を十分に検討せず濫用することは、日本考古学にままみられる現象である。その結果、新たな理論的枠組を吟味し、その可能性をひきだし、研究を深化させることのないまま、一過性の流行で終わってしまう〔cf. 丸山真一九六二〕。それでは悲しい。

そこで本章では、国外の研究にも目を配りつつ、威信財論の可能性と問題点を吟味し、そのうえで威信財論をより充実させる方向を摸索し、今後の研究に資したい。本章ではまず、国外の威信財論について検討し、そこにふたつの志向性がみとめられることを指摘する。ついで、日本考古学における威信財研究の成果と問題点について、批判的に吟味する。そのうえで、今後の威信財研究をより豊かに推進してゆくための方策として、保有による威信（価値）の生成という視座と、ふたつの志向性の統合的理解という視座とを涵養してゆくべきことを提言する。その提言の実践は、次章以降ではたすことにする。

ただ本章は、筆者の能力不足により、十分な精度と密度に裏づけられていない憾みがある。とくに文化人類学・経済人類学の威信財研究と国外（とりわけ中国大陸・韓半島）の威信財研究を、十分に探索できていない点に、大きな難点がある。これら本章の難点については、いずれ国家論を体系化する際に補塡したい。

一　威信財研究の展開

（1）威信財の定義と射程

まず、威信財を検討の主対象にすえた（考古学的）論考において、この用語がいかに定義されてきたのかを概観しよう。目についた定義をざっと列挙すると、「物質的な生存には必要ないが、社会関係を維持するためには不可欠の生産物」〔Ekholm 一九七七〕、「稀少な原料やかなりの技術的熟練や高度な労働投資を要する製作物、またはローカルシステムの外部からしか入手できないもの（たとえば異国からの貿易品）」〔Haselgrove 一九八二〕、「めずらしい遠来の珍宝で持ち主の社会的威信を高めるような財貨」〔穴沢一九八五a〕、「首長政体においてつねに役割をはたす、社会的に価値を有する製作品」〔Steponaitis 一九九一〕、「生存の継続には必要ないが、共同体の社会的・政治的編成を維持するために不可欠なモノ」〔Hedeager 一九九二〕、「それを持つものと持たざるものとの間に、政治的・経済的格差を伴う、階層的な上下関係を社会的に取り結ぶ財」〔河野一九九八〕、「威信をともなう社会関係を形成し維持するはたらきを有する器物」〔小杉二〇〇〇〕、「長距離交易によってもたらされる貴重品で、共同体内で威信を発揮するもの」〔石村二〇〇三〕、「長距離交易によってもたらされた外界からの貴重財で、入手した所有者の威信（あるいは贈与者への畏敬）を発揮し、不均衡な社会関係を作り出す財」〔野島二〇一四〕、「上位階層同士の連動関係を表示するために、受容する側の社会（消費地）において再分配される固有の社会的価値をもつ物資」〔有松二〇一五〕などがある。

これらの定義を俯瞰的にながめると、原料や製品の稀少性および遠隔（外部）性、製作の困難性、社会関係を維持・構築するうえでの必要性および効果性、などといったおおよその共通項が浮かびあがってくる。具体的な資料に根ざした威信財論をみわたすと、おおむね、墓地や集落における（遠隔地の）貴重品の偏在傾向や階層的保有状況から威信財の存在を推定する視角（図10・11）と、入手や製作が困難な貴重品のフローから威信財システムを追究する視角（図12）からなされていることがうかがえ、前記の定義が実践的に有効であることが知れる。

しかし、個々の定義間には少なからぬ相違点があり、決定版といえる定義はまだない。威信財論の代表的論考〔Friedman 他一九七七〕でも明確な定義はなされていないし、日本考古学で頻繁に引用（ないし孫引き）されるK・エックホルムの前記の定義は、ハイフン間に軽く挿入された一文にすぎない。そうした不一致の理由を、立論上の不備と一蹴することはためらわれる。後述するように、国外（非欧米圏）における威信財論は、社会構造論など壮大な枠組の構築を志向する「総合化志向」と、器物の交換の局面に焦点をあてる「個別化志向」とに大分できるが、前者の場合、威信財を厳密に定義すると、枠組の幅が窮屈になりかねず、後者の場合だと、個々の交換とその脈絡が重視される以上、厳密な定義はその志向に反するのであろう。

ともあれ、威信財の定義がゆるやかであることが、研究の射程を拡幅する効果をうみだしていることは否めない。しかしそのために、各時期の広範な器物を「威信財」として認定しうることにもなり、貴重品や舶来品のような一般

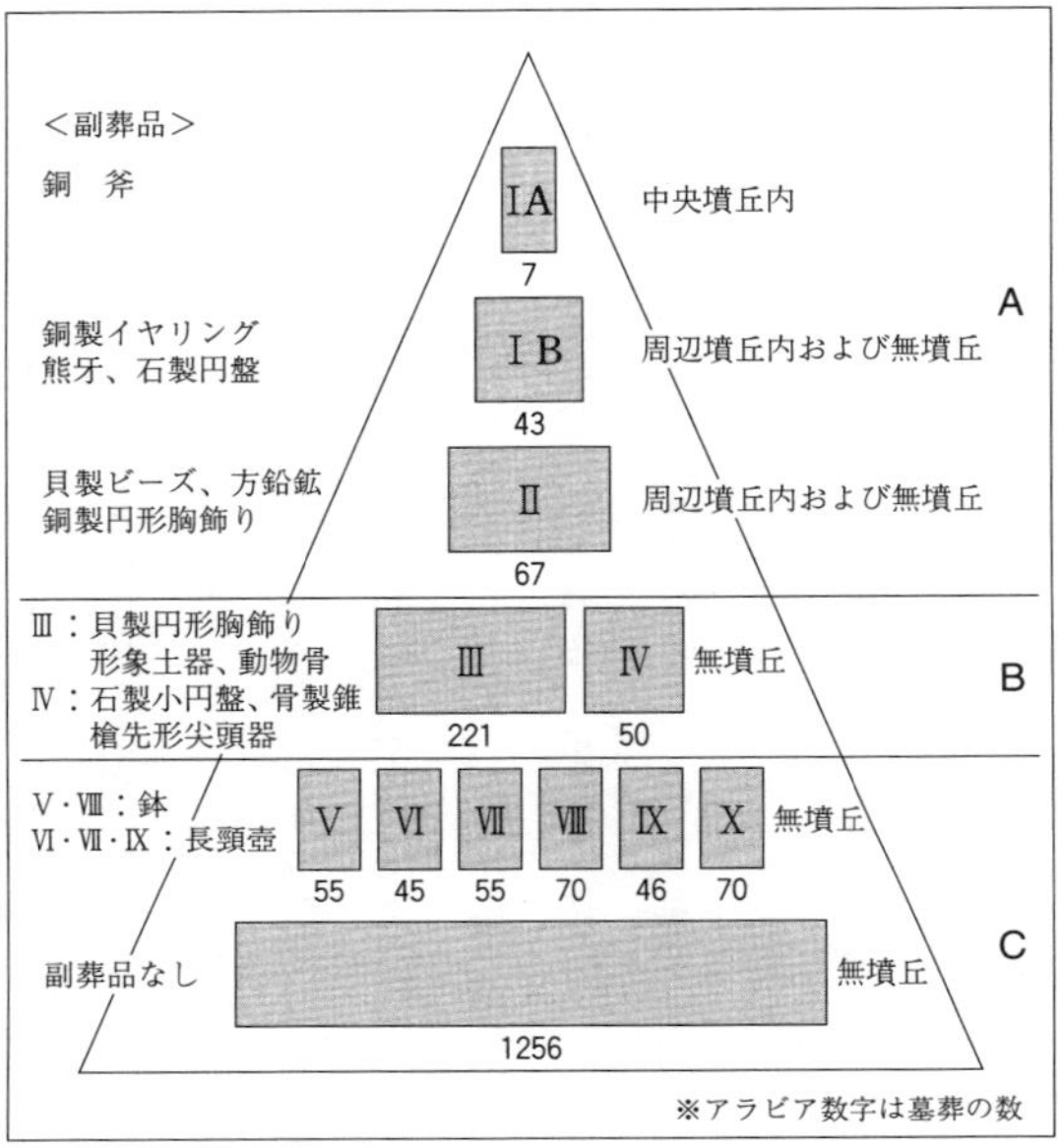

図10　アラバマ州マウンドヴィル墓地の階層性

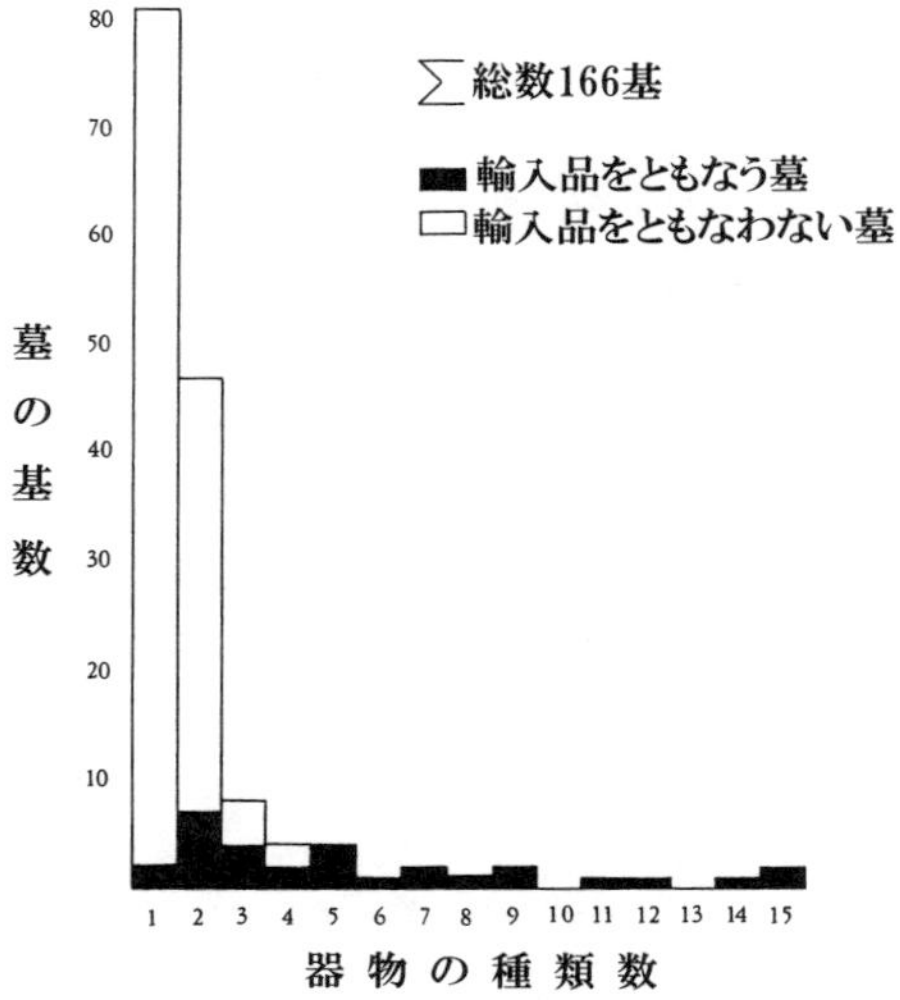

図11　イングランドの鉄器時代墓地の副葬品目数と輸入品の有無の相関性

語と混淆され、概念としての有効性が稀薄になる弊害も生じている。たしかに、所有者の威信を増幅せしめる器物は、社会があるていど複雑化した諸時期に存在しており、その意味では、各時期の器物に「威信財」の名をあたえることを一概に否定できない。威信財を特定の時期に局限せず、各時期さらには各局面ごとに器物が所有者に付与する威信のあり方の特質を究明することは、器物と人間の多様な関係をより豊かに解き明かす途を拓きうるかもしれない。

しかし、後述するように、構造マルクス主義人類学を中心に、威信財が特定の社会構成段階において基軸的な作用をはたす物財であることが主張されてきており、変更や修正をうけつつも現在なお有力な理解である事実は重んじるべきである。学史的な経緯を傍らにおき、特定の用語に別の意味をあたえ流用することは、いたずらに混乱を招く行為である。要するに、一定の理論的枠組のなかで特定の社会構成段階を究明すべく使用されてきた威信財なる用語と、器物の威信的機能とを混同することは慎むべきだと考えるわけである(1)。

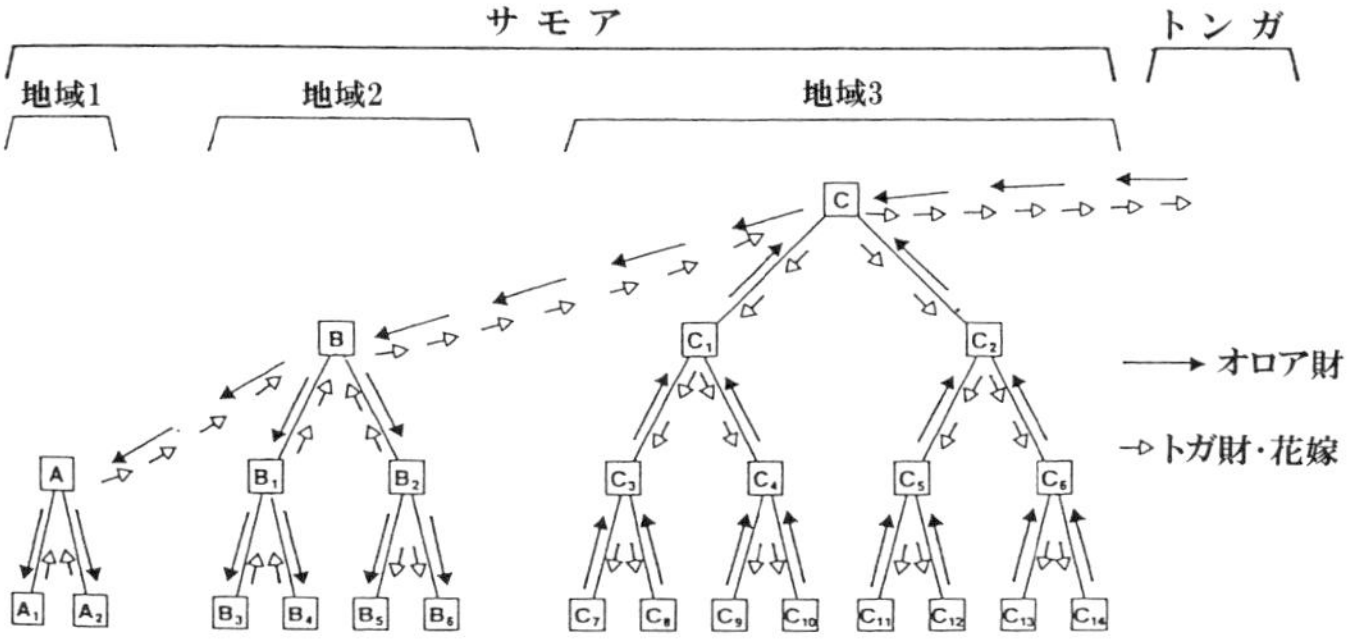

図12　サモアの威信財システム

そこで以下では、威信財に関する議論がいかになされてきたかを概観し、そうした議論の展開と特徴、その可能性と問題点などを指摘したい。なお、威信財論をふくめたポリティカルエコノミーに関して、ショートマンらが研究史の詳悉な検討をふまえて深く追究しており、有益であるので参照されたい〔Schortman 他二〇〇四〕。

（2）欧米圏における威信財論の展開

まず、国外（≒欧米圏）の研究者による威信財論の展開を概観する。現在の威信財論の起点は、B・マリノフスキーが明らかにしたトロブリアンド諸島のクラ交換〔Malinowski 一九二二〕と、F・ボアズが紹介した北アメリカ北西海岸の諸部族の「ポトラッチ」〔Boas 一八九七〕に求めることができる。このふたつの交換・贈与事象の「発見」を契機として、非市場的な交換方式の究明が進むことになった。M・モースは、マリノフスキーの所論を飛躍的に深化させ、贈与のメカニズムを贈与物に内包された霊／力の原理にまで遡及して究明するとともに、贈与交換が経済現象にとどまらない「全体的社会事実」であることを説いた

〔Mauss 一九二五（一九五四）〕。モースの研究は、個別化志向と総合化志向の双方を統合的に把捉しえており、現在でも色褪せない高い完成度を誇る成果である。モース以後、大局的にみれば、両志向のいずれか一方に焦点があてられ、研究が二極化していったと評しうる。

個別化志向の研究として、C・デュボアは、北アメリカ北西海岸のトゥトゥトニ族において、海産食料を主体とする生存財と黒曜石製石刃および啄木鳥の赤い頭皮を縫いあわせたショールなどの貴重財とが区別されていることを示した〔Dubois 一九三六〕。また、P・ボハナンは、マリノフスキーがトロブリアンド諸島でみいだした財の領域分化を、ナイジェリアのティヴ族の経済を対象として、いっそう綿密に復元した〔Bohannan 一九五七・一九六三〕。ティヴ族の内部では、日常の食料品・小型家畜・家庭用品からなる生存領域、奴隷・畜牛・儀礼官職・布・真鍮棒・薬・呪術などからなる威信領域、妻子の帰属権など人間集団内で生じる諸権利からなる領域、という三つの経済領域が併存し、原則的に同一領域内の財が等価交換される（conveyance）が、時として異領域間で財が非等価交換される（conversion）ことを例証したのである。(2)

一方、総合化志向の研究に関しては、P・ポランニーの「実体主義」経済人類学が以後の諸研究の基盤をととのえた。ポランニーは、市場社会の誕生以前には、経済が社会的諸関係の内部に埋めこまれていたとみなしたうえで、社会統合を可能にする物財の移動原理として、前市場社会における互酬性および再分配（・家政）、市場社会における市場交換を提言した〔Polanyi 一九四四・一九五七a〕。また、「所有するだけで所有者に社会的重要性・権力・影響力をあたえる威信財（prestige goods）—「貴重品」や儀式用物品をふくむ—」からなる財宝（富）（treasure）を支払い手段とする「財宝財政 treasure finance」と、食料などの基本物資を雇用者などへの支払い手段とする「基本物資財政 staple finance」という、二種類の「財政」制度が貨幣経済以前の古代社会に存在し、経済上の（ひいては社会統合上の）意義を有していたと指摘した〔Polanyi 一九五七b、春日一九八八〕。この双対的な「財政」観は、一九八〇年代以降の考古学的な威信財論に重要な枠組をあたえた〔Kristiansen 一九八四・一九九一、D'Altroy and Earle 一九八五、Earle 一九九七、関二〇〇六等〕。

ポランニーの提示した観点は、一九六〇年代以後に大きく進展した新進化主義人類学と（構造主義的）マルクス主義人類学に導入された。前者では、たとえばM・サーリンズが、互酬性・再分配・市場交換の概念を政治組織の一般進化プロセス仮説に組みこみ、それぞれバンド社会および部族社会、首長制社会、国家社会の支配的経済原理に位置づけた〔Sahlins 一九六八〕。後者は、K・マルクスのアジア的生産様式をめぐる論争の再燃を契機に形成され、活潑な議論を展開した。ポランニーの観点をうけいれつつも、経済が社会的諸関係内に埋めこまれている仕組みが不問に付されている点などを批判し〔Godelier 一九七七〕、階級成立以前において、高位の器物のフローと婚姻による人間のフローのコントロールが、社会関係の再生産および発展にはたす機能を重視した。かくして、婚姻関係と結びついた貴重な器物（威信財）のフローをつうじて、社会関係の維持・再生産・発展を究明する視座が前面にあらわれた〔Ekholm 一九七二、Dupré 他一九七八〕。そのなかで記念碑的な位置を占めるのが、J・フリードマンとM・ローランズの論考である〔Friedman 他一九七七〕。

これは、宏壮かつ細密な理論的検討と世界各地の事例分析を両輪とする重厚な論文である。第一章ですでに解説した内容をふたたび記すと、両氏は議論の前提として、所与の技術発展レヴェルに規定された限度内において、生産諸関係が労働総体のインプットと人口のアウトプットを配分し、直接的な労働プロセスと環境開発を組織化するのだとみなす（図1）。そして、生産・流通プロセスを支配し人口を再生産させる、特定の社会形態の再生産構造を再構成してゆくアプローチを提言する。そのうえで、個々の政治単位は外部の諸生産に依存する以上、当該単位の社会進化

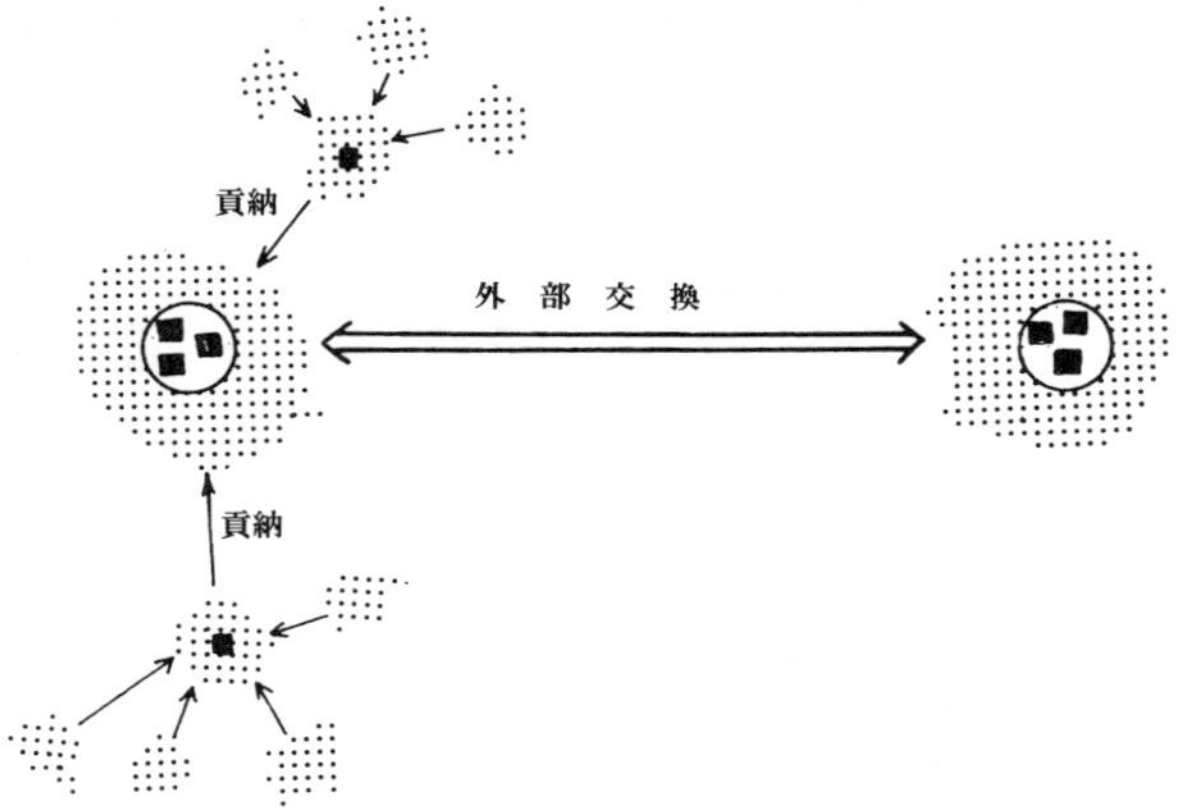

図13　アジア的国家のモデル図

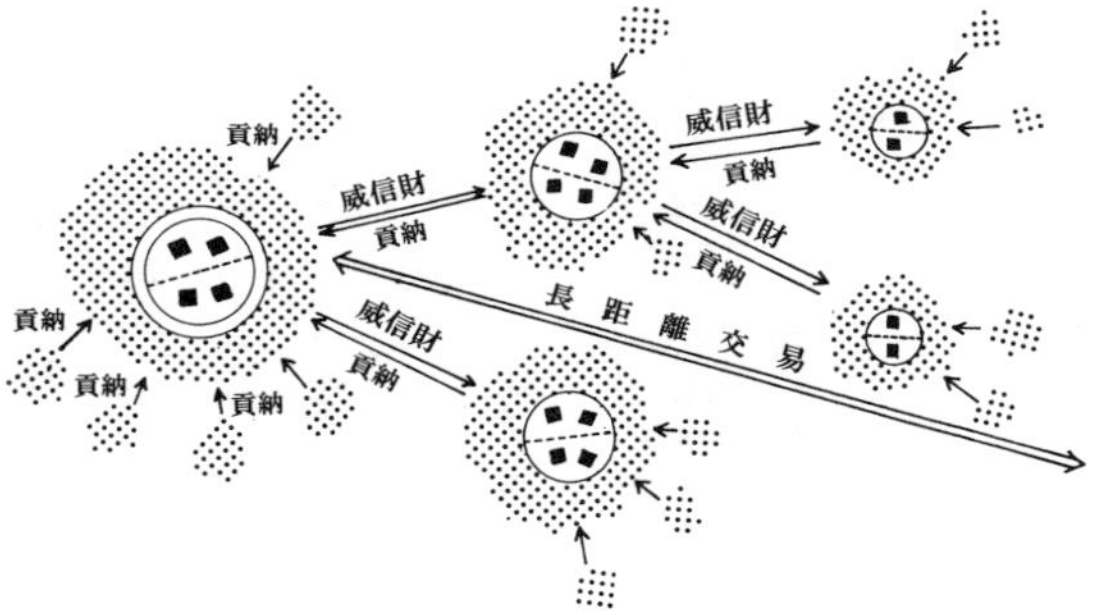

図14　威信財システムのモデル図

は相互関連しながら世界システム内で進行してゆくという視座と、社会進化の特定段階はつねに「後成的 epigenetic」な仕方で前段階から形成されるという観点を導入する。こうした見方にもとづいて、多彩な社会進化がありうることを強調しつつも、初期文明（領域国家・都市国家）にいたるひとつの道筋として、親族の再生産システムや余剰物および財のフローなどと連動した社会的再生産のポジティヴ・フィードバックをつうじて、政治単位が部族システム↓アジア的国家↓威信財システム↓領域国家・都市国家へと「進化」をとげてゆくモデルを具体的に提示した。

このモデルでは、すでに部族システム段階において、遠距離の貴重品 valuables のコントロールが威信と権力の資源となっており、威信財自体もアジア的国家段階（図13）に出現している。しかし威信財システム段階は、威信財を基盤とする経済が親族関係と結びついて社会的再生産の基軸をなしているがゆえに、独立した段階として設定されている。威信財システムでは、「特定種類の高級品 luxury goods」すなわち威信財をコントロールして政治同盟に利用するセンターが生じ、「ローカル集団がこれらの「必需 necessary」品にアクセスできるかどうか」は「センターとの同盟にかかっている」。センターで大量生産された特定種類の財（威信財）が下位ランクにあたえられ、婚姻同盟と結びついた威信財―貢物の交換により政治的同盟関係（上下関係）が維持・再生産されるのである（図14・15）。

豊富な例証に裏づけられた緻密な理論大系を提示した本論考は、以後の諸研究に多大な影響をあたえた。ただ、社会進化の「後成的」性質を重視し、多様な発展軌道の存在を強調したものの、初期条件に規定された決定論的な単線プロセスの説明に終始した感は否めない(3)。これにたいし、以後の諸研究では、発展軌道の複数性が重視され、これを具体的に描出するアプローチが前景化した。その代表的論者が、T・アール〔Earle 一九九七等〕とK・クリスチャンセン〔Kristiansen 一九九一、Kristiansen 他一九九八等〕である。両氏の研究については、邦文で多くの紹介がなされている〔福永一九九九a・二〇〇四、松木一九九九、関二〇〇六、岩崎他二〇〇八、重藤二〇〇八等〕ので、以下では簡略な解説にとどめる。

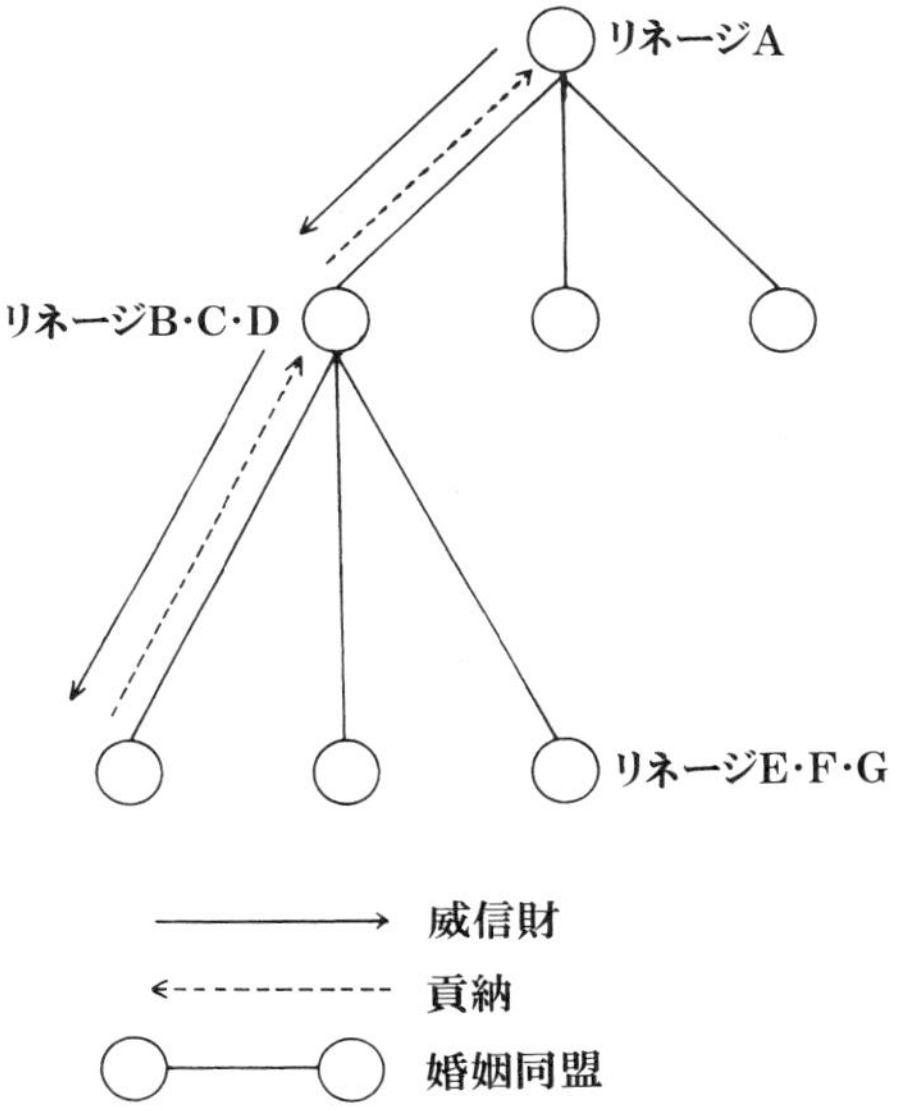

図15　威信財システムにおける人と財のフロー

アールは、M・マンのIEMP（イデオロギー・経済・軍事・政治）権力資源モデルに多大な影響をうけつつ〔Mann 一九八六〕、デンマーク・ハワイ・ペルーの首長制社会において、環境の相違とコントロールされる諸種の権力資源の比重とに応じて、多様な仕方で中心化した政治システムが展開してゆくことを説き明かした（図3）。アールはとくに、余剰生産物が有力者らの政治活動などに振り向けられるポリティカルエコノミーを重視し、庶民が生産する基本物資の生産・流通・消費を支配機関がコントロールする財政である基本物資財政staple financeと、威信財などの特殊な物品を支配機関へ支払う政治的通貨として使用する富裕物資財政wealth financeとに二分した。(4) そのうえで、環境条件の規定下で戦略的に採用される両財政の差異が、首長制社会の発展軌道の差異につながると主張し、前者の財政が重視される「基本物資首長制」ではハワイのように集団指向の首長制社会へ、後者の財政が重んじられる「威信財首長制」ではデンマークのように個人指向の首長制社会へ展開したことを具体的に示した〔Earle 一九九七等〕。

クリスチャンセンもまた、「階層社会」の有力者をささえる財政の相違が、当該社会の発展軌道を左右するとの見方をとり、「基本物資財政」にもとづく集団志向の首長制社会は「集権古代国家」をへて「帝国」へ、「富裕物資財政」にもとづく個人志向の首長制社会は分権階層社会をへて「都市国家」へ、という二肢的な「進化軌道」を想定した。財政の差異が当該社会の歩む「進化軌道」を決定するとはみず、財政の差異に規定されつつ軌道間を揺れ動く進化の道筋を想定した点、「進化軌道」の進みうる方向性は、国家から部族社会までを内包する中心—周辺関係をそなえる大規模かつ多様な世界システム内における位置に左右されるとの視座を導入し、「進化軌道」を世界システム的な中心—周辺関係と統合した点に、クリスチャンセンの大系の特色がある〔Kristiansen 一九九一等〕(図2)。

このように、近年の総合化志向の威信財論は、複数軌道モデルや権力資源分析に立脚した社会「進化」論において、重要な位置を占めている。これらの議論の長所としては、指標の羅列にとどまらず、要素の相互作用をつうじて社会が多様に変化してゆくプロセスを構造的に把捉しうる点、民族事例からの類推にとどまらず、考古資料から世界各地の国家形成を具体的に比較検討しえている点などを挙示できる。一方、初期条件が以後の軌道を決定する運命論の感が否めない点、特定主体が権力を緻密に操作する陰謀論めいている点などの短所もあげねばならない。

他方、（個別）交換の側面に焦点をあて、人とモノが織りなす関係の様態を追究する個別化志向の研究も、総合化志向ほどの派手さはないものの、着実になされている。とくに、考古学的にとらえがたい個別交換よりも、モノが社会内で歩む履歴や、モノと人間のライフパスの交錯、器物と人間の関係のとりむすびの実態などについて、詳細な検討がくわえられてきた〔Appadurai 一九八六、Jones 二〇〇二等〕。近年の総合化志向の研究が、ややもすると権力資源を駆使した「戦略」と社会システムの変化を単純に結びつける傾向があるのにたいし、個別化志向の研究では、構造化理論やアクターネットワーク理論などを導入することで、行為者の意図せざる行為選択が社会関係を再生産する局面や、人間とモノを横断して形成されるネットワークなどを、より詳細にえがきだす方向に進んでいるようである〔Thomas 一九九六、Hodder 二〇一二等〕。

以上のように、国外（≒欧米圏）の研究者による威信財研究は、総合化志向と個別化志向への二極化が進みつつ、現在にいたっているとまとめることができる。ただ近年の諸研究をみると、統合的なアプローチが展開をとげつつあるようにもみうけられる。

二　日本考古学における威信財研究

（1）導入期（一九七〇年代後半～八〇年代半ば）

それでは、日本の考古学において、威信財研究はどのように展開してきたのだろうか。日本の考古学界に威信財論の観点が登場しだすのは、おおむね一九七〇年代後半から八〇年代半ば頃である。それ以前にも、小林行雄が一九五〇年代に推進した三角縁神獣鏡などの分配論〔小林一九五七a等〕は、一九九〇年代以降の威信財研究を大幅に先取りする内容と実証性をそなえ、「世界の考古学の研究史の中で威信財の配布がこれほど見事に実証された事例は他に類をみない」とまで称賛される成果を残していた〔穴沢一九九五〕。とはいえ、欧米圏で展開された威信財論を意識し、これを導入した考察があらわれはじめたのは、一九七〇年代後半〜八〇年代半ば頃からである(5)。

クラ交換に付随しておこなわれる交易の様態から、弥生時代の交易のあり方を類推した角林文雄の考察(6)〔角林一九七六〕や、クラ交換において貴重品の入手が困難で制御されていたことが「酋長制と世襲的社会成層の起源」になるとみたR・ブラントンの説を援用し、入手が困難な「稀少な宝物を政治的に操作すること」が内陸諸「酋国の宗主としての邪馬台国の上昇」につながったと説いた大林太良の論説〔大林一九八二〕などが、最初期の代表的な成果である。しかしやはり、威信財の用語を日本考古学に導入しただけでなく(7)、この用語およびこれが機能する威信財システムについて解説をくわえ、具体的な考古事象をとりあげつつ、弥生時代後期〜古墳時代前期に威信財システムが成立していた可能性を説いた、穴沢咊光の記念碑的論考〔穴沢一九八五a・b〕こそ、日本考古学における威信財研究の起点に位置づけるべきである。「諸磯b式中段階—北白川下層Ⅱc式段階の両土器型式圏」間や遺跡間で、「威信財」である「第n種木葉文浅鉢形土器」およびその模倣製作品を「媒介とする交換を契機として、種々の生存財の交換が行なわれるという、両土器型式圏の全域におよぶ全体的交換システムが形成されていた」とみた小杉康の論考〔小杉一九八五〕も、鋭い視点からの「威信財」研究として、注目されるべきものであった。

ただ、この時期の研究成果は、考古学的データのあつかいが表面的にすぎなかったり〔角林一九七六、大林一九八二〕、発表媒体がマイナーである〔穴沢一九八五a・b〕などの問題もあり、普及するにいたらなかった。

（2）流行期（一九九〇年代前半〜）

一転して一九九〇年代以降には、威信財の用例が頻見するようになった〔渡辺一九九〇等〕。古墳時代の器物を中心に、多彩な器物に威信財の名が付与されたが、国外での研究成果の吟味も理論的検討もないまま、多様な器物を明確な基準なしに威信財に認定する傾向が目だった。弥生時代後期から存在する「首長墓祭祀」の基層的アイテムである鏃の流通システムのうえに、弥生時代末期に遠隔地間で流通する「首長間流通威信財」（鏃）が、さらに古墳時代前期に「中央政権配布威信財」（鏃）が重層してゆくという、威信財の重層モデル〔松木一九九六a〕や、古墳時代に各種の威信財が複数の勢力により（入手）・製作・分配されたとみるモデル〔松木一九九六b〕など、意欲的なモデル提示もなされたが、全体的にみれば、威信財という用語のみが理論的な裏づけなく一人歩きしていた感が強い。

この時期に「威信財」の語が流行するようになった特定の契機はみいだせない。しかし、いくつかの理由を推定できる。第一に、小林により先鞭をつけられたが、西嶋定生〔西嶋一九六一〕以降の古墳の動態研究の隆盛によって影を潜めた、「権威」ある器物に立脚した政治史研究に、ふたたび関心が集まりはじめたことをあげうる。第二に、威信財システム論は、構造マルクス主義人類学を中心に錬磨されてきたもので、日本考古学で強い影響力を誇ってきた唯物論的なアプローチと相性がよかったことも想定できる。そして第三に、一九九〇年代の弥生・古墳時代研究を主導した研究者たちが、この用語を積極的に採用したことも小さからぬ要因になったと思われる。

（3）インフレ期（一九九〇年代末〜）

一九九〇年代末以降は、用語の氾濫的な多用と理論的整備の二面性に彩られた研究期であると約言できる。旧石器時代では石槍、縄文時代では硬玉製大珠や木の葉文浅鉢形土器〔小杉二〇〇三等〕、弥生時代では青銅製武器形「祭器」や銅鐸〔桑原二〇〇〇等〕、古墳時代では鏡などの各種銅製品・金銅製品・石製品・武器武具類・馬具、歴史時代では陶磁器や茶碗〔森本二〇〇二、北條二〇〇六等〕など、各時代のすこぶる多彩な器物が威信財、あるいは個人に威信をもたらす「ポトラッチ」的な財とみなされた。意欲的で深くふみこんだ研究もあったが、貴重品や高級品を新規な用語でいいかえたにすぎない濫用が目だった。

「威信財」の名をあたえることで、それ以上その器物の社会的機能や流通様態が実証的に追究されなくなってしまう弊害も生じた。特定の器物が特定の社会や人間集団において、固有の状況下でいかなる機能や役割を発揮したかという、問うべき重要な論点が看過され、特定の器物に「威信財」のレッテルを貼ることに主力が傾注され、「威信財研究」の可能性を潰していた(8)。また、「威信財」と目される器物（三角縁神獣鏡等）と頻繁に共伴することをもって、その器物が威信財である有力な根拠とみなす論も散見したが、インフレ的濫用といわざるをえない。財布に一万円札と十円玉が混在していることが多いからといって、十円玉を高額貨幣とよんだりはしないだろう。

他方この時期、理論面の検討がようやく緒に就きはじめた。先鞭をつけたのが河野一隆である。河野は、交換財の種類や交換の型などの用語系を整理し、威信財を「生産型威信財」と「非生産型威信財」に区別し、これら二種の威信財のあり方を基軸にすえて、弥生時代中期から古墳時代後期までの倭社会を長期的に分析した〔河野一九九八・二〇〇八等〕。「非生産型威信財」の流入停止や「生産型威信財」の飽和などにより、威信財およびこれに立脚する経済システムが更新されるという「威信財更新」モデルを示すとともに、前者の交換価値が後者に裏づけられ、後者の終了時点で威信財を基調とする経済システムが終焉するとみるなど、重要な観点が提起された。ただ、外部からの物財の過剰流入による交換システムおよび社会の平衡状態の破綻という事態にたいし、これらの物財を威信財として王墓で「安全に」消費（「破壊」）することで克服すると同時に、「互酬」交換の環を絶ち切って受領者に返済の機会を絶無化させてしまう「破壊」的消費をつうじて、「王権」が「階層的支配」を進展させたとみる、従来の威信財論をこえでた特異な構想は、「古墳時代研究における威信財概念」を「一層の錯綜」ならしめた感が強い〔河野一九九八〕。

また石村智は、威信財をめぐる研究史と用語系を綿密に整理したうえで、流通パターンから威信財を「循環する威信財」「分配される威信財」「生産される威信財」に類型化し、オセアニア諸地域と日本列島を対象にすえて、威信財の各流通パターンと親族構造・生態系・民族事例などとの関連を、多角的かつ有機的に検討した〔石村二〇〇三・二〇〇四・二〇〇八〕。国外の考古学・文化人類学で蓄積されてきた威信財論を十分に咀嚼した総合的な立論は、きわめて高く評価できる。また、フリードマンの論〔Friedman 一九八二〕を承け、交易の密度が階層化の程度と反比例し、威信財システムは首長制社会の発展を阻碍すると考え、威信財システムからの脱却により社会階層化が達成され、国家形成にいたることを、オセアニアの民族例と日本列島の考古事象から検証したことは、古墳時代の威信財論に新たな視点を投げかけるものである。

そして辻田は、フリードマンとローランズの威信財システム論を詳細に解説したうえで、この枠組を参照しつつ、日本列島の事例に即して威信財システムのモデル構築を、さらには国家形成プロセスのモデル構築をおこなった〔辻田二〇〇七等〕。辻田は、威信財システムが成立する条件として、威信財の入手・使用・消費が上位層に独占され、その入手・使用・消費のサイクルが社会的再生産のプロセスに不可分に埋めこまれていることをあげ、その条件が満たされていた古墳時代前期〜中期を、威信財システムが作動した社会とみなした。具体的に復元した鏡の授受形態から威信財システムの実態を追究したこと、一方的な配布論に陥ることなく受領者側の論理を十分に加味して立論したこと、親族構造の変容（父系直系化）と威信財システムの終焉の同軌性に注目したことなど、辻田の議論には、従来の

（日本考古学の）威信財論の弱点を克服しようする姿勢が強くみとめられる。

さらにまた、クリスチャンセンやアールらの枠組を吟味・検討したうえで自身の研究フィールドに導入した、緻密な研究もなされた〔福永二〇〇四・二〇〇五、関二〇〇六・二〇〇八、野島二〇〇九等〕。このように二〇〇〇年代の半ば頃から、威信財論あるいは威信財に関する議論は、理論面・実践面ともに大きく進展しているといえるだろう。

日本考古学における近年の威信財論を俯瞰的にみると、前述したように総合化志向の枠組がさかんに導入され、積極的に議論の構築がはかられている。しかしその反面、個別化志向の研究には消極的である。総合化志向の研究の進捗は喜ぶべきことだが、個別化志向の研究も充実させ、両志向を両輪とした威信財論のさらなる深化が望まれるところである。

三　威信財研究の問題点と課題

以上、威信財研究の展開をトレースし、その内容と成果について簡説した。国外（非欧米圏）では、総合化志向の諸研究が、先行研究をふまえつつ理論的精度を増し、社会発展論に大きな寄与をはたしていることや、個別化志向の諸研究でも具体的な研究が進みつつあることを、そして日本考古学においても近年、理論的な検討と考古事象に根ざした具体的な分析が進展し、用語の流用にとどまっていた段階を乗りこえつつあることなどを示した。今後の研究の進捗が期待されるところであるが、これら諸研究では威信財論の可能性や発展性が追究されている反面、その問題点や限界性についてはさほど留意されていない。しかし、人間の行動を直接に観察しえず、現在に残された物品からその過去における機能や流通様態、そして人間とのかかわりを復元せざるをえない考古学の手法をつうじて、威信財論にとりくむ場合、資料上および方法論上の限界や問題点が多々あることを自覚しておく必要がある。さもなければ、そうした議論は文化人類学の知見からの安易な類推や実証性のない憶説に陥りかねない。

そこで以下では、考古学による威信財論がかかえる問題点を指摘し、それを超克する方向性を探りたい。

(1) 資料的問題

考古学が、現在に残された過去の物質的資料や人間活動の(物的)痕跡などを検討対象とする学問分野である以上、資料上の問題が不可避的に憑きまとう。もっともあからさまな資料的問題は、過去に実在した物質的資料の大半が、現在まで残存しないことである。文化人類学や文献史学の研究成果に目を向けると、絹帛綾錦などの有機物が、しばしば威信財と認定しうる機能をはたしている。たとえば、民族例において高位者が限定的に所有する物品を探った検討成果〔Wason 一九九四〕をみると、羽毛製品や衣服や木製品などの有機物が多数を占める(表1)。また、『三国志』魏書東夷伝倭人条に記載された、魏王朝が倭国の遣使に下賜した「銅鏡百枚」などの各種器物[9]は、威信財の有力候補とみなされてきたが、その大半が高級織物で占められている。これらの有機物は、通常の埋没環境では朽ちはてて消滅してしまう。たとえ腐朽に耐性のある器物でも、保有されてゆくなかで損壊や焼失、再利用や鋳潰しなどにより早晩失われるのが普通である。腐朽にしくい材質であり、かつ埋納や現在までの伝世などといった例外的に幸運な状況でのみ、考古資料は残存する。考古学の威信財論が金属器や一部の石製品にかたよるのは、それらが腐朽しにくく、貴重品ゆえに埋納・副葬されることが多いからでもある。

製作後の器物がおおむねたどる、流通⇅保有→廃棄の諸局面のうち、考古学が直截にとらえうるのは、ほぼ廃棄の局面にかぎられることにも留意すべきである。器物が循環し、交換される動態を復元するには、流通と保有の複数の

表１　民族例にみる高位者限定の物品

ナチェズ族（アメリカ）	腰掛（例．太陽王の王座）
	羽毛製の王冠
アラワク族（ボリビア・ペルー等）	金冠と羽毛製頭飾り（首長限定）
	金と銅の合金製ペンダント（首長限定）
	金製品全般
	嗅ぎ煙草（高位者。儀礼の専門家をふくむ）
	金の花冠とターバン（高位の女性）
	移動用の輿（首長限定）
クナ族（パナマ等）	首長による金細工品その他の所有物・奴隷への記号や表章の刻印
	金製の装飾品全般
チブチャ族（コロンビア）	腰掛
	金を被せた輿（首長限定）
	聖職の表章（礼服やコカの葉入れの瓢箪をふくむ）
カティオ族・ノアー族等（コロンビア）	鍍金した輿（首長限定）
ティコピア族（ソロモン諸島）	棕櫚の葉製の頸飾り（首長限定）
	神聖な二枚貝製手斧（大型の精品に触れるのは首長のみ）
タヒチ諸島人	頭飾り
	王家の表章（不特定。高位の首長限定）
	首長墓の主要な会葬者のマスク
	特定のスポーツ（おそらく道具や設備が必要）
シルック族（スーダン）	羚羊革製の特別な礼服

局面をとらえる必要がある以上、考古学的方法によって威信財の動きを、とくに「循環型威信財」の動きを捕捉することは困難きわまりない作業になる。「循環型威信財」の存在が想定される弥生時代の威信財研究が比較的低調な理由は、おそらくこの限界によるのだろう。

非物質的な財の交換現象を復元しがたいという限界も重い。民族誌の知見によると、威信財の配布にたいして、女性や労働力などの貢納・反対贈与がなされることが多い。しかし、このような非物質の動きを考古資料から復元することは至難である。考古学的な威信財分析が、非物質財や労働力を捨象した器物交換論や一方的な配布論にしばしば矮小化される理由は、この限界に起因する。

威信財システムにおいては、リネージ

間の婚姻関係とその帰結としての親族構造がシステム駆動の基底要因になる[10]〔Friedman 他一九七七、石村二〇〇三等〕が、過去の婚姻関係および親族構造の復元が困難なことも、考古学的な威信財論がかかえる難題である。民族誌の知見からの類推や形質人類学的分析の成果の援用〔辻田二〇〇六等〕により闕を補いうるが、類推や援用ゆえの限界もある。少なくとも日本考古学では、婚姻関係および親族構造論を視野にいれた威信財論は、まだ十分に深められていない。

（2）分析視角の問題

分析視角にかかわる問題も重大である。まず、器物の社会的機能を「威信」に収斂させる傾向を指摘したい〔cf. 小泉一九八八〕。器物は、それが内在する脈絡に応じてさまざまな意味作用をなす。フリードマンやアールの研究のように、特定の器物／財が社会構造の発展・再生産にはたす役割に焦点をあてることは、たしかに重要である。しかしその反面、枠組が壮大であるだけに、器物と人間（集団）とが関係をとりむすぶ個々の脈絡が結果的に軽視され、器物の多様な社会的機能や、器物と人間（集団）とが織りなす多様な関係が等閑に付されがちになることにも、留意が必要である。

社会構造論などの枠組内に位置づけることなく、流用的にこの語を使用する際にしばしば生じさせてしまう、威信の内在化・実体化も、大きな問題点である。すなわち、「威信財」を威信を示す器物ていどの意味で使用する場合、「威信財の入手により威信を獲得する」といったたぐいの記述が散見するが、そこではあたかも「威信」が器物に内在し、受け渡し可能な実体であるかのように分析がなされることになる[11]。結果的に、既成の威信をパッキングした器物が人間（集団）間を動きまわり、受領者は器物とともに威信を受領するかのようにえがきだされ、授受の脈絡や威信の生成への視点が欠落してしまう。かくして、分配に分析が集中する反面、受領者側で受領した器物をいかに使用し、価値を付与していったのかの分析が不十分になる。さらにいえば、器物にパッキングされた威信を受領者が獲得するという単線的な図式では、いかなる使用・保有の状況をへて器物が威信を帯びる（と信憑される）かという、威信の生成がなおざりにされることになり、ひいては器物の交換・移動をめぐる多様なアクターの具体的な動きも時間的な側面も軽視されることになり、威信財論を平板なものにしかねない。

分配の局面に分析の重点をおく結果、受領者側からの反対贈与が看却されてしまう問題もある。威信財の贈与にたいして、器物のほかに女性・労働力・歌謡・讃辞など非器物の反対贈与がなされることで贈与のサイクルが構成されることは、贈与論の常識である。「威信財破壊」論〔河野一九九八〕や「負債観念の創出」論〔大賀二〇〇三〕のように、「返済の絶無」を安易にもちだす論法は、非器物の反対贈与を看過したものである。

（3）問題以前の問題

そして最後に、問題以前の問題とでもいうべき難点も指摘しておきたい。外来の新規な用語を使うことによって、自論の箔づけをおこなうかのごとき使用法も散見するが、「威信財」的に「威信財」の語が使われる戯画的状況といわざるをえない。「威信財」論の妥当性をメタレヴェルで傍証する知的戦略をとっているわけでもなく、これでは分析の深化は到底かなわない。この難点に関して、この語を「威信を示す貴重品」程度の意味で使用することも問題である。生産関係や親族構造と関連づけられつつ、社会構造の発展論の一環として、学史的に精錬されてきた威信財の語と、特定の脈絡で器物が発揮する威信の機能とを混同し、威信の機能を発揮する器物を無限定に「威信財」としてしまうことで、概念の空洞化や議論の空転を招くことになりかねない。

(4)小　結

以上、威信財論の問題点と限界点を指摘した。平凡かつ基本的な指摘に終始した感もあるが、用語の氾濫と裏腹に理論的整備が立ち遅れたために、いささか錯綜の様相を呈してきた日本考古学の威信財論には、基本に立ち戻った指摘もそれなりに有用だろう。

ここまでの私見をまとめると、まず資料的問題については、考古資料の性質および限界をふまえたうえで、ほかの学問諸分野の知見との連接をはかり、緩和してゆくべきである。他方、分析視角の問題は、視角の偏向や視点の欠落を補うことで、従来の研究を拡幅・深化させうる可能性がある以上、クリアしておく必要がある。とくに、受領者サイドにおける器物への意味づけや保有をつうじた威信の生成といった、個別化志向にかかわる分析視角は、総合化志向に特化した日本考古学の威信財論では看過されがちであるが、これらは考古学的なアプローチが可能であり、威信財論のみならずモノと人間（集団）との多様な関係のあり方にせまりうる点で、重要性を秘めている。とはいえ、ミクロな志向（個別化志向）に終始していては、国家形成など広域的なシステム形成が看過されかねない。いささか陳腐なミクロ―マクロ問題になってしまうが、総合化志向と個別化志向の双方向的検討こそ、両志向を深化させ、威信財論をより緻密なレヴェルにひきあげるために必要不可欠であると考える次第である(12)。

おわりに

本章では、国内外の威信財論の展開を概観し、その成果と限界点を指摘したうえで、それらを乗りこえる方向性を探った。これまで表層的な流用レヴェルにとどまっていた日本考古学の威信財研究は、近年ようやく理論的整備が進み、地に足のついた検討が進展をみせつつある。ただしその多くは、国家形成論などのなかで威信財の意義および作用をとらえる総合化志向の研究であり、（個別）交換をつうじた人間（集団）とモノとの関係をとらえる個別化志向の研究は少ない。しかし、個々の交換・流通の実態を十分に究明することなく、威信財を国家論や「王権」論に直結させて宏壮な政治史論を展開したところで、実証性に担保されない空論に終始するおそれがあるし、人間（集団）とモノが織りなす豊かな関係を復元する途を閉ざすことにもなりかねない。

両志向をそれぞれ深化させつつ、両者を合流させ統合的に推進するアプローチを開拓することが、威信財論を豊かに発展させる方向性であると筆者は考える。以下の諸章の検討をつうじて、この提言を実践にうつしてゆくことにしたい。

註

（1）この問題に関連して、辻田淳一郎は、威信財が時代および地域を問わずに拡大適用される事態に異議を呈し、「威信財システムの所産」として説明しうるか否かが、「「威信財」的性格」を有するものとして「特定の物質文化」を論ずる際に、「最も問題となる」と主張する〔辻田二〇〇六〕。トートロジーのきらいもあるが、威信財の具体的指示物よりもそれが機能する社会システムを重視したフリードマンら〔Friedman 他一九七七〕や、商品や贈物の定義よりも、その交換形態の種類を問題にしたA・アパデュライ〔Appadurai 一九八六〕の問題意識につうじ、実践的に有効な指摘である。

（2）二〇〇〇年代頃から、日本考古学の論考において、conveyance と conversion の用語をみかけるようになった。ただ、多くにおいて物財の交換領域の複層性ととらえられているようだが、誤解である。

（3）フリードマンはのちに、「後成的」な社会進化プロセスにたいして否定的な立場に転じた〔Friedman 一九八二〕。なお、社会発展の複数軌道性を強調する見方は、M・ウェーバー以来、有力な思考法である。マンもウェーバーに国家の定義や理論的枠組などにおいて莫大なものを負っていると明言している〔Mann 一九八六〕。日本列島を対象とした研究としては、ウェーバーの枠組を適用した井上光貞の試論〔井上一九六五〕や、「社会システム」を理念的に「集権型」と「分権型」に二分し、「人類の歴史」を「個別性と集合性との間」の「揺れ動」きの観点からとらえた、村上恭亮らの宏壮かつ先駆的な検討〔村上他一九七九〕などに注目すべきものがある。

（4）この双対的な分析概念には、「原料財政」「財貨財政」〔鈴木靖一九九六〕、「資源財政」「財貨財政」〔松木一九九九〕、「主生産物財政」「奢侈品財政」〔関二〇〇五〕、「主要生産物財政」「富の財政」〔関二〇〇六〕、「主要産物財政」「富裕財政」〔辻田二〇〇六〕、「必需品財政」「貴重品財政」〔福永二〇〇四、野島二〇〇九〕、「主要品財政」「奢侈品財政」〔有松二〇一五〕、「必需品財政」「財貨財政」〔三好二〇一五〕、「主産物財政」「奢侈品財政」〔関二〇一七〕などの訳語があてられており、いまだ定訳はない。筆者は、両財政の実際の指示内容と、本用語の原点であるポランニーの用語の訳語などを考慮にいれて、「基本物資財政」「富裕物資財政」の訳語を採用している。ポランニーに範を求める点では、後者を「財宝財政」と訳すのも一案だが、ポランニーは「wealth」ではなく「treasure」の表現を採っているので、筆者は「財宝」とはことなる表現を選択した。物品に限定されないので、「品」のつく訳語は不適格であり、また「無駄・無益」が含意される「奢侈品」も不適当である。双対性を表現できていない訳語も不十分である。なお、アールの「富裕物資財政」はフリードマンらの「威信財経済」と共通点が多くみられる〔Kristiansen 一九九一〕。

（5）ただし、山泰幸が推測したように、小林の分配論には、和辻哲郎の解説〔和辻一九四二〕を介してマリノフスキーの所説が影響をあたえている可能性がある〔山二〇〇八〕。小林が心酔した柳田國男や折口信夫は、J・G・フレイザーら欧米の人類学者の学説を積極的にとりいれており、小林が欧米の人類学者の説に目を配っていたことはありうることである。山の推定が正しければ、のちの威信財論の一淵源であるマリノフスキーの説が、古墳時代研究に絶大な影響をあたえた小林をつうじて、比較的早い段階に日本考古学に流入していることになり、一九九〇年代以降に威信財論が違和感なく日本考古学に滲透した事情も理解しやすくなる。

（6）それ以前にも、クラ交易を日本列島の「古代航海者の通商王国」に結びつけた水野祐の考察が注目される〔水野一九六八〕。この考察には、若き日に師事した西村眞次からの影響があるのだろう。ただ、「考古学の資料よりも文献史料がたいせつ」と断じる水野は、この考察において考古資料にほとんど言及していない。

（7）日本考古学に「威信財 prestige goods」の語が紹介された早い事例として、C・レンフルーの“*Before Civilization*”の邦訳書〔大貫訳一九七九〕をあげうる。「威信財」の分析をつうじてアステカの「王の権能」と「職務システム」を検討した論考も、邦文による初期の成果である〔小林到一九八五〕。

(8) これは、石村が適確に指摘する、「威信財がどのように権力を生成するのか?」という問いを立てるのではなく、「何が威信財なのか?」あるいは「○○は威信財ですか?」という問いを優先することに起因する、「日本考古学における威信財論の限界」である〔石村二〇一三〕。

(9) 「絳地交竜の錦五匹、絳地縐粟の罽十張、蒨絳五十匹、紺青五十匹を以て、汝献ずる所の貢直に答う。又特に汝に紺地句文の錦三匹、細班の華罽五張、白絹五十匹、金八両、五尺刀二口、銅鏡百枚、真珠・鉛丹各五十斤を賜う」〔山尾一九八六〕。

(10) 石村は、「威信財の機能は社会秩序の再生産にあり、再分配による威信財システムの基本は高位と低位のリネージ間の婚姻網による威信財と女性の交換である」〔石村二〇〇三〕と端的にまとめている。

(11) 筆者は、「威信」を内在化・実体化する志向の一起点が折口信夫の所説にあったのではないかと推測している。折口は、「まなあ」=威霊を分与・増殖可能な実在とみなし、「鏡の象徴する魂・穀物の象徴する魂が、外来魂として代々の日の御子に寄り来る」〔折口一九二六等〕などの記述から看取できるように、「まなあ」をその容器である人間に、器物を介して移動できる実体(だと信憑された)ととらえていた。この見解は、小林の同笵鏡分与論や、「鏡の配布とは、大和の部族同盟が自らの奉ずる地霊を祀るのに必要な霊力である始祖霊の一部を、依代としての鏡に付着せしめて分与すること」だといった見方に強い影響をあたえてきた〔小林一九六七、春成一九八四等〕。のみならず折口の霊魂観は、首長霊継承儀礼説や鎮魂説をはじめ、弥生時代・古墳時代研究に密やかながら強力な影響をもたらしてきた。他方で、折口の霊魂=まなあ論は、R・コドリントンやフレイザーの実体的な霊魂観に大きく依拠し、これが折口の実体的な霊魂(マナ)観の一因になっており、ひいては日本考古学の威信財論において「威信」の内在化・実体化が生じがちな遠因になっているようにもみうけられる。

(12) 大澤真幸が提示した大系は、理論的な強度と精密性をたもちつつ両志向を統合しうる重要なものである〔大澤真一九九二等〕。大澤の大系はすこぶる重要であるが、主として社会学・文化人類学・精神分析理論から構築された原理論的なものであり、事実レヴェルでの実証的検証は不十分な憾みがある。その点、「贈与の連鎖」から広域的な社会システムが立ちあがるメカニズムを、大澤よりも精密に、かつ考古学的データと節合可能な形で提示した溝口孝司の考察が可能性に富む〔溝口二〇〇〇〕。

第四章　鏡保有と古墳の出現

一　目　的

本章では、鏡の流通・保有の様態をつうじて古墳の出現過程を考察する。とくに鏡の保有現象と古墳の出現の関連性を議論の俎上に載せる。

鏡の保有を古墳の出現に結びつける視角は別に新しくもなく、小林行雄の伝世鏡論〔小林一九五五等〕をつうじて学界に普及してきた。伝世鏡論は、同笵鏡（三角縁神獣鏡）の配布論と両輪をなしつつ、古墳出現のプロセスを鮮やかに解明する重要仮説としての地位を占めてきた。しかし、古墳出現と伝世鏡を関連づける議論は、実証面での批判も相次ぎ、後景に退いていった(1)。

他方で「同笵鏡」（三角縁神獣鏡）の配布論は、その前段階に想定される画文帯神獣鏡の分配現象とあいまって、古墳時代開始期の政治・社会状況を闡明するアプローチとして期待がよせられ、ますます活況の度をくわえてきた〔岡村一九九九、福永二〇〇五等〕。その背景には、三角縁神獣鏡の編年研究の深化や、後漢～魏晋鏡の実態の究明もさることながら、「威信財」論への関心の高まりがある。中国製鏡、とりわけ「三角縁神獣鏡の分布」は「威信財システムそのものズバリ」と断じられ〔穴沢一九八五b〕、一九九〇年代以降に簇生した「威信財」論を代表する現象とみなされている。

筆者も威信財論の潜在的可能性を評価している。しかしだからこそ、威信財論がそなえる可能性や射程を矮小化している列島の威信財論の現状に不満をおぼえる。以下では、前章に即して威信財論の現状での難点を要約的に述べ、さらに古墳出現論に必要な視角を提示し、両者を関連づける本章のねらいを提示する。

二　威信財論と古墳出現論

(1)「威信財論批判」再説

威信財研究は、民族誌的な交換論、そして構造マルクス主義などによる社会編成論をつうじて磨きあげられてきた。前章で筆者は、器物の〔個別〕交換の局面に焦点をあてる前者の方向性を「個別化志向」、社会構造論や国家形成論など壮大な枠組の構築に向かう後者の方向性を「総合化志向」と名づけて大別した。欧米圏の研究では、後者にかたよりつつも、両志向ともに深化をとげてきた。他方、日本考古学〔とくに弥生・古墳時代研究〕の威信財論は、一部にすぐれた研究〔辻田二〇〇七等〕があらわれはじめたものの、大局的にみれば感覚的かつ孫引き的な用語使用のレヴェルに依然とどまる。貴重品をよびかえただけの安易な使用に流れがちで、威信財論の潜在的可能性を潰している。

このような欠点の原因として、有機物が残存しにくいことや交換の局面をとらえがたいことなどといった考古資料上の限界よりも、分析視角上の問題のほうが大きい。とりわけ、(A)器物の社会的機能を「威信」に収斂しがちな点、(B)特定の器物を既成の権力関係の物証として固定化し、その結果、当該器物のなかに威信を実体化・内在化させるかのような分析になる点、そのため(C)器物の入手・保有をつうじた威信の生成の局面が軽視され、器物と人間(集団)が織りなす多様な関係が看過されてしまう点、などは日本考古学の「威信財」論の足枷になっている。器物の社会的機能を資料と脈絡に即して丹念に復元してゆくことこそ、威信財論においてまず力を注ぐべき作業であり、そうした作業を抜きにした闇雲な「威信財」探しは、論点先取型の不毛な行為である。

(2) 威信財論の可能性と射程

ただ筆者は、威信財論を頭ごなしに否定しているわけではない。前記したような日本考古学の威信財論の方向性に異を唱えているだけである。(2) それどころか、「総合化志向」と「個別化志向」の研究の蓄積を十分に理解したうえで、真摯に検討を進めるならば、弥生・古墳時代研究に多大な寄与をもたらしうると考えている。

まず「総合化志向」の面では、構造マルクス主義と親和性の高い権力資源コントロール論に注目したい〔Earle 一九九七等〕(図3)。有力者が経済(ポリティカルエコノミー)・軍事・イデオロギー・社会関係という権力資源をいかにして効果的に組みあわせコントロールしていたかを追究する理論大系であり、コントロールの達成度が国家成立の判断基準になるとまで説かれている〔関二〇〇六等〕。二分されるポリティカルエコノミーの片方に、交易ルートおよび専門工人の掌握をつうじて威信財など特殊物品の生産(入手)・流通・消費をコントロールする「富裕物資財政」が設定されており、威信財論を幅広い理論枠のなかで検討しうる大きな長所がある。弥生・古墳時代研究の基底をなしてきた唯物論的アプローチと親和的である点も有望である。それゆえ、列島の国家形成論や政体論を深化させるうえで決定的に重要な理論大系になりうる(本書第一章)。また、財および余剰物のフローや親族の再生産システム(婚姻システム)と緊密に結びついた社会的再生産のポジティヴフィードバックをつうじて、社会進化が生じるモデルを提示したJ・フリードマンらの記念碑的論考〔Friedman他一九七七〕も、総合化志向の威信財論としてきわめて重要である。

ところが、日本考古学における威信財論は、こうした枠組を十分に咀嚼し吸収することなく展開してきた。早くに威信財論を日本考古学に紹介した穴沢咊光は、経済人類学の研究動向にふれるにとどまった〔穴沢一九八五a・b〕。新進化主義人類学の枠組を援用した都出比呂志は、物資流通機構の掌握が政治権力の維持・発展に重大な意義をもったと説き、「威信財の配付行為」がこれと表裏一体の関係にあるとみた〔都出一九九一〕。しかし、G・チャイルドの長距離交易説〔Childe一九五〇〕に依拠したため、理論的には後退する仕儀となった。福永伸哉はT・アールの理論枠を導入したが、儀礼（イデオロギー）とポリティカルエコノミーをそれぞれ単体的に検討したため、権力資源の効果的な複合という肝心要が抜け落ちた〔福永一九九九a・二〇〇四〕。フリードマンらの大系も、近年になってようやく導入されはじめたにすぎない(3)〔石村二〇〇四、辻田二〇〇七等〕。

他方、「個別化志向」は、流通・授受・保有の局面へのアプローチと有効に関連づけうる。最近、鏡を中心に授受の研究が活発になされ、また器物の保有に関する検討も深化しつつある〔森下一九九八、上野二〇一二a、加藤二〇一五、川畑二〇一五等〕。ようやく地に足のついた威信財論を展開する基盤がととのってきた(4)。分配者から受領者へと威信がパッキングされた器物が移動するかのように論じられる、日本考古学おなじみの威信財論を超克し、器物の授受や保有をつうじた威信生成の局面を追究し、器物の移動や授受の社会的意義を考古資料に即して究明してゆく、有望な研究の方向性たりうる。

（3）古墳出現論・古墳時代成立論への視角

「総合化志向」と「個別化志向」の威信財論、そして本章のねらいである古墳出現論および古墳時代成立論を一体的に論じた説明大系が、かつて甚大な影響力を誇った。冒頭にかかげた小林の「伝世鏡論」および「同笵鏡論」である〔小林一九五五〕。それは「大和政権の成立、古墳の出現、三角縁神獣鏡の配布という異なる事象を関連ある歴史的出来事として説明」する画期的構想であった〔福永二〇〇五〕。しかしその後、鏡の「配布」研究はますます進捗した一方、伝世鏡論には批判が続出し、いまや小林の構想が当初の形で成立する余地はほとんどない。古墳の出現についても、小林が想定したような突発的な出現は、増加した資料状況からみてありえない。ただ小林の大系は、威信財論の潜在性を十分にひきだし、古墳時代成立論に結びつけうる可能性に満ちている。小林の論理に拘泥することなく、新たな資料からこれを再構築する作業は、有望なこころみたりえよう。

古墳出現論に必要な視角について、旧稿〔下垣二〇一二〕に即しながら私見を簡単に述べておく。第一に、「定型化」前方後円墳の出現を、前代からの飛躍と連続性の両面から統合的に説明する姿勢が必要である。「箸墓インパクト」の意義はたしかに重大だが、当墳の出現後も列島各地で墳丘墓の地域性が根強く残存することを軽視してはならない。

これに関連して第二に、古墳の出現過程ひいては古墳時代の成立過程を列島レヴェルで解明するためには、「定型化」前方後円墳の出現時点までを追尾するだけでは不十分であり、定型性の高い古墳複合が列島各地で、受容の濃度および遅速に地域的偏差をみせつつ定着してゆくプロセスを追跡する姿勢が不可欠である。筆者は、古墳時代前期前半における畿内中枢勢力と諸地域の有力集団との関係は、おおむね個別的かつ単発的なものであり、前期中葉以降に「首長権」が諸地域において継承されてゆくシステムが定着し〔岩本二〇一〇等〕、定型性をそなえた古墳複合の面的滲透性が強まったと考えている。古墳複合の「摸索的受容期」と評価できる前期前半を検討の射程にいれなければ、古墳時代の成立過程を総合的にとらえきれない。

また、墳墓の造営と鏡の流通には、古墳時代成立以前に長い前史があり、それらを前代から長期的に展望する姿勢が不可欠である。検討対象の時期を、列島に鏡が流入しはじめ、墳丘墓が登場する弥生時代前期末～中期初頭頃まで遡上させるのも一案である。しかし、中国製鏡の流入が増加しはじめる弥生時代中期後半まで、鏡が空白に近い状態になってしまうことや、弥生時代中期末から後期初頭頃に、集落編成や物流など多様な面で大きな社会変動が生じたことなど〔福永二〇〇一、小澤二〇〇八等〕から、この案はあまり適当ではない。本章の主眼である鏡の流通・保有に関して、弥生時代後期に中四国以東に多量流入があったか否か、当該期に長期保有（伝世）が開始したか否かが大きな論点となっていることを重視し、本章では弥生時代後期（後半）以降を検討対象とする。

三　鏡の流通・保有状況の変遷と古墳の出現過程

（1）弥生時代後期

森下章司が適確に指摘したように、「弥生～古墳時代の社会変化を銅鏡からとらえる」場合に最大の問題となるのは、「中四国以東に、いつどのような形で漢鏡が流入したのか」である〔森下二〇一〇〕。「踏返し」や「手ずれ」の検討をつうじた伝世の存否、入手の時期および保有の場所など、「伝世鏡」論を焦点として多くの検討がなされてきた。現在のところ、漢鏡四～六期〔岡村一九九九等〕の鏡（とくに完鏡）が中四国以東にリアルタイムで流入していた確実な証拠はない。他方、その代替案にしても多くの難点をかかえている〔森下二〇一〇〕。とはいえ、中四国以東の諸地域においてこれらの漢鏡が副葬される時期は、ごく一部の例外をのぞくと、製作後かなりの時をへた弥生時代末期後半〜古墳時代前期が大半を占める以上、当地での保有を想定しようとすると、状況証拠の積み重ねという苦しい理窟に身をゆだねざるをえなくなる。(5)

これにたいし、弥生時代後期から古墳時代前期にかけての列島出土鏡の副葬傾向や鏡式組成などを綿密に検討した辻田淳一郎は、古墳出土の「完形中国鏡」は在地で伝世したものではなく、古墳時代初頭に列島に大量流入したものだと推測した。鏡式ごとの分布状況・副葬時期・副葬状態（完形／破砕）に有意な相違があること、古墳時代初頭に畿内中枢を核とする大型「完形中国鏡」の分布が明確に形成されることなどを根拠に、次のような推移を復元した。弥生時代後期の中国製鏡の流通は九州北部を中心とし、それ以東は当地を「起点とする破鏡の東方伝播」であった。弥生時代末期には、「そうした東方伝播の流れに一部重複する一方で、各地で多元的に完形鏡が入手され破砕副葬され」た。そして、古墳時代初頭頃に「急激」かつ「非連続的」な変化が短期間のうちに生じ、三角縁神獣鏡の流入と軌を一にする「大量の完形中国鏡の流入を契機として、中国鏡の入手および分配のセンターが近畿地方へと集約化され、近畿を中心とした完形鏡分配システムが成立」したのだ、と〔辻田二〇〇七〕。

辻田の主張は精細なデータに立脚しており、説得力に富む。弥生時代末期後半頃〜古墳時代前期における漢鏡四〜六期鏡の分布パターン図を作製したところ、辻田の主張をおおむね追認する結果をえている（図16）。ただ、弥生時代末期後半頃に大型鏡・中型鏡の分布が畿内を中心とする傾斜減衰パターンを示しはじめる点が、辻田の主張と相違する。筆者は、図16の大型鏡にみとめられる、畿内地域を圧倒的な核とする傾斜減衰パターンが、弥生時代末期末頃以降の画文帯神獣鏡・古墳時代前期初頭以後の三角縁神獣鏡・前期中葉以後の倭製鏡まで、脈々と継承される同型的なパターンである点、弥生時代末期後半には中四国以東でも後漢鏡が副葬されはじめる点、そして弥生時代後期の青(6)

銅器生産や社会状況などを勘案して、図16の分布パターンの形成時期（≠列島への流入時期）は、早ければ弥生時代末期後半頃、遅くとも同末頃まで遡上すると判断している。なお、辻田が重視する破砕副葬は、時期的な限定性を有する副葬習俗であり、流通・保有とは切り離して考えるべきである。

つまり、大・中型の中国製鏡の流通上の画期が、弥生時代末期後半頃まで遡上するとみるわけだが、あるいは筆者が些細な時期差に拘泥していると映るかもしれない。しかし、弥生時代末期後半は、奈良盆地東南部の纒向遺跡が急成長をとげ、列島の政治編成に一大変革が生じた重大な時期である。

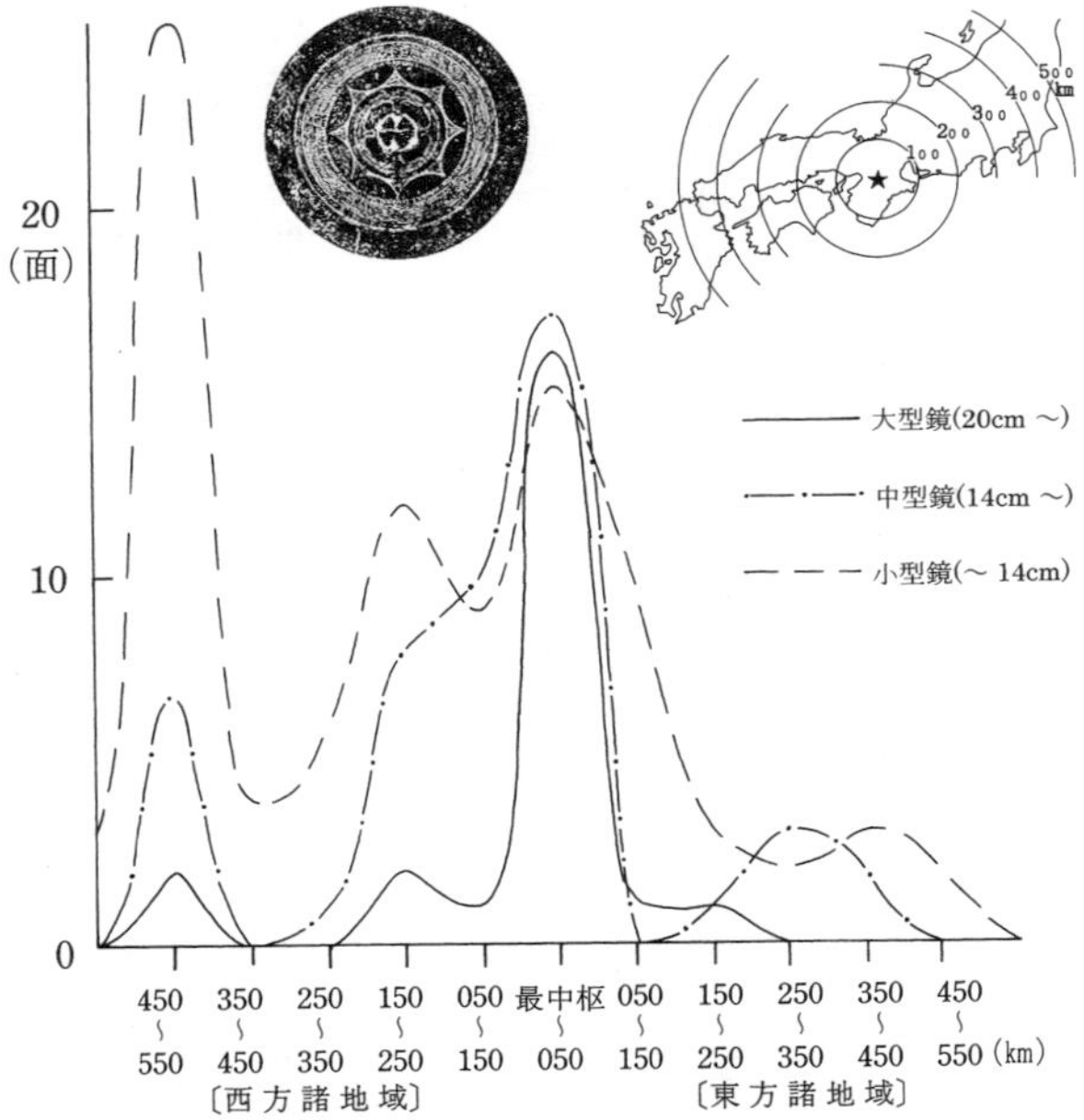

図16　漢鏡4～6期鏡の分布パターン（弥生末期後半頃～古墳前期）

また、後述の「箸墓問題」や三角縁神獣鏡の流通とも深く関連する。この差は、列島の社会・政治変動を考究するうえできわめて重要である。

さて弥生時代後期には、青銅器生産が複雑かつ転変いちじるしい展開をみせた。銅矛や銅鐸（近畿式・三遠式）が極大化を進めたのち急速に衰滅していった。突線鈕式銅鐸の二式以降（「見る銅鐸」）は、「あたかも一つの鉱山を利用しているかのような画一的な鉛同位体比値を示」し、華北の特定鉱山の経営主体と安定的な関係を持続させうる勢力が列島中央部に成立していた明証になりうる〔福永二〇〇一、平尾二〇〇三〕。近畿式銅鐸の分布状況を根拠に、畿内地域にすでに一定の政治勢力が形成され、和歌山や高知東部などに働きかけたとみる興味深い考察もある〔福永二〇〇一〕。他方、鏡・巴形銅器・銅鏃・小銅鐸・筒状銅器・銅釧など多種多様な青銅器が列島各地で生産された。とくに後期後半には地域性がいっそう顕在化し、地域間交流の形跡もみとめられる。「非北部九州産」（「近畿産」）の弥生倭製鏡（弥生小形仿製鏡）の製作時期も、後期後半にかたよる〔田尻二〇一二〕。

弥生時代後期、とりわけその後半期に、列島の諸地域に鉄刀剣やガラス玉類などの外来物資が活潑に流入しはじめた。それに呼応して物流ルートが多元化し、列島各地における集落数の増大とあいまって、同軌的に地域間関係が活性化をとげた〔野島二〇〇九等〕。こうした諸状況が正のフィードバックをえがいた結果、諸地域において有力集団が析出され、墳丘墓が増加・大型化していった。銅矛や銅鐸などの「青銅祭器」の消滅と入れ替わるように「絞り込み顕在型墳丘墓」が発達し〔岩永二〇一〇〕、そうした墳丘墓に外来系の器物が副葬される事態は、諸集団を統合・結節する旧来のいわば共有財に代わって、特定集団が保有するいわば広義の私有財が前面化してきたことを示唆する。

以上の動向を考慮すれば、漢鏡四・五期鏡が弥生時代後期初頭前後～前半頃にリアルタイムで中四国以東に大量流入し、畿内地域の有力諸集団が九州北部の有力諸集団に比肩するほどの大型鏡を古墳時代前期まで保有しつづけた状況は思いえがきにくい。むろん、若干は流入したであろうが、古墳出土資料を根拠にその数量を過大に見積もることはできない。それでは、従来の実年代観からすれば弥生時代後期後半頃に相当する漢鏡六期鏡は、リアルタイムで中四国以東に流入したと想定できるだろうか。当該期に諸地域が競覇的に外来物資の入手につとめたこと、漢鏡六期鏡は直後の漢鏡七－一期鏡と同様に、分散的な分布状況と単数面副葬の傾向をみせることは、この想定に肯定的な状況証拠になる。ただ現在、この想定を積極的に支持する具体的な考古学的証拠は尠少である。後述するように、筆者は漢鏡六期（少なくともその後半）が弥生時代末期前半に併行する可能性を考えるが、それでも現状の資料状況では、その多くがリアルタイムで中四国以東の諸地域に流入した事態は復元しがたい。

（2）弥生時代末期

筆者は、久住猛雄と溝口孝司の研究成果〔久住二〇〇七、Mizoguchi 二〇〇九〕に拠りつつ、当該期の列島の政治・社会的展開を前後二段階にわけ、以下のように考えている。弥生時代末期前半には、前代以来の外来物資の競覇的入手がさらに活性化し、列島各地で交易拠点的な遺跡群のネットワークが形成されてゆき、そのなかで優位な「媒介者的位置」を占めた畿内地域が末期後半に急速に中心性を獲得し、纒向遺跡に盤踞する政体が外来の高価値物資を独占的に入手・分配し、大規模な墳丘墓を造営するにいたった、と〔下垣二〇一二〕。

①漢鏡七期鏡の分布の変動とその背景

当該期の鏡の流通様態に関しては、岡村秀典の研究が起点であり、かつ到達点である〔岡村一九九九等〕。現在、漢鏡七-一期鏡（上方作系浮彫式獣帯鏡・飛禽鏡等）(7)と漢鏡七-二期鏡（画文帯神獣鏡）の流入時期と流通差配の主体をめぐって、おおむね三説が鼎立している。すなわち、末期前半頃に列島の諸勢力が個別的に漢鏡七-一期鏡を入手し、同後半頃に畿内中枢勢力が漢鏡七-二期鏡の入手と分配を一元的に掌握したとする説（Ⅰ説）〔岡村一九九九等〕、末期後半頃に両期の鏡を畿内中枢勢力が入手し、サイズの大きな画文帯神獣鏡を高く格づけしつつ列島諸地域に分配したとする説（Ⅱ説）〔福永二〇〇五等〕、両期の鏡とも基本的に古墳時代前期以降に列島に流入し、畿内中枢勢力が分配したとする説（Ⅲ説）〔辻田二〇〇七等〕、の三説である。

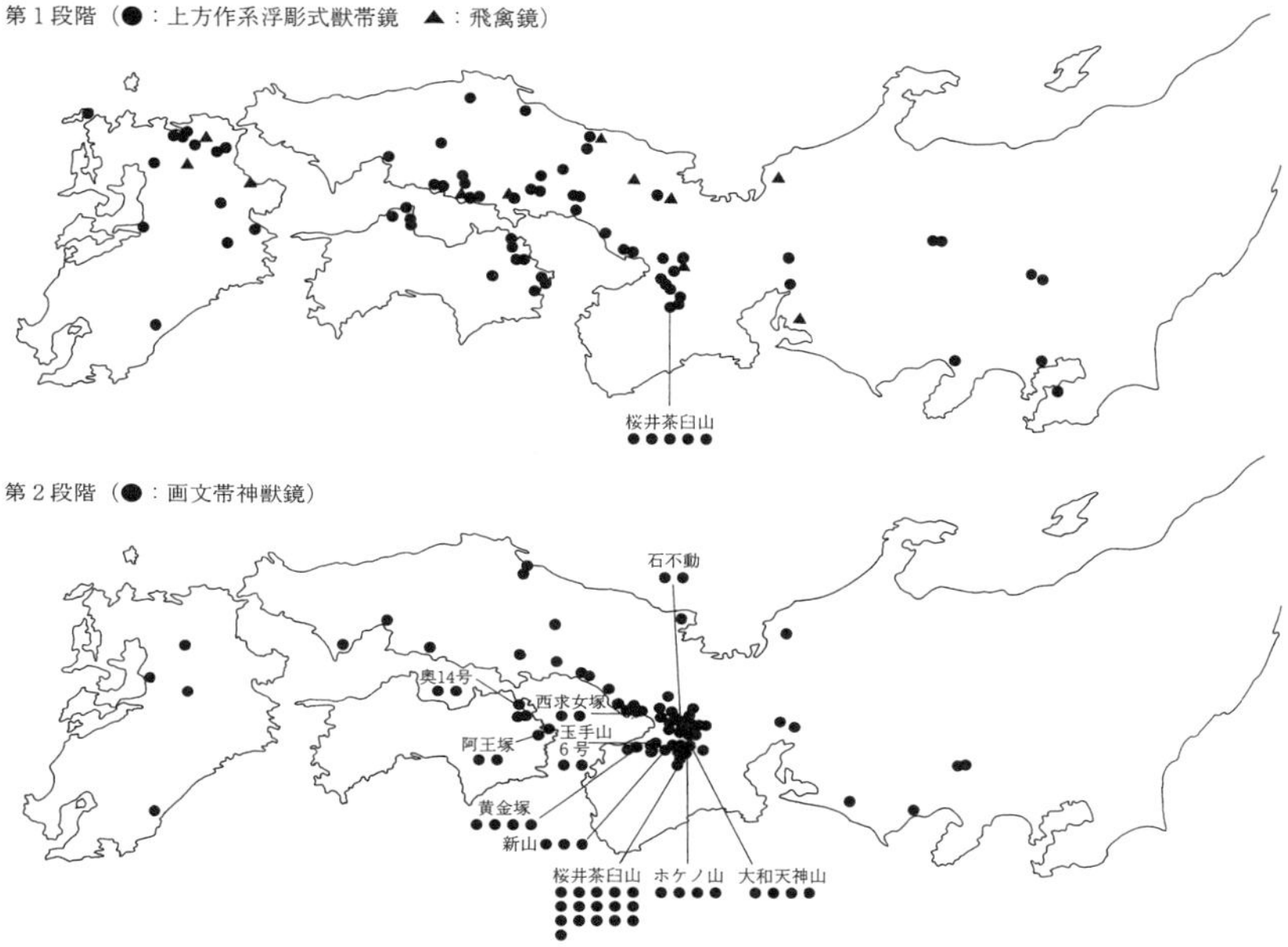

図17　漢鏡7期鏡諸段階の鏡の分布

筆者は、Ⅱ説とⅢ説も部分的であれば成立する可能性があるとみるものの、以下の理由から、時期をいくぶん後倒ししたうえで、Ⅰ説を支持している(8)。第一に、漢鏡七－一期鏡と漢鏡七－二期鏡の分布状況が顕著な相違をみせ、画文帯神獣鏡で最古相の環状乳三神三獣鏡と漢鏡七－一期鏡の分布に類似がみとめられること（図17）、第二に、漢鏡七－一期鏡が漢鏡六期鏡以来の単数面副葬を継承するのにたいして、漢鏡七－二期鏡には魏代の三角縁神獣鏡に継承される複数面副葬への強い志向を看取しうること(9)、などの理由である。

Ⅰ説の立場から漢鏡七－一期鏡と七－二期鏡の分布状況（図17）を比較すると、その変化はじつに鮮やかである。前者が当該期の交易ネットワークの拠点付近に目だちつつも分散的な分布をみせるのにたいし、後者はその約七割が畿内地域とくに奈良盆地に密集しており、畿内中枢勢力がその入手・分配を掌握したとみてまちがいない〔岡村一九九九等〕。しかも後者は、九州北部に一面のみ、玄界灘沿岸地域では皆無となり、入手・流通に強い規制がかけられた事態を暗示する〔福永二〇〇五〕。なお、画文帯神獣鏡の諸鏡式の製作期間は短期間におさまらないため、一括して漢鏡七－二期におしこめて議論を進めるのは不適切である。当鏡式の編年の細分は今後に期待するとして〔村瀬二〇一六a〕、「四乳求心」タイプや「創作模倣鏡」など魏晋代にくだる可能性の高い資料〔車崎二〇〇二、上野二〇〇八、村瀬二〇一六b等〕、そして漢鏡七－一期に遡上する環状乳三神三獣鏡をとりあえず区別してそれらの分布状況を段階的にみれば、次のような変遷をみてとれる。環状乳三神三獣鏡は瀬戸内の分布が目だつなど漢鏡七－一期鏡と同様に、畿内中枢を介さず分散分布し、漢鏡七－二期になると一転して畿内地域に核ができ、魏晋代には畿外諸地域の出土例が相対的にやや増える、という変遷である(10)。

しかし、漢鏡七－二期以降に畿内中枢勢力が中国製鏡の入手・流通を全面的に掌握したとまでは断言せずにおきたい。たとえば、森下が作製した「二～三世紀」における中国製鏡の製作系統ごとの分布図をみると、画文帯神獣鏡が普及する弥生時代末期末頃～古墳時代前期前半頃に中国製鏡の分布が稀薄になる日本海沿岸諸地域に、「華北―北部系」の「魏晋規矩鏡」およびその関連鏡式の分布が目だつ点が注意を惹く〔森下二〇〇七〕。また、九州北部だけでなく「北近畿・山陰」においても、三角縁神獣鏡以前に「倭王権を介することのない独自の流入経路」をつうじて「完形」の中国製鏡が「直接流入した」可能性が提言されている〔岩本二〇一四b〕。さらに、当該諸地域で出土する数少ない画文帯神獣鏡の二面が、長江銭塘江流域から入手されたという推定もなされている〔村瀬二〇一四〕。

当該期における列島諸地域への中国製鏡の基本的な流入方式は、畿内中枢勢力が華北（後漢・魏）や楽浪郡から瀬戸内ルートを経由して集積し、諸地域に再分配するものであったと推定できる。日本海沿岸諸地域のように、その入手網からはずれた有力集団は、独自に中国製鏡の入手をはかっていた可能性も十分にありうる〔下垣二〇一二〕。また、西晋以降の所産とみなせる方格T字鏡の分布は、九州北部に顕著である。筆者は、大・中型鏡が大半を占める倭製方格規矩四神鏡系と小型鏡主体の方格T字鏡を、面径のサイズ差をもって配りわけたことが、この分布状況をうみだした主因とみているが、しかし九州北部における方格T字鏡の密集度は無視できない。当地域の有力集団が、当鏡式の一部を独自に入手した蓋然性は低くないと考えている〔下垣二〇一二〕。

ただI説には、時期比定の面で難点がある。岡村は、漢鏡七－一期鏡が六期鏡からその分布域を急速に拡大した背景として、「倭国乱の終息によって地域間交易が活発化したこと」を重視し、漢鏡七－二期鏡が「畿内を中心」とする「分配関係」を示す背景に、「卑弥呼の共立によって成立した政治体制」を想定する。岡村は「日本考古学の時期区分をなるべく避け」ているため、漢鏡七期鏡と「日本考古学の時期区分」との併行関係をとらえがたいが、全体的な記述からみて弥生時代末期に対応するようである〔岡村一九九九〕。とすると、漢鏡七－二期の画文帯神獣鏡の副葬は末期末頃に始動する（例：徳島県萩原一号墳等）ので問題ないが、漢鏡七－一期鏡も確実な副葬例は末期後半からである点が、大きな難点となる。両期に想定できる段階差と整合させるためには、これを末期後半における時期差と解するのが適切である。つまり、漢鏡七－二期鏡の流入開始期を末期後半の後半、すなわち末期末頃とみなすわけである。ただそうすると、末期前半に空白が生じてしまうが、当該期には漢鏡六期（の一部）を対応させるのが妥当であろう。末期前半の土器に共伴する中国製鏡は漢鏡六期鏡が顕著であること〔寺沢薫二〇〇五〕、ＡＭＳや年輪年代の測定結果により弥生時代末期開始期の実年代がさらに遡上する可能性があることなどからして、十分に成立しうる案である。本書ではこの案を採用する。

②青銅器にみる「宗教改革」

弥生時代末期の青銅器に関する重要な論点として、旧来の「見る銅鐸」に替えて、神仙思想を表現する画文帯神獣鏡を最上位の青銅器にすえた「宗教改革」〔福永二〇〇一〕が、当該期に断行されたか否かがある。たとえこの時期に近畿式銅鐸の「清算的な破壊行為」のピークを想定する〔森岡二〇一〇〕にせよ、当該銅鐸群の製作は後期後半に終了していた蓋然性が高い以上、近畿式銅鐸から画文帯神獣鏡への円滑な移行は考えにくい。前記した漢鏡六期と漢鏡七－一期の位置づけにくわえ、岩永省三の主張〔岩永二〇一〇〕をみとめてよければ、次のようなプロセスも有望である。列島各地の有力集団が外来物資を競合的に冀求しだすにつれ、時代遅れとなりその価値が下落した「見る銅鐸」の生産が終了し、それと入れ替わるように漢鏡六期鏡、そして七－一期鏡を列島の諸集団が入手した。そうした競合のなかで突出してきた畿内中枢勢力が、漢鏡七－二期以降の鏡の入手・流通を掌握し、地上に残存する「見る銅鐸」の「清算的な破壊行為」を主導した、というプロセスである。

③漢鏡四・五期鏡の中四国以東への流入時期および背景

そしてもうひとつ、きわめて重要な論点がある。弥生時代末期後半以降、中四国以東の墳墓に漢鏡四・五期鏡が副葬される事例が徐々に増加してゆくが、これらがどの時点で当該諸地域に流入し、副葬にいたるまでいかなる履歴をたどったか、という論点である。器物が製作後におおむね歩む、流通⇅保有→廃棄の局面のうち、考古学で直截とらえうるのは、廃棄の局面にほぼかぎられ、保有の場所の特定はほぼ不可能であるという考古学の方法論上の限界にくわえ、この論点の帰結は、弥生時代後期以降の列島の社会・政治史や流通システムなど、多岐にわたる研究領域に甚大な影響をおよぼすだけに、深く立ちいるのがためらわれる問題である。ここでは、暫定的な試考を提示しておく。なお、漢鏡六期鏡も検討にふくめるべきとは思うが、中国製鏡の分布状況が変革する微妙な時期に相当し、解釈が複雑になるため、ここでは除外しておく。

研究史を整理すると、この論点はおおむね以下の五案にまとめうる。（A）リアルタイムで中四国以東の諸地域に流入したのち、当地域で長期保有された〔岡村一九九九、岸本直二〇〇四等〕、（B）別地域（九州北部等）にリアルタイムで流入し、当地域で長期保有をへたのち中四国以東に移動した〔柳田二〇〇二等〕、（C）別地域（九州北部等）にリアルタイムで流入し、当地域で長期保有をへたのち、畿内中枢に移動して諸地域に再分配された〔甘粕一九七一、大賀二〇一三〕、（D）列島外（中国大陸ないし韓半島北部）で長期保有されたのち、古墳時代開始期前後に中四国以東に流入した〔辻田二〇〇七等〕、（E）古墳時代開始期前後に踏返しや復古により列島外で製作され（列島製作説もあり）、中四国以東に流入した〔立木一九九四、寺沢薫二〇〇五等〕、の五案である（表2）。

表2　中四国以東への「伝世鏡」流入の諸案

案	初次流入—保有地		最終流入—埋納地
A	中四国以東	⇒長期保有⇒	中四国以東
B	九州北部等		中四国以東
C	九州北部等		畿内中枢⇒諸地域
D	大陸・半島		中四国以東
E		踏返し等⇒	中四国以東

これら諸案は、部分的に混ざりあっている場合がしばしばあり、截然と区別できるわけではない。とりあえず以下では、各案ごとにその妥当性を検討する。結論からいえば、決定的な案はないが、その蓋然性からあるていど候補を絞りこむことは可能である。

まずA案の当否を検討する。漢鏡四・五期鏡がリアルタイムで列島に流入したとすれば、そのピークは弥生時代後期前半〜中頃あたりになる。後期後半には集落の増加と統合が進み、共同体の羈絆から徐々に脱して成長をとげはじめた有力集団が、競覇的に外来物資の入手につとめた。漢鏡四・五期鏡のとくに大・中型鏡は弥生時代末期後半以降、古墳時代にいたっても畿内地域の有力古墳に副葬される傾向が強いことは、先記のとおりである（図16）。そうであれば、中四国以東の特定諸集団は、後期後半の変動期をくぐりぬけて安定的に成長をとげ、かなりの長期にわたり保有しつづけたこれらの鏡を、最終的に有力古墳に副葬したことになるが、このような想定には無理が多い。保有主体は不問にして、中四国以東の特定地域で長期保有されたとする見方もありうるが、大型鏡が畿内中枢を頂点として明確な傾斜減衰分布を示す事実（図16）は、考古資料および中国史料から推定される九州北部と中四国以東の社会動向と整合しない。それにもかかわらず、中四国以東における漢鏡四・五期鏡のリアルタイム入手および長期保有を主張するとすれば、以下の状況を想定するよりほかない。九州北部には弥生時代後期に多量の大型鏡が流入したが、すみやかに副葬したため弥生時代末期以降に残存せず、他方で中四国以東とりわけ畿内地域では、多数の大・中型鏡が選択的に入手されたが、鏡を副葬する慣習がなかったため、弥生時代末期後半以降に当地域で副葬が開始された際に、大・中型鏡の比率が高くなる結果となった、という状況である。この想定には仮定が多く、現状の資料状況からも承認しがたい。リアルタイムで中四国以東に流入した漢鏡四・五期鏡が末期後半以降まで保有された場合も一部にあったかもしれないが〔南二〇一六a〕、少数例にとどまったと考えておきたい。

D案が成立するためには、大陸か半島で多量の漢鏡四・五期鏡が長期保有されていたことが必要条件になる。魏代に復古鏡がさかんに製作され、南朝代に鏡の復古や踏返しがさかんにおこなわれたことなどは、少なくとも大陸において鏡が長期保有（保管）されていた有効な状況証拠となる。しかし、保有（保管）の候補地を具体的に挙示することは現状では至難であり、漢鏡四・五期鏡の大型鏡が当地で長期保有された実例を少なからず抽出しえないならば、長期保有地というブラックボックスを列島内から列島外に移し替えたにすぎない。その点で、いまだ未検証仮説の域をでない。また、漢鏡四〜六期鏡の数量的推移が楽浪郡・九州・中四国以東で共通する点や、奈良県大和天神山古墳のように漢鏡四・五期鏡が良好なセット関係を示すことなども、この案に否定的な現象である〔上野二〇一二〕。

E案はA案を、つまり伝世鏡論を否定する際に強調される案である。とくに踏返し論は、鏡それ自体に残された痕跡の綿密な観察所見に立脚しているだけに尊重すべきである。しかし、踏返しや「湯冷え」の証拠とされる痕跡が、別の論者により「手なれ」や磨滅の痕跡と認定されることがあるなど、いまだ帰趨のさだまらない論である〔南二〇一〇、柳田二〇一五〕。実際、わずかな鋳崩れまでも踏返しの根拠とされることがあるなど、認定基準に不十分さが残る。踏返し鏡と認定される当該期の中国製鏡と、踏返しをともなうことが確実な同型鏡群〔川西二〇〇四〕とが、鏡背面の状態においてはなはだしく相違することも、時期差や系統差に起因する可能性があるにせよ、不審な点である。それゆえ、鏡背面の状態の観察をつうじて長期保有の当否がすみやかに解決されることは、いまのところ期待しにくい(11)。また、文様が模糊となるほどに踏返しが実施されたとの主張と裏腹に、古墳から出土する「伝世鏡」に同型品がみいだされない事実も、踏返し論に不利に働く〔森下二〇一〇〕。たとえ列島出土の当該期の中国製鏡に踏返し鏡の存在をみとめるにせよ、それらが「原鏡の製作時期とほぼ時期差なく」「中国本土、又は楽浪郡」で「製作され、日本列島に拡散した」〔南二〇一〇〕のであれば、保有期間に関する議論に影響をあたえないことになる。また、鏡の復古的生産に目を向ける姿勢も重要だが、典型例以外を復古の所産に帰しがちな一部の姿勢は肯んじえない。

B案とC案は、具体的に九州北部での長期保有を想定する。B案を主張する柳田康雄は、鏡の「マメツ」状況および鋳造後研磨の詳細な観察をふまえて、次のような議論を展開する。「近畿以東」における鏡の「マメツ」の程度からすれば、「倭国大乱」後にようやく中国製鏡を確実に入手できるようになった「近畿地方」とは対照的に、「大陸の情勢に明るい」九州北部の「イト国」は、「漢式鏡の供給不足を見越して」、「多量の後漢鏡」を当地で「マメツ」させることなく「蓄積保管」していた。それらの一部を分配された「大首長が伝世して「マメツ」鏡を古墳に副葬した」のであり、分配の機会としては「卑弥呼共立記念」がありうる、と〔柳田二〇〇二〕。

柳田は、「北部九州の盟主国」たる「イト国」が「東方をめざ」したと説き〔柳田二〇〇三〕、九州北部の勢力の主導下で、畿内地域における漢鏡の「伝世」が開始したと主張する。この考察は、中四国以東における漢鏡四・五期鏡の大型鏡の入手時期を考えるうえで興味深いが、弥生時代末期後半以降の大型鏡の分布状況（図16）をみすえるならば、まったく逆の事態を復元するほうが理路に沿う。九州北部で長期保有された漢鏡四・五期鏡が、弥生時代末期後半以降に畿内中枢勢力のもとに吸収され、各地に再分配された、という事態である。(12)つまりC案である。いまのところ筆者は、D案にも惹かれつつ、畿内勢力主導型のC案が資料状況にもっとも整合的だと判断している。この場合、漢鏡七期鏡および長期保有されていた漢鏡四・五期鏡が、弥生時代末期後半以降から列島各地で広く保有されるにいたったことになる。(13)漢鏡五期鏡は、奈良県大和天神山古墳に大型鏡と中型鏡が各五面、同メスリ山古墳には大型鏡と中型鏡が各一面、京都府椿井大塚山古墳には大型鏡二面が副葬されている。近年の再調査の結果、奈良県桜井茶臼山古墳には、細片のため製作時期も正確な面径も不詳だが、基本的に大・中型鏡が副葬されていたことが判明した。その内訳は内行花文鏡九面・方格規矩鏡二面・細線式獣帯鏡三面など漢鏡五期以降の中国製鏡六七面、倭製鏡一四面の計八一面になると報告されている(14)〔東影編二〇一一〕。従来、画文帯神獣鏡の畿内地域への集中性が、弥生時代末期後半以降の当地域の卓越性を示す重要論拠として強調されてきた。筆者もそれを全面的に承認するが、それ以外の漢鏡四・五期鏡の大・中型鏡の動態を加味することで、当該期の画期性と畿内中枢勢力の急速な成長をいっそう強靭に裏づけうる。

他方で最近、大和天神山古墳の漢鏡五期鏡が、製作技術からみて「後漢晩期でも三国期に近い年代」の所産である蓋然性が提起された〔南二〇一六b〕。その当否は今後の検証にゆだねられるが、今後もし、畿内地域の古墳に副葬された漢鏡四・五期鏡の大型鏡の大半が、このように後代の製品だと証明されたならば、筆者が支持するC案は却下せねばならない。しかし、中国製鏡の流入から復元される弥生時代末期後半以降の畿内地域の急速な成長という、本章の主張はまったく揺らがない。

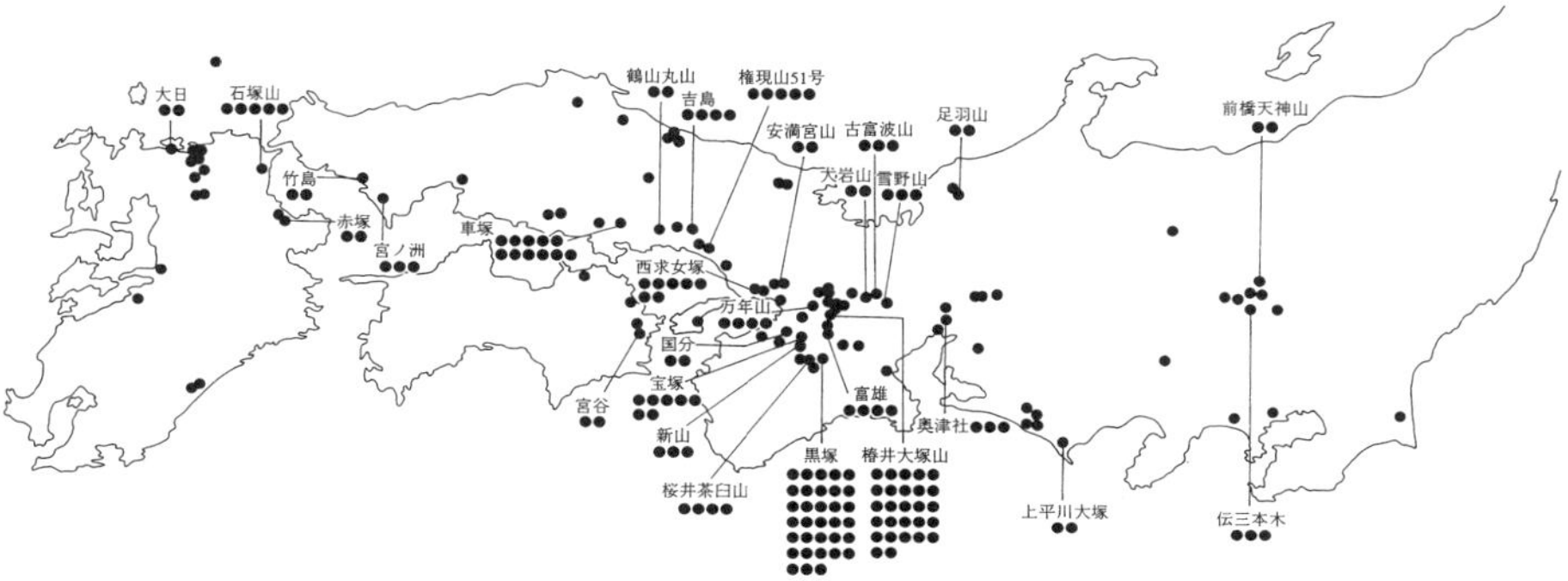

図18　三角縁神獣鏡の分布（前期初頭頃）

（4）古墳時代前期初頭～前半

①三角縁神獣鏡の多量入手と広域拡散

古墳時代前期を代表する器物として三角縁神獣鏡をあげることに異論はなかろう。前方後円墳にほぼ重なる広域的な分布範囲、有力古墳への顕著な副葬などから、その濃密な政治的性格が推定され、当該期の政治・社会状況を復元する第一級の資料的価値を誇る。一九九〇年代以降、型式変遷の研究が大幅に進捗したことをうけ、古墳時代前期の小期ごとの分布状況に関する検討が鋭意すすめられてきた。

筆者もまた、小期ごとの分布の変遷を追跡した結果、一貫して畿内地域に密集するが、諸地域の分布状況が目まぐるしく変動する背景に、畿内中枢勢力の政治戦略があったと推測している〔下垣二〇一一〕。すなわち、古墳時代前期初頭には画文帯神獣鏡の流通パターンを踏襲しつつ、列島広域に拡散する。中国製三角縁神獣鏡の半数以上を占める二〇〇面強が、この初期段階に属し〔図18〕、その多量性を追い風に、分配面数で受領者〔集団〕の格差を表示した。次段階の前期前葉とともに、魏との冊封関係を背景とした西方重視策がうかがえる。その前期前葉には、瀬戸内中・東部が激減する反面、九州北部の分布が顕著となり、大局的にみて畿内地域と九州北部に二極化した状況が読みとれる。

その背後に、小さからぬ政治変動を想定できる。前期中葉になると、一転して九州北部の分布が稀薄になり、畿内地域を中心に瀬戸内中部と東海西部を両端とする主要分布域が成立する。これは倭製鏡や各種石製品とも共通する分布状況であり、「中央・近隣諸地域重視策」とも評せる。当該期の実年代は三世紀後葉〜末葉頃と推定され、この分布の変化は、魏の後継である西晋が倭を重視しなくなった事態〔岡村一九九九〕を反映している可能性がある。

②箸墓問題

ここで注意を喚起しておきたいのが、（A）奈良県箸墓古墳の造営（の完了）時期を、（B）古墳時代の開始・（C）「定型化」前方後円墳の登場・（D）三角縁神獣鏡の副葬開始、に前提的に結びつけてしまう志向である〔下垣二〇一二〕。（A）を（B）に等値するのは、定義上の問題なので可とするにしても、（A）を（C）に直結させる証拠は十分でなく、本墳が未発掘である以上、（D）に結合するのは暴挙である。この志向の根柢には、箸墓古墳＝卑弥呼の墓＝「銅鏡百枚」（≠三角縁神獣鏡）の副葬という希望的想定が潜んでいる。

しかし、三角縁神獣鏡の出土古墳と出土土器の関係を整理した小山田宏一は、三角縁神獣鏡の製作開始を当墳築造以後の「布留〇式新」以降とみており〔小山田二〇〇〇〕、当墳に三角縁神獣鏡の副葬を考えない論者も少なくない〔奥野一九九二、近藤一九九八、大賀二〇〇二、石野他二〇〇八等〕。特殊器台形埴輪と三角縁神獣鏡との非共伴性などを根拠に、当墳など最古級古墳の築造時にはまだ三角縁神獣鏡の量的入手がはじまっていなかったと説く近藤義郎の主張〔近藤一九九八等〕には、いまだ有効な反論が提示されていない。よしんば当墳に三角縁神獣鏡が副葬されていたとしても、推論の手続きと方法論に不備がある以上、考古学的議論の発展に寄与するものにはならない。布留〇式古相（併行）期に三角縁神獣鏡が出現していたか否かが争点になろう。[15] とにかく、内容が不分明な箸墓古墳に三角縁神獣鏡の副葬を推断し、そうした想定に立脚して、発掘をつうじ副葬品などの内容が判明しているほかの諸古墳の時期や造営背景を推測する本末顛倒な現状は見直さねばならない。

③倭製鏡の生産・流通戦略の本格化

三角縁神獣鏡は、古墳時代前期に有力集団間の関係構築に重大な役割をはたした。しかし、デザインとサイズが画一的なため、授受に際して面数か有無で格差を表現するよりほかなく、その効率性に難点があった。いっぽう倭製鏡は、自前で生産するため、サイズを自在につくりわけることができた（図19）。倭製鏡の創出期である古墳時代前期前葉には、いまだ三角縁神獣鏡が潤沢であった。したがって、涸渇した三角縁神獣鏡の代替品として倭製鏡を生産したとする説は成立しえない。むしろ、多様なサイズと相関するデザインの諸系列を創出し、サイズに応じた格づけを設定することで、三角縁神獣鏡の分配効率の欠陥を克服し、三角縁神獣鏡とともに分配することにより、いっそうきめ細かな分配戦略を実施したのである。そうであれば、倭製鏡の分布の様態を詳細に追尾することで、畿内中枢勢力を核とする当時の政治的諸関係の実態をつぶさに復元する途が拓けることになる。

別稿で詳説したように、たとえば畿内中枢の大型古墳ほど大型鏡の副葬が顕著であること、畿外諸地域にも大型鏡副葬古墳が拠点的に分布するが、遠隔地ほど副葬鏡径が小さくなること（図20）、そして畿内／外の範域的区別が意識されたことなどの諸現象が注目される〔下垣二〇一一〕。前期中葉以降に、「首長権」が受けつがれるシステムが列島の諸地域で定着した可能性〔岩本二〇一〇〕をみとめるならば、この時期に安定しはじめ継続的に古墳を築造しはじめた諸地域の政治単位の掌握と序列化に、三角縁神獣鏡と倭製鏡を基軸とする鏡分配システムの整備が、少なからぬ役割をはたしたと推定できる。

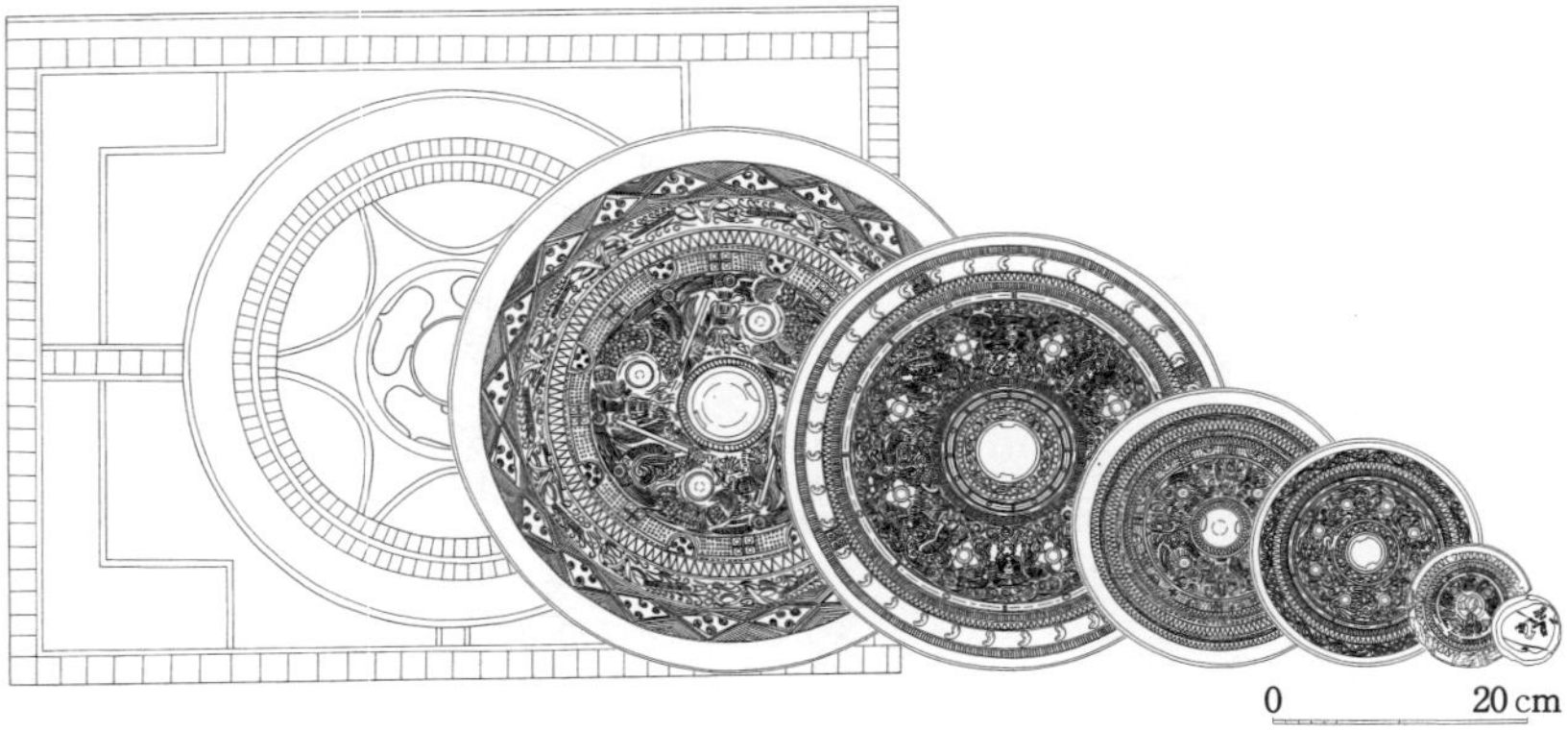

図19　倭製鏡の大小

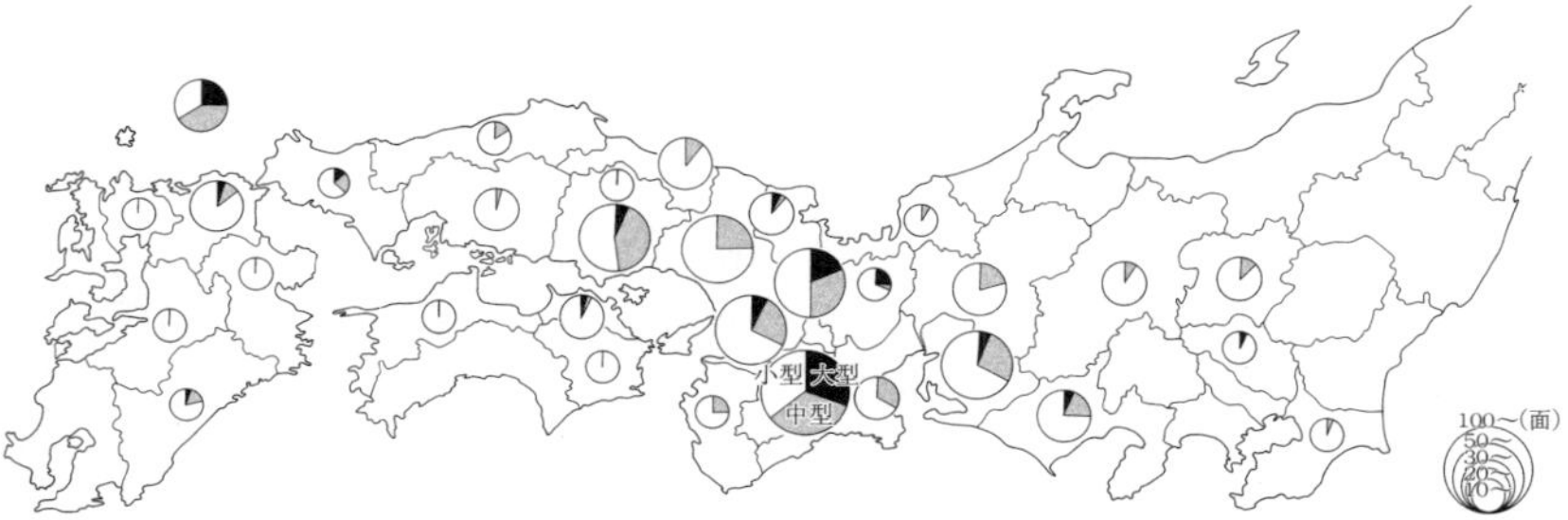

図20　前期倭製鏡の主要系列の分布

そして前期後半には、韓半島南部との交流の活性化に応じて、鏡分配の重心が相対的に西方にうつる。三角縁神獣鏡はいわゆる「仿製」に、倭製鏡は中段階に移行するが、どちらも前代からの連続性が強い。当段階の倭製鏡は、「仿製」三角縁神獣鏡よりも一桁多い出土面数を誇り、量産体制にはいったことを示す。この時期、畿内中枢勢力が加耶中枢との交易ルートを直接的に掌握し、弥生時代末期後半以来の「博多湾貿易」を解体させた〔久住二〇〇七〕。いくぶん時期がくだるが、その帰結である福岡県沖ノ島一七号遺跡の出土鏡二一面すべてが当期以降の所産であることは印象深い。また主として当該期に、畿内中枢勢力が九州西南端・高知西南部・紀伊半島南部といった、それまで（有力）古墳が築かれなかった地域を「ネットワークの拠点に組み入

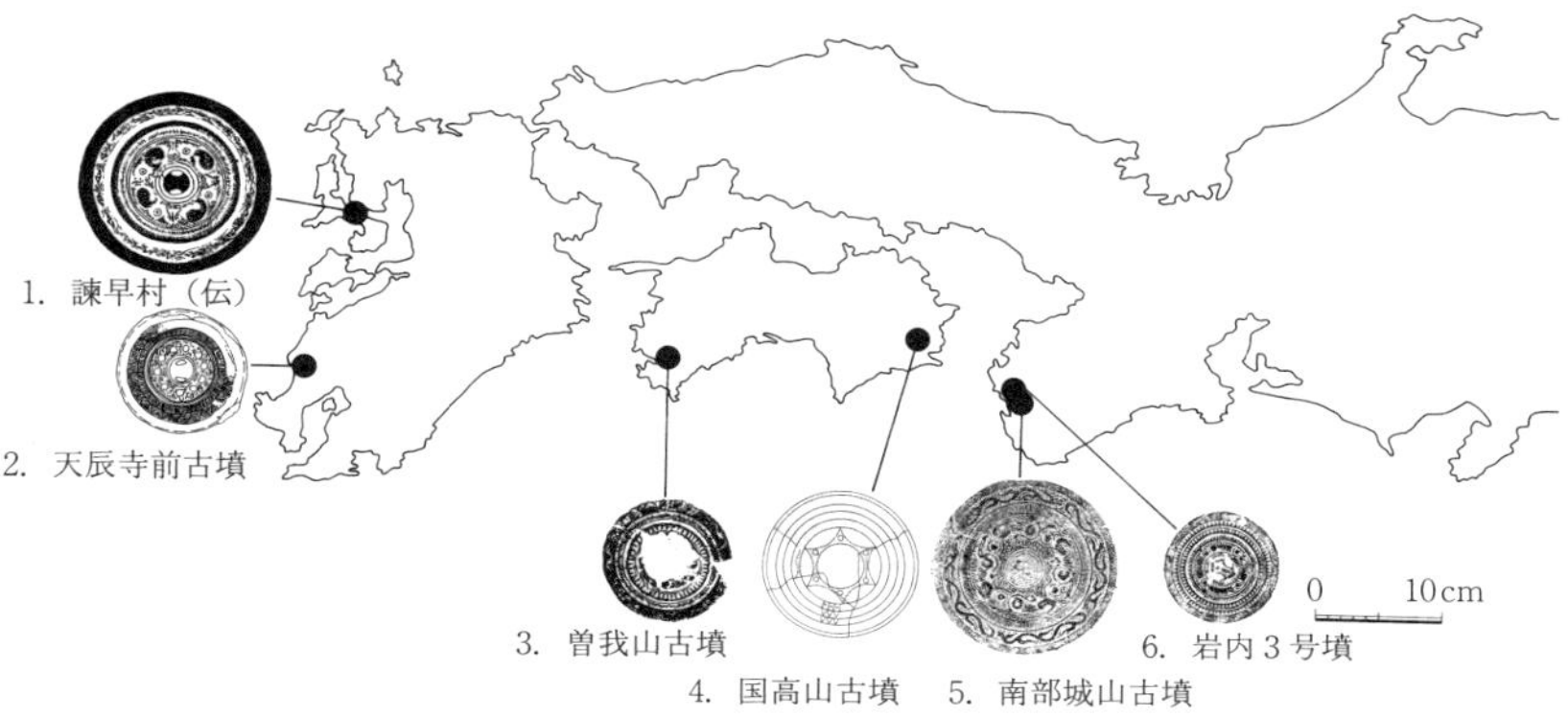

図21　前期後葉頃の新規古墳出現地域の倭製鏡

れ」るべく、広域的かつ「きめの細かいルートの開拓、交流関係の構築を模索した」と論じられている〔橋本達二〇一〇〕が、これらの地域に突如あらわれる古墳に、しばしば当該期の小・中型の倭製鏡が副葬されていること（図21）は、この主張を明快に裏づける。鏡の入手・製作・流通を掌握した畿内中枢勢力は、その授受関係の構築をつうじて、いっそう広域におよぶ諸地域集団を階層的に序列づける活動を展開しはじめたのである。ここにいたって、長きにわたった古墳の「摸索的受容期」は終わりを告げた。

四　古墳の出現と鏡の社会的役割―「伝世鏡」論の再賦活―

（1）「伝世鏡」論の今日的可能性

本章で説いたように、多くの漢鏡四・五期鏡が弥生時代後期にリアルタイムで中四国以東に流入し、当地で長期保有された可能性は、いまやいちじるしく低くなった。その点で、これらの鏡が弥生時代後期から在地で伝世されつづけたとの推測に立脚する小林の「伝世鏡」論は、もはや成立しがたい。小林の「伝世鏡」論と「同笵鏡」論は、諸地域において保有を必要とした社会状況と、畿内中枢勢力による分配をつうじた政治支配の拡張とをそれぞれ照射しつつ、両者を統合的に論じた理論大系であった。後者の視点は発展させられてきたが、前者の視点からの検討ははなはだ低調である。それは、弥生時代後期から古墳時代前期までの長期間、中四国以東で鏡が保有されつづけたことを示す、考古学的証拠をみいだせないことに起因する。しかし、弥生時代末期後半頃に多数の漢鏡四～七期鏡が畿内地域に流入し、それらの多くが当地域からの再分配をへて、諸地域において古墳時代前期以降まで長期保有された蓋然性が少なからずあることは、前記したとおりである。

既述したように、畿内中枢勢力は分配する鏡の数量とサイズを基準にして、諸地域を序列づける戦略をとった。ただし、それはあくまで畿内中枢勢力の戦略である。諸地域の有力集団がこれを必要とし、受領したからこそ、戦略が意味をなしたのである。鏡が諸地域の有力集団に必要とされた理由を明らかにしなければ、鏡の授受論の片面しか問わないことになる。筆者は、同墳複数埋葬の鏡副葬事例を検討し、埋葬位置・埋葬施設の種類および規模などの格差と副葬鏡径差が高い相関関係を示す事実をみいだし、鏡が有力集団内の序列形成の物的手段とされたことが、有力集団が鏡を求めた重要な理由だと推定した〔下垣二〇一一〕。ただ、それのみが理由ならば、鏡が長期保有される必然性はないはずである。長期保有の実態解明こそが、鏡が必要とされた理由を闡明する鍵を握る。ここに、「伝世鏡」を現在の資料から問い直す今日的意義がある。

（2）鏡の長期保有とその意味

次章で詳論するように、筆者は副葬鏡と埋葬人骨の関係を分析し、倭製鏡の一部が長期保有されていた一方、中国製鏡は長期保有が顕著であったとの成果をえている。また、森下の先行研究の驥尾に付して、首長墓系譜における鏡のあり方を精査し、「ひとつの首長系譜で伝世されていた場合が一定以上の割合を占めていた」こと〔森下一九九八〕

を追認するとともに、特定小地域に新たに出現する首長墓系譜の初造墳や広域の「盟主墓」に、長期保有鏡の副葬が顕著である傾向を抽出している。

近年の研究成果を考慮にいれると、その背景に当時の集団関係の流動性をみいだせる。弥生時代後期後半以降、列島広域で集団の流動化と再編成が進み、角逐する有力諸集団は競って外来物資の獲得と集団間ネットワークの構築につとめた〔岩永二〇一〇〕。当該期から少なくとも古墳時代前期にいたるまで、列島の諸集団は双系的性格の強さゆえに流動性が高く、集落をこえて離合集散する傾向が強かった。弥生時代中期末以後に大型化してゆく青銅祭器が、広域におよぶ集団群の再統合・統合を促進するべく利用されたとの見解〔岩永二〇一〇〕をいれるならば、青銅祭器の終焉と入れ替わるように特定有力集団が析出されてゆき、列島広域で鏡副葬が開始したことにも、有意な相関性をみいだせよう。また、当該期に列島広域で鏡の副葬と長期保有が同軌的に普及した背景に、この器物が列島社会の有力諸集団において、有用な役割をになったことが想定される。外来宗教の神仙思想を具現する「祭器」として、旧来の「見る銅鐸」に代わる役割が期待された、との説も興味深い。

しかしそれよりも筆者は、列島諸地域の有力集団が、依然としてその流動性を克服できない自身の通時的同一性を維持・保証するために、鏡を長期保有したのではないか、と考えている。古墳の複数埋葬には、埋葬施設の設置位置および種差、副葬品の種差および多寡などによって、被葬者の格差・性差・年齢差などを区分する志向が顕著にみとめられる〔下垣二〇一一〕。この規範的な現象は、古墳には有力集団の生時の状況がなんらかの形で反映させられていたことを暗示する。とすれば、古墳の被葬者に鏡を副える行為は、集団保有の継続と解せるのではないか。長期保有を断絶させて鏡を副葬する行為には、相応の理由があったはずである。前記の諸状況から総合的に判断をくだすならば、有力集団を代表し、「首長墓」や「盟主墓」に葬られるだけの勢威を誇った人物とともに埋納することで、当該集団の同一性の重要な部分を被葬者とともにその地に固定させたのではないか。

以上、本章では小林の理論大系の再検討という形をとりつつ、近年の資料状況と研究成果にみちびかれ検討をおこなったわけだが、小林の所説と相当にことなる姿が浮かびあがってきた。「伝世の宝鏡」が副葬されるにいたったのは、「世襲制の発生によつてその地位と権力とを保証され」て不要になったためではない。「世襲制」どころか地位継承の明確な方式も未確立である状況下、流動的な自集団の同一性を強化させうる必須アイテムである〔長期保有〕鏡を墳墓内に固定させるためであった。「伝世の宝鏡」を副葬する行為は、「大和政権の勢力の伸張につれて各地にひろがつた」というよりも、むしろ第一義的には、首長墓系譜の開始あるいは「盟主墳」の造営という地域内の事情によるところが大きかった。近年、弥生時代末期後半の墳丘墓を「早期古墳」と評価する研究者が増加してきた。その評価に即して推論すれば、「宝鏡の伝世」の断絶を契機に古墳が出現したどころか、逆に古墳の出現と「伝世」の普及はほぼ時期を同じくして登場した現象だといえる。この点で筆者の考えは、弥生時代の「強い集団的保有からの分解形態として残存した」ものが、古墳時代の「鏡の保有形態」だとする森下の主張〔森下一九九八〕と相違する。

他方、畿内中枢勢力が鏡の長期保有をコントロールした局面をみいだせることも、はなはだ重要である。弥生時代末期後半以降に鏡の長期保有が広域的に普及しはじめるにあたって、畿内中枢勢力が九州北部などの別地で長期保有されていた漢鏡四・五期鏡にくわえ、新来の漢鏡七–二期鏡の入手・分配を主掌した可能性がある。さらに筆者は、原鏡と模作鏡が諸地域の有力古墳の同一埋葬施設で共伴する現象に着目し、諸地域において長期におよぶ履歴を刻んだ鏡が畿内中枢にいったん吸収され、模作鏡とともに原鏡の保有集団に再分配された結果だと推測している〔下垣二〇一一〕。これは、弥生時代末期から古墳時代前期にかけて盛行した、畿内中枢勢力を核とする古墳祭式の吸収—再分配システムと密接に連動した機制と考えうる。鏡が、とりわけ長期保有された鏡が、集団の通時的同一性の物的根捥でありえたとする私見がみとめられるとすれば、集団の存続に深くかかわるこの器物に畿内中枢勢力が一定のコントロールをおよぼしえたことの意義はすこぶる重い。

古墳時代前期の畿内地域が、巨大古墳の造営や多様な器物および物資の入手・生産・流通の面で圧倒的に卓越していたのと裏腹に、それに相応した経済生産力や軍事的卓越性、畿内中枢勢力の専制性の明証がみいだせない矛盾をいかに考えるかが、当該期の政治・社会構造を解明する鍵になる。権力資源のうち「儀礼」の前面化こそが、当地域の卓越化をみちびいたとの見解がある〔福永一九九九a〕。それにくわえて、ここでは集団の同一性の維持という「社会関係」〔Earle 一九九七〕の根幹にかかわる器物をコントロールしえたことが、畿内中枢勢力の中心化を加速させた側面を重視したい。

ここまでの議論が承認されるならば、当時の社会において鏡は、「富裕物資財政」としての「経済」、集団の同一性の維持という「社会関係」、儀礼にかかわる「イデオロギー」、という三つの権力資源が連動的にコントロールされる要になる器物であったことになる。さらに、分配の面数や大小により諸地域を分節的に格差づけることで、間接的ながら「領域」のコントロールもおこなっていた可能性が高い〔下垣二〇一一〕。「基本物資財政」としての「経済」および「軍事」が複合されていないため、コントロールとして盤石になりえなかったが、しかし鏡が、複数の権力資源が複合・発現される媒体となり、畿内中枢勢力の発展を駆動しえたことは、列島の国家形成においてきわめて重要な史的意義を有する。

畿内中枢勢力による鏡の入手・生産・授受のコントロールは、国家成立の要件である権力資源の効果的・恒常的活用の先駆けであった。古墳出現過程において鏡は、日本考古学の俗流「威信財」にとどまらない、基幹的な役割をはたした器物であった。

註

（1）ここでいう伝世鏡論とは、弥生時代後期以降に鏡が中四国以東にリアルタイムで流入し、古墳出現期まで伝世されたとする論である。伝世鏡論を支持する主張は、近年でもある程度なされている〔岸本直二〇〇四・二〇一五、福永二〇〇八b・二〇一〇等〕が、批判に十分に抗しえていない感がある。

（2）筆者が「威信財批判」をしていると誤解されることがあるが、筆者が批判しているのは、生煮えの理解で孫引き的な用語使用レヴェルにとどまる「威信財論」である。威信財に罪はない。

（3）「威信材」という誤記が頻見する現状をみるに、日本考古学における威信財論の全体的な底上げはしばらく期待しづらい。「威信材が威信「財」として相伝される」云々などという記述〔大村二〇一〇〕を目にすると、ますます悲観がつのる。

（4）たとえば、器物の在地での長期保有例が徐々に明らかにされてきているが、この事実は、割合に賛同者の多い「威信財破壊」論〔河野一九九八〕が実証性に乏しい提言レヴェルにとどまることを教える。この議論では、受領者が威信財を墳墓に副葬するという「破壊」的消費をつうじて、分配者への返済の機会が「絶無」化され、そのことが「王権」の「階層的支配」を進展させたとみるわけだが〔河野一九九八〕、もしそうであれば、世代をこえて保有される器物が少なからず存在することの理由が説明しがたくなる。非器物の反対贈与が忘却されていることも問題である。

（5）本書ではおおむね、庄内〇式・一式を弥生時代末期前半、同二式・三式を末期後半と呼称する。末期後半の後半段階（≒庄内三式）を限定的に指示する場合は、末期末頃とよぶ。

（6）本書では便宜的に、倭製鏡の面径区分〔下垣二〇一一〕をもちいて、径二〇センチ以上を大型鏡、一四センチ以上を中型鏡、それ以下を小型鏡とした。また、破鏡副葬は小型鏡副葬とみなした。

（7）岡村は、この二鏡式のほかに画象鏡・夔鳳鏡・獣首鏡をこの段階にふくめた〔岡村一九九九等〕。しかし、当の岡村が画象鏡の位置づけに変更をくわえるなど、現在ではいくつかの問題があるので〔下垣二〇一二〕、これら諸鏡式はひとまず除外しておく。

（8）筆者は二〇一二年の論考では、漢鏡七‐一期鏡と七‐二鏡がそれぞれ末期前半と同後半に流入したと考えた〔下垣二〇一二〕が、本章の原型である二〇一三年の論考を契機に、両者を末期後半における時期差でとらえる方向に見解をあらためた。上方作系浮彫式獣帯鏡と画文帯神獣鏡に関する最近の編年観〔實盛二〇一六、村瀬二〇一六b〕ともおおむね整合するが、前者の時期が二世紀末に降るかどうかは判断を保留する。

（9）漢鏡七－一期鏡は、想定入手時期から長期間をへて古墳に副葬されている場合も単数面副葬である。ここから、諸地域の有力集団は当段階鏡を一時期に一面のみ入手し、当該集団がそれらを複数集積しなかったという推論を導出できる〔下垣二〇一一〕。漢鏡七－一期鏡のほとんどに磨滅の痕跡がある一方、漢鏡七－二期鏡の画文帯神獣鏡には磨滅例が少ないこと〔柳田二〇〇八〕も、両者の入手・保有のあり方の相違を示唆する。

（10）中国製鏡の流入・副葬に関して、製作時期と列島内での副葬時期を切り離して考察するスタンス〔岡村一九九九、上野二〇一一等〕と、出土鏡の流入時期を土器に立脚する出土遺跡（墳墓）の時期に近接させるスタンス〔寺沢薫二〇〇五、辻田二〇〇七等〕とがある。前者は中国製鏡の編年に重心をおき、鏡の時期と副葬（埋納）時期との齟齬を伝世で解釈する傾向がある。後者には、共伴土器の時期を定点にして鏡の製作・流入時期を決めようとする志向がうかがえる。最近、後者のスタンスをとる村瀬陸は、岡村の漢鏡七期を解体したうえで、「拡散的に山陰ルートと瀬戸内ルートが活用された」「弥生時代後期～庄内式中段階」から、「畿内集約後の分配型流通に変化する」「布留式古段階」までのプロセスを再構築している〔村瀬二〇一四〕。

（11）むしろ、鋳造技術や文様要素の構成などに着眼して、これまで伝世鏡と目されてきた資料群から復古鏡を抽出するアプローチがいっそう有望と思われる〔車崎二〇〇二、南二〇一六b等〕。

（12）別稿で詳論したように、器物・祭式（古墳要素）の吸収―再分配は弥生時代末期（後半）から発現する〔下垣二〇一一〕。すなわち、特定地域に起源を有するさまざまな器物や祭式が、複数地域をふくむ広域に少数ながら拡散したのち、畿内中枢で吸収・統合され、その主導下で格差を付与させられつつ当地から諸地域に広範に再分配される現象であり、当の器物・祭式の起源地は格づけや分布において寂寥たる様相を示すにいたるという特徴がある。漢鏡四・五期鏡の大・中型鏡が弥生時代末期後半以降にみせる動態は、この現象に類似する。また大賀克彦が最近、「弥生時代中期の北部九州で製作されたものの伝世品」である翡翠製丁字頭勾玉が、「古墳時代に近い時期になって初めて畿内へと持ち込まれた」と説き、これらが「古墳に副葬された伝世鏡と類似した履歴」を歩んだと想定しているのは興味深い。大賀はこれらの「伝世鏡」について、「それぞれの被葬者が個別に北部九州から入手したのではなく」、「高度に政治的な出来事」を背景として「古墳時代の直前になって」「一括で運搬されてきた伝世品が畿内から配布された」と解釈しているので、C案的な見解である〔大賀二〇一三〕。なお、C案をじつに先駆的に提示したのが甘粕健であり、

「畿内の前期古墳の伝世鏡の由来」に関する「最も妥当な解釈」として、「畿内と北九州の政治的統合を契機として、北九州に蓄積されていたそれらの鏡が畿内に移動した」との考えを打ちだし、大和天神山古墳から出土した「多数の後漢鏡」を、「九州から収奪した伝世鏡」が「畿内中枢部にたくわえられ」たものだと推定した〔甘粕一九七一・一九七五〕。克殷後に周王朝が殷王室の青銅器および玉器を鹵獲し、諸侯に再分配した事態も連想されてくるが、時期と地域を異にする現象を短絡することはできない。

(13) 漢鏡六期鏡については、本章では判断を保留しておく。

(14) 本墳が相当の濫掘をこうむっている点に注意しなければならない。鈕が一点しか出土していないこと、大型の破片が皆無に近いことは、残りのよい鏡や大ぶりの破片がもちさられたことを強く示唆する。実際、明治の中頃に石槨が盗掘され〔末永一九六一〕、その際に「鏡を横浜の外人に売却したという話がのこ」っており、「盗掘の際には完形品もあつた」と推定されている〔上田他一九六一〕。本墳の鏡片を破砕副葬の所産ないし破鏡とみなす説もあったが、今次の調査で出土した鏡片の状態をみるかぎり、その説は成立しがたい。現在のこされた細片から元来の完形枚数を復元しようとする場合、破片からでも同笵鏡番号を特定しうる三角縁神獣鏡を基準にして、〔三角縁神獣鏡の推定面数÷三角縁神獣鏡の破片数×総出土破片数〕＋〔もちさられた完形鏡〕という復元式が有効であると考える。もちさられた完形鏡の枚数は知りえないので除外するとしても、三角縁神獣鏡以外の副葬諸鏡式の副葬面数は、概報の復元枚数の少なくとも二倍超になるとみこんでいる。

(15) 本章で筆者が提示した漢鏡四・五期鏡に関する見方は、辻田の先行研究〔辻田二〇〇七等〕をおおむね追認するものである。しかし、中四国以東への当期鏡の流入を辻田が古墳時代開始期以降とするのにたいし、筆者は弥生時代末期後半以降とする点で相違する。いっけん些細だが政治・社会史的解釈の面で少なからぬ見解差を生じさせるこの相違は、主として辻田が「古墳時代の開始の指標」として「箸墓古墳の出現・三角縁神獣鏡の副葬開始・布留式古段階の三点を重視する立場をとる」〔辻田二〇〇七〕ことに由来すると考える。

第五章　鏡保有と首長墓系譜

一　目　的

鏡の入手・保有・副葬が、古墳時代の有力者（集団）にとって重要な意義をもったことは、ほとんど疑いをいれない。このことは、鏡の分布・副葬状況の分析をつうじた当該期の有力集団関係の検討が、古墳時代の政治史研究を深化させてきた事実〔小林一九五七a、福永二〇〇五等〕からも裏づけられる。しかし、入手（授受）と副葬に関する研究が精力的になされてきた一方、保有に焦点をあてた研究は低調であった。その結果、この器物が有力者（集団）サイドでいかなる意味を有したかに関する実証的究明はなおざりにされてきた。「重要な意義」の具体的内容は、「司祭者」の「宝器」や「呪術」的なアイテムといった実証的裏づけのない憶測にとどまりがちであった。近年では、「威信財」と評価されることも多いが、内実を不問に付したうえで「それっぽい」用語をあてはめて事足れりとしているぶん、むしろ事態は悪化している。

こうしたなか、鏡の長期保有現象を緻密に検討し、その「保有主体」が首長墓系譜の造営母体となった在地集団である可能性を提示した森下章司の研究〔森下一九九八〕は、鏡保有の実態を実証的に解き明かした成果としてきわめて意義深い。森下の研究成果は、鏡の保有状況の検討をつうじて首長墓系譜の実態にせまりうることを示唆した点でも重要である。現在、首長墓系譜に関する研究は、古墳時代研究のメインテーマと評価できるほどの盛況を呈している。ただ、このテーマに関する分析は、首長墓系譜の断絶や変動に偏向し、その継続面の検討は後手にまわりがちである〔本書第二章〕。このことは、鏡などの器物の保有にたいする分析が不十分であったこととあいまって、「首長墓」を継続的に造営しえた有力集団の内的関係の究明を阻んできたとすら評しうる。しかし逆にいえば、器物保有の面から有力集団の継続的様相を追究することで、首長墓系譜の「系譜」の内実に解明の光を照射できるということでもある。

墳丘形態や埋葬施設などとならんで、副葬器物は首長墓系譜の消長をとらえる重要な手がかりになる。しかも一部の副葬器物は、後世の破壊や遺存の問題などのためにその系統を精密に追いづらい墳丘形態や、いまだ詳細な系統関係や編年的位置づけを究明するまでにいたっていない埋葬施設よりも、製作系統や時期比定に関する研究が進展している。ただ、畿内中枢勢力からもたらされた器物が少なくないため、外部からの流入というフィルターをはさんで検討せねばならない難点もある〔上野二〇一二a〕。しかし、鏡や甲冑のように、複数次にわたって特定の有力集団にもたらされたと考えられる器物があるし、そのうえ鏡は、首長墓系譜の母体集団内でしばしば長期保有された蓋然性が高い〔森下一九九八〕。このように、首長墓系譜単位で器物の流入—保有—副葬の様態をとらえることは、特定の首長墓系譜と外部〔畿内中枢勢力〕との長期的な関係にくわえ、流入器物の保有をつうじた当該首長墓系譜内の関係をも闡明することにつながる。

しかし、近年の研究動向をみると、特定の古墳群や首長墓系譜で継続的に副葬されない器物を抽出することで、「政権交替」の論拠を強化しようとする研究視角〔田中晋二〇〇九等〕や、特定の副葬器物に代表される首長墓系譜の「変動期の特徴的墳墓要素」を探索して、列島の政治変動をよりクリアにえがきだそうとする研究視角〔福永一九九九

b〕が顕著である。その反面、器物保有の面から首長墓系譜の継続性をとらえようとする研究は寡少で、最近になってようやく増えはじめたにすぎない。

なるほど器物保有に着目して首長墓系譜を分析する場合、対象器物の細緻な編年の確立が必要条件になるうえ、保有期間という年代決定上のノイズが混入するため、副葬古墳の時期を決めがたくなるという難問が生じる。しかし、特定要素のみに拘泥していると、継続的要素はノイズになるが、墳丘形態・埋葬施設・副葬品・外表施設など複数の要素を総合的に検討するならば、どの要素が継続し、どの要素が変化するのかを浮き彫りにし、首長墓系譜の消長をより詳細かつ具体的に把捉する途が拓ける。そのうえ、鏡のように鏡式（系列）が多彩で、中国製・倭製などその出自（生産元）が複数ある場合、どの鏡式が長期保有されるかを首長墓系譜内で分析することによって、当該系譜内における特定器物の「選別」や価値づけにまでせまりうるだろう。

このように、首長墓系譜内における器物の保有状況の検討は、やや閉塞感のある首長墓系譜論に新風を吹きこむ有望なアプローチになりうる。したがって本章では、分類と編年がとくに進捗している鏡を分析対象にして、首長墓系譜（および古墳群）における保有状況を復元する作業をつうじて、首長墓系譜の母体集団の実態と消長を追究し、古墳時代の有力集団構造の特質に論及する。さらに、有力集団内で長期保有されるという鏡の性格を手がかりに、この器物が古墳時代においてはたした社会的役割について考察する。

二　首長墓系譜における鏡の保有状況

（1）先行研究と研究課題

古墳時代に、諸地域の有力者（集団）が鏡をどのように入手したかについては諸説ある。本章の理解を容易にするために、まずは筆者の見解〔下垣二〇一一〕を簡単に再説しておく。筆者は、畿内地域の王権中枢、すなわち畿内中枢勢力が、大半の中国製鏡および倭製鏡の入手・製作―分配を管掌していたと考えている。そうした鏡の多くは、諸地域の有力者ないしその関係者が特定機会に畿内中枢に参向した際に、授受がなされたと推測している。とくに倭製鏡の授受の方式は、このような「参向型」〔川西二〇〇四〕が基本であった可能性が高い。現状では、諸地域内／間での再分配や授受を支持する有効なデータはない。

鏡の保有主体と保有状況に関しては、森下の研究が詳悉で説得力に富む。前記のように森下は、「古墳時代の鏡は長期保有・伝世傾向という点から本源的には集団に帰属した」と考え、「それらを保管・管理した各代の首長個人への帰属性をもあわせも」ちつつも、「鏡の保有主体としては、首長墳系列に示される在地の集団が重要」とみた〔森下一九九八〕。

辻田淳一郎や上野祥史、そして筆者も森下の見解に賛意を表し、議論の展開をはかっている。辻田は、九州北部の事例に立脚して、「ヤマト政権から各地への鏡の配布のあり方」をモデル化し、「集団ごとの入手・副葬」を「A類：各世代ごとの入手・副葬」と「B類：各集団内における世代間での管理・継承後の副葬：「伝世」」とに、「同時期における各地の上位層による鏡の入手・使用・消費」を「(a)各地の上位層のそれぞれに対する直接的な配布および副葬」と「(b)第一世代で配布された鏡群を同時期の上位層同士の間」での「分有」とにそれぞれ二分し、諸地域を対象とする事例分析を実施した〔辻田二〇〇七〕。

また上野は、鏡などの「配布された威信財が首長個人に帰属するのではなく、地域集団あるいは特定階層で共同管理していた可能性」を肯定したうえで、古墳時代中期前半になると当該期を代表する「属人性の強い威信財」である「帯金革綴式甲冑」の入手に刺戟される形で、「属人性が必ずしも高くはなかった鏡を個人へと帰属させてゆく動きが加速し」、長期保有鏡が副葬されるにいたったと説く〔上野二〇一二a〕。さらに、千葉県小櫃川流域の祇園・長須賀古墳群および群馬県碓氷川流域の古墳群において、後期後葉〜末葉頃に築造された「当該地域での最後の前方後円墳」に長期保有鏡が共通して副葬された現象に注目し、「東国社会」では「地域で保有した象徴が価値を喪失する現象と前方後円墳の築造が地域社会において意味を失う現象とが連動」していたと推定した〔上野二〇一二b〕。

これらの研究により、「首長墳系列に示される在地の集団」が鏡の保有主体であった蓋然性はいっそう高くなった。ただ、首長墓系譜と鏡の保有主体との関係を具体例に即して提示した森下にしても、その検討事例数がわずかな点や、「各代の首長個人への帰属性」がどの程度であったかの検討が十全でない点など、少なからぬ課題を残した。とくに、「首長墳系列に示される在地の集団」を鏡の保有主体とみる有力根拠として、森下は鏡の長期保有をあげたが、被葬者の活動（在位）期間には当然ばらつきがある以上、その長短を考慮すべきであるし、森下があげた長期保有例についても、近年に進捗をみた古墳編年と鏡編年をふまえて再検討する必要がある。これに関して近年、静岡県における鏡の「伝世期間」を抽出したり〔鈴木二〇一一b〕、前記したように帯金革綴式甲冑の副葬時期に「保有鏡を副葬する動きが顕著となること」が明示される〔上野二〇一二a〕など、興味深い研究成果があらわれているが、筆者の倭製鏡編年をふまえると、少なからぬ修正が必要である。またこれまで、諸地域における鏡の長期保有現象に関心が集まってきたが、最近では「倭王権は配付元であると同時に保有主体であった」との観点から、畿内中枢勢力下での鏡の長期保有にも注意がはらわれつつある(1)〔辻田二〇一二、加藤二〇一五、上野二〇一五、岩本二〇一七等〕。そうした論点の深化が、今後の研究の発展に欠かせない。

(2) 鏡の保有期間と有力者の活動(在位)期間との相関性

とはいえ、鏡の保有期間と被葬者の活動(在位)期間との関係を詳細にとらえることは、きわめてむずかしい。そもそも鏡は集団保有などされず、被葬者個人がその活動期間内に入手して専有し、その死の際に副葬されるか、あるいは死亡時に「葬具」としてもたらされるのが基本だ、という異論もありうる。考古学の方法論的・資料的性格からして、器物の保有期間・保有場所・保有主体を直截に同定することが至難である以上、状況証拠や間接的証拠の検討といった次善の策に頼り、これらの同定をこころみる姿勢が必要になる。

そこで本章では、埋葬人骨の推定死亡年齢に着目したい。具体的には、鏡の想定入手時期(≒倭製鏡の場合は製作時期、中国製鏡の場合は輸入時期)・古墳の築造時期(＝鏡の副葬時期。後次的な埋葬(≒副次埋葬)の場合は埋葬施設の設置時期)・人骨鑑定による被葬者の死亡年齢、という三種類のデータから、被葬者の活動(在位)期間と鏡の保有期間との相関性の有無を検討する。製作・輸入時期を特定できる鏡も、築造時期が詳細にわかる古墳もけっして多くなく、死亡年齢が判明するほど遺存状況の良好な人骨が出土する古墳にいたっては非常に少ない。これら三項目すべてを満たす事例は、さらに僅少になるが、それでも約五〇例を集成できた(表3)。事例の選定基準、古墳および鏡の時期、人骨の情報などについては表3の凡例を参照されたい。

古墳の時期区分はおおむね大賀克彦の案〔大賀二〇〇二・二〇〇五〕に依拠する。一小期はおおよそ二〇〜三〇年程度になる。保有期間については、副葬鏡の想定製作（輸入）時期と古墳の築造時期とに時間差がみとめられない場合は「無」（〜約二五年）、そして一小期・二小期・三小期（〜）の時間差がみとめられる場合は、それぞれ「小」（約二五年±）・「中」（約五〇年±）・「大」（約七五年±〜）とした。ただし、保有期間を厳密に弾きだすことは現状では不可能であるので、これらの時間差についてはおおよその目安と理解されたい。なお以下では、説明の便宜から、保有期間「大」と「中」にたいして、それぞれ括弧を付して「長期保有」と「中期保有」と仮称する。なお、本章の以下の説明では、「長期保有」に具体的な時間幅をふくみこませているが、本書のそれ以外の箇所では、この用語を一般的な意味で使用している。混乱をきたさぬよう、あらかじめ注意を喚起しておく。

表3から、鏡の保有に関していくつか興味深い状況を抽出できる。第一に、列島への流入時期をあるていど絞りこめる中国製鏡（上方作系浮彫式獣帯鏡・吾作系斜縁神獣鏡・画文帯神獣鏡・三角縁神獣鏡）は、そのほとんどの事例において保有期間が「大」である。被葬者の死亡年齢に関係なく、想定流入時期と古墳築造時期に大きな時間差があることは注目される。ただこれは、新しい時期の古墳が多いという資料的かたよりに起因する時間差である可能性（X）もある。(2) あるいは、これら諸鏡式が中国製鏡ゆえに「中・長期保有」された可能性（Y）や、新しい時期に流入した可能性（Z）〔辻田二〇〇七〕もありうる。しかし、（Y）の実証は容易ではないし、（Z）についてもその流入時期を決める手がかりはなく、これら中国製鏡の保有期間を詳細に検討することには制約が多すぎる。したがって、細かな時間幅を論じるここでの検討から、中国製鏡は除外しておくのが無難である。

第二に、倭製鏡の副葬例の約八割が「無」ないし「小」であり、入手後に長期の保有期間をへず副葬されていることである。もし（Y）が正鵠を得ているとすれば、鏡を保有する諸地域において、倭製鏡と中国製鏡の意味づけや社

［福岡県丸隈山古墳］	中期前葉	男	熟年	対置式神獣鏡Ｂ系・二神二獣鏡Ⅱ系	前期後葉前半・後半	中
［奈良県藤ノ木古墳］	後期後葉	男	17～25歳	交互式神獣鏡系・後期型神獣鏡	後期前葉？	中？
［大分県築山古墳南主体］	中期中葉	女＋2	50歳代・不明2	捩文鏡Ｂ系	前期中葉	大
［熊本県長目塚古墳前方部主体］	中期中葉～	女	約35歳	内行花文鏡Ｂ式	前期後葉	大
［千葉県金鈴塚古墳］	後期末葉～	男	20～30歳	旋回式獣像鏡系・乳脚文鏡系	後期前葉・中葉	大
中国製鏡（上方作系浮彫式獣帯鏡・画文帯神獣鏡・吾作系斜縁神獣鏡・三角縁神獣鏡）と人骨の共伴事例						
徳島県節句山２号墳	前期後葉後半～	男	熟年	上方作系浮彫式獣帯鏡	弥生末期後半～	大
兵庫県天坊山古墳第１主体	前期中葉～	男	壮年	上方作系浮彫式獣帯鏡	弥生末期後半～	大
広島県石鎚山１号墳第１主体	前期前葉？	男	壮年	吾作系斜縁神獣鏡	弥生末期末頃～	中？
大分県免ヶ平古墳第２主体	前期後葉前半	女	30歳代～40歳	吾作系斜縁神獣鏡	弥生末期末頃～	大
福井県龍ヶ岡古墳	前期末葉	女	40歳前後	吾作系斜縁神獣鏡	弥生末期末頃～	大
香川県高松茶臼山古墳第１主体	前期中葉～	男？	熟年～？・壮年	画文帯神獣鏡	弥生末期末頃～	大
兵庫県得能山古墳	前期中葉～	女	50歳前後	画文帯神獣鏡	弥生末期末頃～	大
大阪府和泉黄金塚古墳東主体	前期末葉	男	青年～壮年初期	画文帯神獣鏡×2・三角縁神獣鏡	弥生末期末頃～・前期初頭	大
兵庫県権現山51号墳	前期初頭	男	30～60歳	三角縁神獣鏡×5	前期初頭	無
［福岡県池ノ内５号墳第２主体］	前期末葉	男？	成年～壮年	三角縁神獣鏡	前期初頭	大
［福岡県老司古墳３号石室］	前期末葉	女	成年	三角縁神獣鏡	前期初頭	大
［佐賀県谷口古墳東主体］	前期後葉後半	男？	熟年？	「仿製」三角縁神獣鏡×2	前期後葉後半	無

〔凡例〕

本表では、①古墳の築造時期、②副葬鏡の製作（想定輸入）時期、③人骨鑑定による被葬者の死亡年齢、の３項目すべてが判明している事例を集成した。

人骨データは基本的に報告書類の鑑定結果に依拠した。［　］を付した古墳の人骨資料は、信憑性の低さなどの理由から〔清家 2010〕では採用されていないが、本表では参考資料として掲載した。

古墳の時期は〔大賀 2002・2005〕に依拠する。当文献に未掲載あるいは訂正が必要な古墳の時期は、諸氏の見解を参照しつつ〔　〕内に記した。

〔大賀 2002〕の時期区分を、次のようによびかえた。前Ⅰ期⇒弥生末期、前Ⅱ期⇒前期初頭、前Ⅲ期⇒前期前葉、前Ⅳ期⇒前期中葉、前Ⅴ期⇒前期後葉前半、前Ⅵ期⇒前期後葉後半、前Ⅶ期⇒前期末葉、中Ⅰ期⇒中期前葉、中Ⅱ期⇒中期中葉、中Ⅲ期⇒中期後葉、中Ⅳ期⇒中期末葉、後Ⅰ期⇒後期前葉、後Ⅲ期＝後期後葉。

同棺複数埋葬において鏡を副えられた被葬者が特定可能な場合、その被葬者のみの情報を記した。

鏡の「時期」は、倭製鏡は製作時期、中国製鏡は想定輸入時期を示す。鏡の時期および倭製鏡の分類については〔下垣 2011〕に依拠した。

「埋葬時期との差」は、無＝0小期、小＝1小期、中＝2小期、大＝3小期～。おおむね1小期＝20～30年程度。無＝0年～、小＝25年±、中＝50年±、大＝75年±。

表3　鏡の入手時期・副葬時期・被葬者の死亡年齢の関係

古墳とその築造時期		被葬者の性別と死亡年齢		副葬鏡種の時期、埋葬時期との差		
倭製鏡と人骨の共伴事例						
香川県快天山古墳第3主体	前期後葉前半	男	27、8歳	内行花文鏡B式	前期後葉前半	無
香川県快天山古墳第2主体	前期後葉前半	女？	30〜35歳	内行花文鏡B式	前期後葉前半	無
京都府大谷古墳	前期後葉前半	女	熟年前半	捩文鏡C系	前期後葉前半	無
福岡県七夕池古墳	中期前葉	女	老年	内行花文鏡B式	中期前葉？	無
鳥取県馬山4号墳第2主体	前期後葉	女	成人	類鼉龍鏡系	前期後葉前半	無
宮崎県市の瀬5号地下式横穴	後期前葉〜	女	壮年	乳脚文鏡系	後期前葉	無〜
宮崎県市の瀬5号地下式横穴	後期前葉〜	男	熟年	乳脚文鏡系	後期前葉	無〜
岡山県浅川3号墳	前期後葉前半〜	男	壮年前半	内行花文鏡B式	前期後葉	無〜
山口県赤妻古墳箱形石棺	中期前葉	男	成年	中期型獣像鏡	〜中期中葉	無〜
茨城県三昧塚古墳	後期前葉	男	成年(20歳前後)	中期型獣像鏡・乳脚文鏡	中期末葉〜	無〜小
岡山県久米三成古墳第1主体	〔中期中葉〕	女	成年	中期型獣像鏡	中期前葉〜中葉	無〜小
京都府作り山1号墳	前期末葉	男	熟年	鳥頭獣像鏡B系	前期後葉後半〜	無〜小
広島県千人塚古墳	〔前期後葉後半〕	女	若年	珠文鏡	前期後葉前半？	小？
福井県龍ヶ岡古墳	前期末葉	男	20歳頃	捩文鏡D系	前期後葉後半	小
静岡県三池平古墳	前期後葉後半	男	成人	方格規矩四神鏡A系・類鳥頭獣像鏡系	前期中葉・前期後葉前半	小
福岡県立山山23号墳	〔中期後葉〜末葉〕	男	成年	珠文鏡	中期中葉〜後葉	小
鹿児島県天辰寺前古墳	〔前期後葉後半？〕	女	壮年	神頭鏡系	前期後葉前半	小
鳥取県六部山45号墳	〜前期後葉後半	女	20代後半	鳥頭獣像鏡A系	前期中葉	小？
大分県下山古墳	中期中葉	男・女	熟年・老年	二神二獣鏡Ⅲ系	中期前葉	小
山口県赤妻古墳舟形石棺	中期前葉	女	成年	内行花文鏡B式・捩文鏡E系	前期後葉・前期末葉	小〜
岡山県月の輪古墳南主体	中期前葉	女	熟年	内行花文鏡B式	前期後葉後半	中
岡山県月の輪古墳中央主体	中期前葉	男	老年	珠文鏡	前期後葉後半？	中？
徳島県恵解山2号墳東主体	中期中葉	女	老年	鼉龍鏡A系	前期末葉	中
徳島県前山古墳	〔前期末葉〕	男	老年	内行花文鏡B式	前期後葉前半	中
福岡県立山山24号墳	〔中期中葉〕	男	熟年	獣像鏡Ⅱ系	前期後葉	大
［佐賀県谷口古墳東主体］	前期後葉後半	男？	熟年？	捩文鏡C系・捩文鏡D系	前期後葉後半	無
［石川県和田山2号墳］	後期前葉	—	10代半ば〜	後期型神獣鏡	後期前葉	無
［徳島県恵解山9号墳南主体］	中期中葉	男	青年〜壮年	珠文鏡	中期中葉〜	無
［山口県兜山古墳］	〔中期中葉？〕	女	成年	中期型獣像鏡？	中期中葉？〜	無
［茨城県常陸鏡塚古墳］	前期後葉前半	—	壮年	内行花文鏡B式	前期後葉前半	無
［島根県奥才14号墳第1主体］	前期後葉前半	—	壮年	内行花文鏡A式	前期後葉前半	無
［栃木県桑57号墳］	中期末葉	女	30歳前後	盤龍鏡Ⅱ系・乳文鏡？	前期末葉〜・中期末葉〜	無〜
［神奈川県日吉矢上古墳］	中期末葉	—	30歳以下	中期型神獣鏡×2	中期後葉〜末葉？	無〜
［山口県妙徳寺山古墳］	前期末葉	—	成年(16〜20歳)	捩文鏡B系	前期後葉後半	小
［群馬県元島名将軍塚古墳］	前期後葉前半	—	青年	鼉龍鏡B系	前期中葉	小
［福岡県老司古墳3号石室］	前期末葉	女	成年	捩文鏡B系・内行花文鏡B式×2	前期後葉〜	小〜

会的機能が相違していた可能性がでてくる。

第三に、倭製鏡の保有期間が「無」「小」の事例だと、埋葬人骨は「成年」を中心として、「若年」から「老年」まで幅広いのにたいして、「中」の事例の多くにおいて、埋葬人骨が「老年」であることが特記される。古墳の埋葬人骨で非常に少ない「老年」人骨〔田中良一九九五〕が、かなりの割合で「中期保有」をへた倭製鏡と共伴しているわけであり、きわめて興味深い現象である。この現象にたいする解釈としては、諸地域の有力者が、その活動〔在位〕時に入手した倭製鏡を死亡時に副葬したとみるのが、もっとも蓋然性が高い。なお、「無」「小」の事例において被葬者の死亡年齢にばらつきがあるのは、畿内中枢におけるなんらかの契機に、諸地域で活動〔在位〕中の有力者が倭製鏡を入手したとの見解〔下垣二〇一一〕でも、各有力者がその即位時に入手したとの見解〔辻田二〇〇七〕でも、矛盾は生じない。しかし、隣接する複数時期に製作された倭製鏡が、しばしば一括して同一埋葬施設に副葬されている状況を考慮にいれるならば、「古墳被葬者の世代交代ごと」に「新たな鏡」を入手した〔都出一九七〇、辻田二〇〇七〕というよりも、同一有力者の活動期に複数次にわたって入手がなされたと想定するほうが妥当であろう。

そして第四に、事例数が少ないため確言はできないが、「大」の被葬者の死亡年齢が一定せず、成年の事例が多数ふくまれていることが注目される。大半の倭製鏡は入手時の有力者の墳墓に副葬されたが、その一部はかれらの歿後にも保有が継続され、後継の有力者に副葬されたため、このような現象が生じたと解釈できよう。

したがって表3からは、森下が想定する以上に、倭製鏡には「保管・管理した各代の首長個人への帰属性」が強かったことをみちびきだせる。大半の倭製鏡は入手時の「首長個人」に副葬され、残りの若干数が次世代以降に「伝世」したとみるのが、表3のデータと整合する解釈である。ただ、こう考える場合、畿内中枢勢力が複数埋葬の被葬者個々人にいたるまで鏡のサイズで整然とした序列づけを実施したとはみなしがたいにもかかわらず、複数埋葬の副葬鏡径差が埋葬施設の種類・サイズ・設置位置の格差とほぼ例外なく対応する現象は看過できない。しかもこの原則は、中心埋葬の有力者の歿後の副次埋葬にも貫徹している〔下垣二〇一一〕。この現象から、副葬鏡の決定は、有力集団の最有力者の裁量のみによるものではなく、有力集団が強く関与していたと推断できる。おそらく倭製鏡は、各代の最有力者への帰属性が強かったものの、より実態に即した保有者は、その最有力者自身が所属する有力集団であったのだろう。

ひるがえって推論すると、上方作系浮彫式獣帯鏡や画文帯神獣鏡などの中国製鏡は、集団への帰属性が倭製鏡よりもはるかに強かったため、「長期保有」される傾向が顕著であったとみることも可能である。その理由は明らかにしがたいが、本書第四章の考察をふまえるならば、畿内中枢勢力が列島の最有力勢力へと急成長をとげた時期に諸地域に分配されたという点で、格別な意味を有する鏡だったから、あるいは単純に、古い時期に入手した鏡だったから、などの解釈が候補になる。また、それらは畿内中枢勢力のもとで長期保有され、当該被葬者の活動（在位）期間に授受がなされた、という解釈もありうる。

このように、鏡の保有状況を「首長」の活動（在位）期間に関連づけてとらえることは十分に可能である。表3で提示した事例には、首長墓系譜の「首長墓」が少なからずふくまれており、首長墓系譜の分析にも前記の検討結果を適用できるみこみがでてくる。そこで次に、鏡の保有状況から首長墓系譜の様態を探ることにする。ただ既述したように、中国製鏡は入手の時期を確定させがたいため、以下の分析では倭製鏡を中心にとりあつかう。

（3）倭製鏡の保有と首長墓系譜

少数ながらも、首長墓系譜（ないし古墳群）において鏡の入手—保有—副葬プロセスを復元できる事例がある。なかでも森下による大阪府桜塚古墳群の分析は秀抜であり、「ほぼ同じ時期に製作された四面の鏡が、一つの首長墳系列の異なる時期の古墳から出土」する現象をみいだし、「この古墳群の形成以前にこれらの仿製鏡がまとまってもたらされ、それが代々受け継がれてゆく一方、各代の首長やその近縁者の死に際して数面ずつ副葬されていった」プロセスを鮮やかに復元した〔森下一九九八〕。森下の復元案の大筋に異論はない。ただ、先の検討によるかぎり、倭製鏡が「代々受け継がれてゆく」ような「中・長期保有」はむしろ例外的であり、本古墳群で復元された状況をほかの首長墓系譜や古墳群に敷衍できるか否か、検討する必要がある。

そこで以下では、築造時期が判明している複数の古墳から、精確な製作時期のわかる倭製鏡が出土している首長墓系譜（古墳群）を探索し、当該系譜における倭製鏡の入手―保有―副葬プロセスを復元し、首長墓系譜における鏡保有の実態を追究する（図22）。

なお本章では、入手時期を確定しがたい制約があるため、中国製鏡について詳細な検討ができない。しかし、中国製鏡を除外して首長墓系譜と鏡保有の関係を論ずるのは、あまりに不十分である。近年の諸研究により、漢鏡四～六期の相当量の中国製鏡が製作後さほど時をおかずに中四国以東に流入した蓋然性は、いちじるしく低くなった〔辻田二〇〇七等〕。筆者は、諸地域での分布状況や分布の形成開始期、そして三角縁神獣鏡との共伴状況などから、漢鏡四～七期鏡は基本的に弥生時代末期後半頃以降に、中四国以東の諸地域の有力集団にもたらされたと判断している（本書第四章）。したがって、それらの中国製鏡が出現期以後の古墳に副葬されている場合、おおむね「中・長期保有」例とみなせることになり、有力集団内での保有に関する議論に使用可能である。そこで以下の検討では、中国製鏡の保有状況についても適宜ふれたい。ただし、今後の研究により、中国大陸や畿内中枢での長期保有や後代の踏返しが一般的であったことが実証された場合、中国製鏡の保有に関する以下の検討は撤回せねばならない。

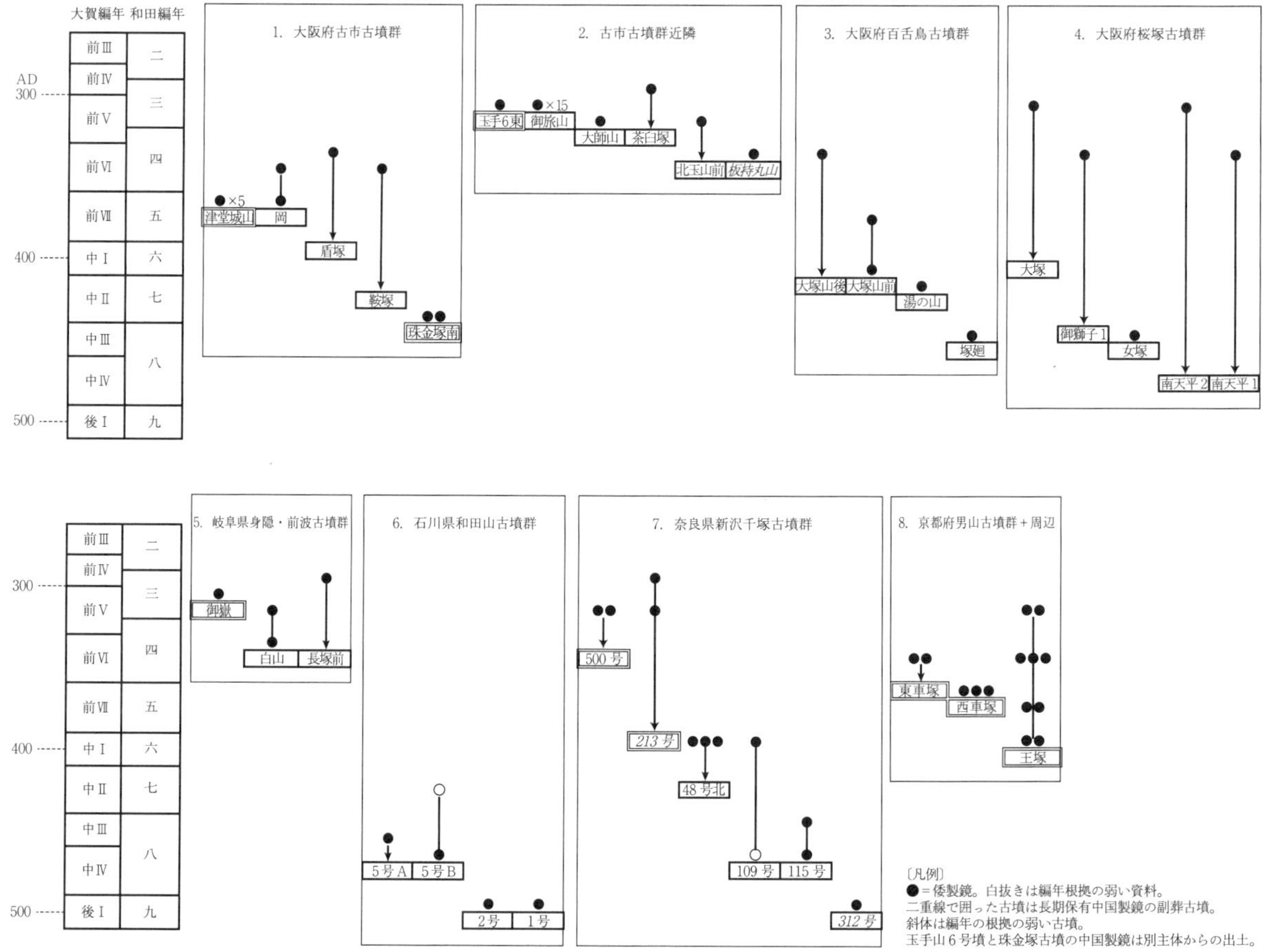

図22 首長墓系譜（古墳群）における倭製鏡の入手—保有—副葬プロセス

本章の分析は、未発掘資料や散佚資料の存在という資料的限界をクリアできていないことにくわえ、鏡という移動性を有する器物がたどった履歴の最終状態（副葬）から、その保有の期間・場所などを復元しようとする点で、方法論的な限界をいくぶん踏みこえている感がある。論拠を提示したうえで立論する姿勢は堅持するものの、このような限界ゆえに、本章は現状の資料状況からの試論と理解いただきたい。また本章は、個別事例の蓄積をつうじて全体的な状況をとらえることに主眼をおいており、それゆえ本章で導出した傾向や機制を、個別事例に機械的に適用することは不適当であることをことわっておく。なお表3と同様に、倭製鏡の編年と分類名称は筆者の案〔下垣二〇一一・二〇一六〕に、古墳の時期はおおむね大賀の案〔大賀二〇〇二・二〇〇五〕に依拠した。

①大阪府桜塚古墳群

まず、森下が首長墓系譜における長期保有の代表例として重視した大阪府桜塚古墳群を検討の俎上に載せる。図22に、複数の首長墓系譜（古墳群）における倭製鏡の入手―保有―副葬の状況を示したが、明らかに本古墳群は異例である。構成諸古墳の副葬倭製鏡の保有期間がすべて長期におよぶ点で、本古墳群は孤例である。奈良県新沢千塚古墳群がこれに類似するかにみえるが、この古墳群は多数の有力集団の墓域で構成される点で桜塚古墳群と大きく相違し、さらに新沢二一三号墳は古墳自体の、同一〇九号墳は副葬鏡の時期比定に確実性を欠く。

桜塚古墳群がこのような保有状況を示す理由は判然としないが、本古墳群が大阪府古市古墳群・百舌鳥古墳群という超大型古墳群との関係のもと新規に登場した首長墓系譜であること、本古墳群から出土した約一〇面の鏡のうち古墳時代前期にさかのぼりうる中国製鏡は狐塚古墳の四獣鏡（西晋鏡？）一面のみであることが、推論の手がかりになる。森下の所説を一部修正して、次のように推定しておきたい。本古墳群の被葬者集団は新興勢力であるため、首長墓系譜の母体となる有力集団内で「伝世」されてきた中国製鏡を保有せず、そのため倭製鏡を「代々受け継」いで「ゆく一方、各代の首長やその近縁者の死に際して数面ずつ副葬」したのだ〔森下一九九八〕、と。

②大阪府古市古墳群

では、桜塚古墳群に強い影響をおよぼした古市古墳群と百舌鳥古墳群における鏡の保有状況はどうであろうか。まず古市古墳群の様相をみると、倭製鏡では津堂城山古墳で五面が、珠金塚古墳南主体部で二面が、保有期間「無」で副葬されているほか、岡古墳で「小」、盾塚古墳で「中」、鞍塚古墳で「大」の保有期間を確認でき、保有期間はおおむね短い。いっぽう中国製鏡だと、津堂城山古墳に二面の吾作系斜縁神獣鏡が、珠金塚古墳北主体部に画文帯環状乳神獣鏡と方格規矩鏡が副葬されており、「長期保有」が目だつ。

ここで注意を惹くのが、盾塚古墳・鞍塚古墳・珠金塚古墳の三墳である。この三墳は、本古墳群で最大規模を誇る誉田御廟山古墳の前方部北東隅付近にまとまって位置し、相互の関係の強さを想定できる。甲冑をはじめとする副葬品から、盾塚→鞍塚→珠金塚の順で、一小期に一基ずつ築造されたと推定されている。注目すべきは、副葬倭製鏡の製作順序も、盾塚→鞍塚→珠金塚の順にならぶことである。その位置関係から三墳が系列関係をなすと推定してよければ、次のような入手―保有―副葬プロセスを復元しうる。すなわち、三墳の母体となる集団は、かなり古くから画文帯環状乳神獣鏡などの中国製鏡を保有し、さらに古墳時代前期後葉後半に複数面の倭製鏡を入手した。中期前葉以降に当地に古墳の造営を開始した当該集団は、古い倭製鏡から副葬を開始し、中期中葉にいたって新たに倭製鏡を入手し、三墳の掉尾を飾る珠金塚古墳にこの倭製鏡とともに「伝世」の中国製鏡二面の副葬した、というプロセスである。(3)

この三墳では、鏡以外の器物でもその入手—保有—副葬プロセスを追跡できる。たとえば、盾塚古墳の筒形銅器は岩本崇分類の「B群」に属し〔岩本二〇〇六〕、同墳出土の対置式神獣鏡B系と同時期の所産である。つまり本墳では、倭製鏡と同時期に入手した器物が「中期保有」されたのち、副葬されているのである。(4) さらに近年、川畑純は「甲冑と鉄鏃の型式学的位置づけから、盾塚古墳の副葬品に新古二段階の資料が存在する可能性を指摘」するとともに、三墳出土の衝角付冑の製作順序が三墳の築造順序と対応しないことから、「三古墳の被葬者は、それぞれの活動に応じてまとまった形で衝角付冑（を含む武具）を入手したのではなく、ある程度の時間幅の中で交互に入り乱れる形で武具を入手した」という状況を復元している〔川畑二〇一一〕。

以上の現象を総合的に解釈すれば、三墳の被葬者は「属人性」の強い武具をそれぞれ入手し、死亡時にその母体集団が保有する器物（鏡・筒形銅器等）を副葬した、との推定をみちびきだせる。この推定は、森下が桜塚古墳群で復元したモデルに合致する。

なお、津堂城山古墳と岡古墳の分離式神獣鏡系、鞍塚古墳の方格規矩四神鏡C系と岡古墳の細線式獣帯鏡系は、それぞれ同時期の製品であり密接な関係にある。本古墳群を構成した諸集団が、倭製鏡の入手において薄からぬ関係のもとにあったことを示唆する。

③大阪府百舌鳥古墳群

百舌鳥古墳群は、古市古墳群と双璧をなす超巨大古墳群であるが、鏡の保有状況において古市古墳群と少なからぬ相違をみせる。とくに、古墳時代前期までさかのぼる鏡が、百舌鳥大塚山古墳に副葬された対置式神獣鏡A系(5)（前期後葉後半）と分離式神獣鏡系（前期末葉）のほか、ほぼみとめられない点が注意される。双頭龍文鏡（位至三公鏡）が本古墳群から数面出土しているが、これは中期以降に入手した可能性が指摘されており〔川西一九八三〕、塚廻古墳の四獣鏡は西晋鏡の可能性もあるが判然としない。

確実な発掘資料が少ないため、現状のデータから推論を進めるのは危険だが、「新興勢力」の擡頭にせよ「伝統勢力」の墓域移動にせよ、古市古墳群が前代以来の「勢力」との関係のもと造営された古墳群であるのにたいし、百舌鳥古墳群は、大阪府乳ノ岡古墳などとの関係が想定されることがあるにしても、その出現が唐突である。このことを勘案すれば、前記したような鏡の副葬状況について、以下のふたつの解釈が可能である。第一は、本古墳群の造営主体は、古墳時代前期以来の伝統を有さない「新興勢力」であるがゆえに、鏡の「長期保有」例が寡少だとみる解釈である。第二は、出現時期や位置関係、墳墓要素の共通性などから、本古墳群は古市古墳群から派生的に登場したとみなし、本古墳群における「長期保有」鏡の少なさは、古市古墳群で「長期保有」鏡が副葬されたのちに古墳造営が本格化した結果であり、本古墳群で最初期に造営された百舌鳥大塚山古墳に「長期保有」鏡が副葬されているのはその証左だ、とみる解釈である。筆者は後者の解釈にかたむいているが、確言はできない。

本古墳群の倭製鏡の副葬状況をみると、百舌鳥大塚山古墳の二面をのぞけば、残り三面はいずれも保有期間が「無」である。古墳時代中期前半に一定数の双頭龍文鏡が輸入されたとする説〔川西一九八三〕があるが[6]、古市・百舌鳥の両古墳群で前期からの倭製鏡の「長期保有」が途絶し[7]、新たに生産された倭製鏡が特段の保有期間をへずに副葬されはじめるのとおおむね時期を同じくしており、その符合は示唆的である。

④古市古墳群・百舌鳥古墳群付近の前期古墳（群）

古市古墳群が澎湃と出現した背景について、これまで多くの議論が重ねられてきた。そうした議論の核心は、「政権交替」の当否であった。「政権交替」の存否は、古墳時代の有力集団像を左右する緊要の論点として、現在も賛否両論がたたかわされている（本書付章）。政権交替を承認する論者は、当地域に「新興勢力」が擡頭し、本古墳群を造営するまでに成長をとげたと考え、これを是認しない論者は、奈良盆地で超大型古墳群を造営していた有力集団がその墓域を河内平野に移したと解する。とすると、政権交替論の当否の鍵を握るのは、玉手山古墳群など周辺の前期古墳の様態であろう。しかも、玉手山古墳群を中心とする当地域の古墳（群）は、発掘調査と研究が進捗をみており、古墳時代前期の首長墓系譜をとらえるうえでも好適である。

図22に明らかなように、当地域の倭製鏡の保有期間は短く、入手から副葬まで円滑な流れをみてとれる。一方、当地域の古墳（群）では、中国製鏡の「長期保有」が顕著である。玉手山古墳群では六号墳西主体部の画文帯神獣鏡二面、松岳山古墳群では国分茶臼山古墳（推定）の盤龍鏡および古相の三角縁神獣鏡二面、松岳山古墳の中国製三角縁神獣鏡（推定）、国分ヌク谷北塚古墳の吾作系斜縁神獣鏡、周辺諸古墳では真名井古墳の画文帯神獣鏡、鍋塚古墳（伝）の画文帯神獣鏡など、多数の「長期保有」例がみとめられる。

当地域に画文帯神獣鏡が多い反面、古相の三角縁神獣鏡が順調に流入しない現象に着目し、「二四〇年前後を境に、大和川水系の中・南河内の首長層が畿内政権の中心的勢力から離脱し」て「非主流派」に転じ、前期後葉にいたるまで古墳造営を本格化させなかったとみた福永伸哉の考察〔福永二〇〇八a〕を参考にすると、次のような状況も考えうる。画文帯神獣鏡や吾作系斜縁神獣鏡を早い時期に入手し、副葬に供しないまま保有しつづけていた当地域の有力集団は、前期後葉頃から古墳を活発に築造しはじめた際に、それまで「長期保有」していた鏡と畿内中枢勢力から新規に入手した鏡を副葬した、という状況である。

このように当地域の前期古墳（群）では、それまで「長期保有」されてきた中国製鏡の多くを、新規に入手した倭製鏡とともに、前期後葉後半頃までに副葬したらしい。他方、古市古墳群では、基本的に前期後葉後半以降に入手した倭製鏡を、古墳の造営ごとに副葬したようである。未発掘資料や盗掘などによる紛失資料が多いなか、推論を逞しくするのはあやういが、現状の資料にもとづくかぎり、当地域の前期古墳（群）から古市古墳群への円滑な移行は考えがたい。したがって、鏡とりわけ倭製鏡の入手―保有―副葬の様相からは、政権交替論を支持しがたい。

それでは、百舌鳥古墳群の周辺古墳（群）における鏡の入手―保有―副葬の状況はどうであろうか。古墳時代前期後葉まで古墳が造営されず、それらの古墳に「長期保有」の中国製鏡（画文帯神獣鏡・吾作系斜縁神獣鏡・古相の三角縁神獣鏡）が高い割合で副葬されていることが、顕著な特徴である。

当地域における明確な「首長墓」の初現は、久米田地域の貝吹山古墳（前期後葉）であり、徹底的な濫掘をこうむっていたが、少なくとも一面の画文帯同向式神獣鏡が出土している。本墳の造営後しばらくの期間をおいて、同じ久米田古墳群に造営された風吹山古墳（中期中葉頃）からも画文帯同向式神獣鏡が発掘されている。両墳の空白を埋める前期末葉頃に、貝吹山古墳の東方約二キロの地に、約二一〇メートルの墳長を誇る摩湯山古墳が築かれる。同墳の副葬品は不明だが、その「陪冢」的位置に築かれた馬子塚古墳から、吾作系斜縁神獣鏡が出土している。そして同じ時期、信太地域の「首長墓」の嚆矢である和泉黄金塚古墳の粘土槨三基に、多数の漢鏡七期（後半）鏡と魏鏡がおさめられた。

ここでは、貝吹山鏡と風吹山鏡の類似を特記したい（図23）。前者は細片であり、獣像の比較しかできないが、両鏡には高い類似性がみとめられる（本書第六章）。とすれば、久米田古墳群では、入手機会を同じくしたであろう画文帯同向式神獣鏡を、複数の有力古墳に継続的に副葬していることになる。二面と数が少なく、また古墳間の空白期間が大きいが、桜塚古墳群と似た様相を示しているといえる。

この二面が、和泉黄金塚古墳から出土した景初三年銘画文帯同向式神獣鏡の「モデル」の一面だと推定される「洛

1. 貝吹山古墳出土鏡（S＝1/2）　2. 風吹山古墳出土鏡（S＝1/4）　3. 洛陽吉利区出土鏡（S＝1/4）

図23　久米田古墳群の類似鏡

陽出土鏡」〔岡村二〇一〇〕に類似することにも注目したい。この二面と和泉黄金塚鏡が原鏡と模作鏡の関係にあるとまでは推断できないが、密接な関係を想定できる。前記した当地域（久米田地域・信太地域）出土の中国製鏡九面の製作時期は、いずれも弥生時代末期後半（末頃）〜古墳時代初頭という短期間におさまる。そのまとまりのよさは、これらが畿内中枢勢力下で「長期保有」されたのちに、当地域に分配されたとみるよりも、リアルタイムで当地域に流入した（分配された）反映とみなせる〔森下一九九八等〕。

百舌鳥古墳群では「長期保有」鏡が目だたず、他方で周辺古墳（群）では「長期保有」鏡を地域内でまとめて副葬している様子がうかがえる。とくに久米田古墳群では、古墳時代中期にいたっても、「長期保有」鏡を継続的に副葬している状況が確認される。したがって、鏡の入手―保有―副葬の状況から、百舌鳥古墳群と周辺古墳（群）に連続性はみとめがたい。古市古墳群の場合と同様、鏡の様相から政権交替論を支持することはできない。

⑤京都府男山古墳群

古市古墳群の出現前後に隆盛をむかえる古墳群が、列島各地に散見する。ここでは、とくに鏡の出土がいちじるしい男山古墳群について検討する。本古墳群は、前期後葉の茶臼山古墳を皮切りに、前期末葉頃に東車塚古墳・西車塚古墳・石不動古墳が短期間に造営される(8)。本古墳群が所在する八幡地域は、それまで約一〇〇メートル級の前方後円（方）墳を連綿と築造していた向日地域と交替するかのように、前期末葉頃に京都南部の最有力地域となる。その移行の様子は、鏡の流入・副葬状況からも明白である〔下垣二〇一一〕（図24）。

本古墳群の前方後円（方）の嚆矢は、前期後葉の茶臼山古墳（五〇メートル）であるが、鏡は出土していない。その後、前期末葉頃に東車塚古墳（九四メートル）・西車塚古墳（一一五メートル）・石不動古墳（七五メートル）という、最盛期の向日丘陵古墳群に匹敵する規模の前方後円墳が短期のうちに造営される。その詳細な先後関係は確定しないが、副葬品などからみて東車塚古墳→西車塚古墳・石不動古墳の造営順であろう。出土した倭製鏡をみると、東車塚古墳の後円部から前期後葉後半の倭製鏡二面が、西車塚古墳から前期末葉の倭製鏡三面が出土しており、それぞれ入手後さほどの時をへずに副葬されている。他方、ほかの副葬品においては、「長期保有」の形跡が濃厚である。東車塚古墳の後円部には、漢鏡五期の長宜子孫内行花文鏡や前期前半以前に位置づけうる素環頭大刀が、同墳の前

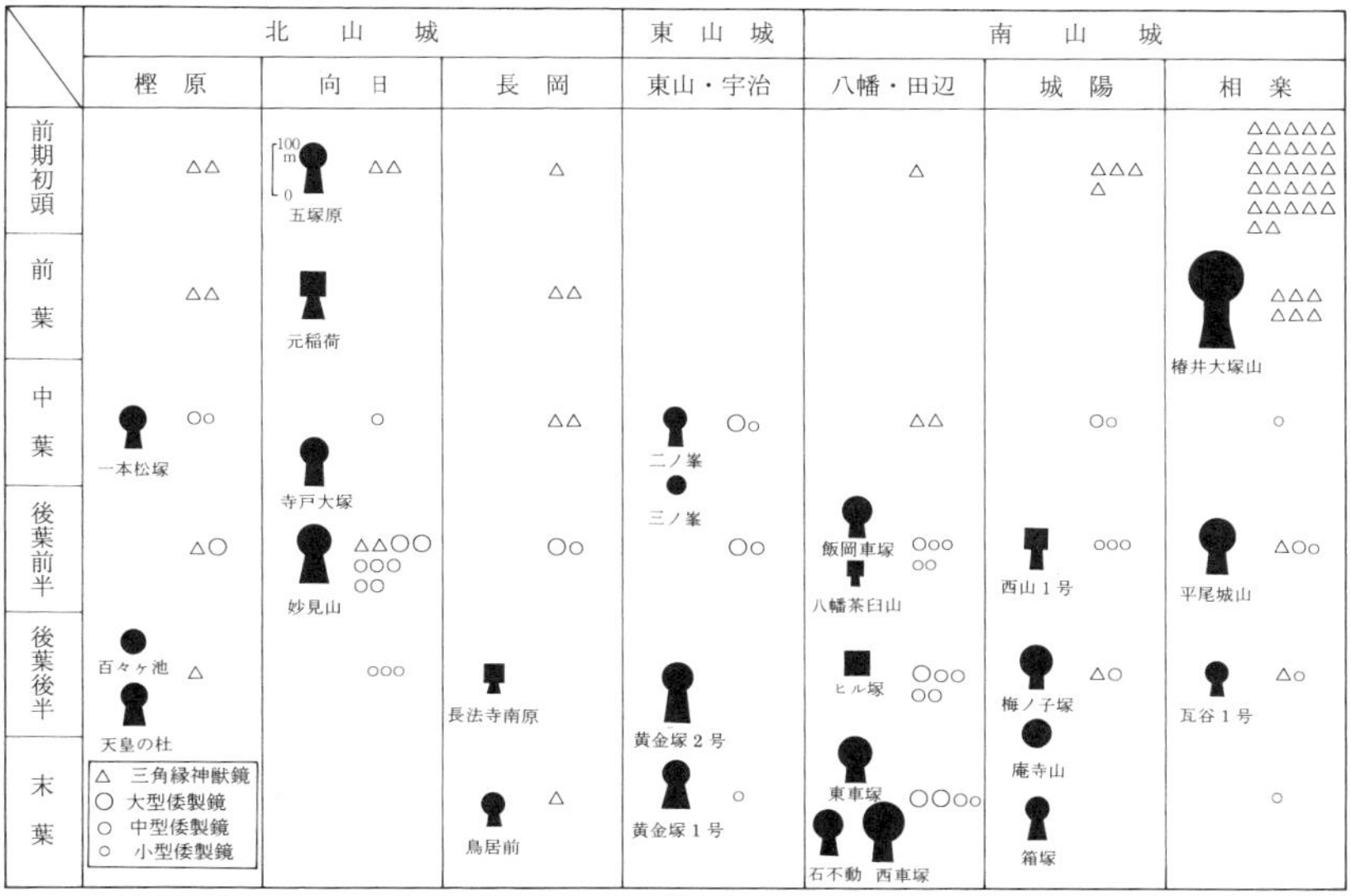

図24　京都南部の有力古墳の消長と鏡の流入（鏡の時期は想定流入時期）

方部には前期中葉の三角縁神獣鏡が、西車塚古墳には漢鏡七期の画文帯環状乳神獣鏡および前期中葉の三角縁神獣鏡などが、石不動古墳には漢鏡七期ないし魏代の画文帯神獣鏡一（二？）面が副葬されていた。そして、本古墳群の南方約三キロに位置する美濃山王塚古墳には、漢鏡六期の蝙蝠座鈕内行花文鏡、漢鏡七期（〜）の吾作系斜縁神獣鏡（伝）・夔鳳鏡・方格規矩鏡といった「長期保有」の中国製鏡のほか、前期後葉後半・前期末葉・中期前葉頃（？）の各段階にわたる倭製鏡が副葬されていた(9)。

この資料状況から、本古墳群における鏡の入手―保有―副葬プロセスを復元することは容易でない。論拠は不十分だが、東車塚古墳と西車塚古墳の副葬鏡のセットが類似し、より古い中国製鏡が前造の東車塚古墳におさめられたこと、美濃山王塚古墳の副葬鏡群は本古墳群のものといちじるしく相違することなどから、次のような入手―保有―副葬プロセスを想定しておきたい。すなわち、本古墳群のうち少なくとも東車塚古墳および西車塚古墳の被葬者は同一の有力集団に属し、当該集団が「長期保有」した中国製鏡と三角縁神獣鏡にくわえ、自身の活動時に入手した倭製鏡をそれぞれ副葬し、本古墳群が短期的に造営を終了したのち、長期にわたり鏡を蓄積してきた別集団が美濃山王塚古墳を造営し、多量の鏡群を副葬した、というプロセスである。

ここで注目されるのが、新たに登場した「首長墓」である東車塚古墳と美濃山王塚古墳に「長期保有」鏡が副葬されており、この後、木津川をはさんだ城陽地域に出現した「盟主墓」である久津川車塚古墳にも「長期保有」鏡がおさめられている現象である。こうした現象を、首長墓系譜研究がとくに進んでいる京都南部に探し求めると、各時期にみいだせる。以下、和田晴吾の小地域区分案〔和田一九九二a〕に即しつつ、京都南部の諸地域の様相を列挙する。相楽地域で最初に造営され、京都南部で最大級の規模を誇る椿井大塚山古墳には、漢鏡五期の長宜子孫内行花文鏡が、八幡地域で最初の「盟主墓」である東車塚古墳にも漢鏡五期の長宜子孫内行花文鏡が、この南方に所在し別の有力集団が造営したと考えられる美濃山王塚古墳には漢鏡六期の蝙蝠座鈕内行花文鏡と漢鏡七期の夔鳳鏡などが、東山地域で最初期に築造された「首長墓」である稲荷山三ノ峯古墳には漢鏡七期の吾作系斜縁神獣鏡が、同地域最初の「盟主墓」である黄金塚二号墳には、鏡ではないが魏製の蓋然性が高い小札革綴冑が、長岡地域で最初の「盟主墓」である長法寺南原古墳には漢鏡五期の青盖作盤龍鏡と漢鏡六期の長冝子孫内行花文鏡が、同地域の大山崎に築かれた最初の「首長墓」である鳥居前古墳には漢鏡七期の環状乳神獣鏡が、樫原地域で最古の「盟主墓」である一本松塚古墳には、魏代の尚方作半肉彫獣帯鏡が、それぞれ副葬されていた。

以上はすべて古墳時代前期の事例であるが、同様の例は中期にもみとめられる。中期前葉〜末葉に京都南部で最有力の首長墓系譜を形成した久津川古墳群では、その前身となる最古の「盟主墓」である箱塚古墳（前期末葉〜中期前葉頃）から漢鏡七期の画文帯対置式四獣鏡と古相の三角縁神獣鏡が、本古墳群のみならず京都南部最大の中期古墳である久津川車塚古墳から、三世紀前半の画文帯同向式神獣鏡と古相の三角縁神獣鏡が発見されている。

このように京都南部では、各小地域で新規に「首長墓」が造営される際や、複数小地域の頂点にたつ「盟主墓」が築造される際に、長期保有鏡（＋新規入手の倭製鏡）が副葬される現象が顕著にみとめられる。

じつは、特定小地域に新たに出現する首長墓系譜の初造墳や広域の「盟主墓」に、長期保有鏡（＋新規入手の倭製鏡）が副葬される現象は、列島広域で確認できる。(10) 奈良県馬見古墳群の新山古墳（前期後葉前半）、同室大墓古墳（中期前葉）、大阪府和泉黄金塚古墳（前期末葉）、同紫金山古墳（前期後葉前半）など畿内地域の事例のほか、福岡県若宮古墳群の月岡古墳（中期中葉〜後葉）、香川県快天山古墳（前期後葉前半）、鳥取県馬山古墳群の四号墳（前期後葉〜末葉）、三重県石山古墳（前期末葉）、岐阜県上磯古墳群の北山古墳（前期中葉〜後葉頃）、静岡県松林山古墳（前期後葉後半〜）、同堂山古墳（中期中葉）など、多数の事例を列挙できる。伝出土資料ではあるが、四国を代表する前期古墳群である香川県石清尾山古墳群において、一〇〇メートルにせまる墳丘規模をはじめて達成した石清尾山猫塚古墳に、漢鏡四期から七期までの長期保有鏡（異体字銘帯鏡・内行花文鏡・上方作系浮彫式獣帯鏡・吾作系斜縁四獣鏡）が副葬されていたのは、疑問もあるが顕著な事例である。三角縁神獣鏡の副葬はないものの、岐阜県身隠古墳群では、隣接して造営された御嶽古墳・白山古墳のうち、先に築かれた前者に漢鏡六期の内行花文鏡と前期後葉の鼉龍鏡が副葬されている。

かつて小林行雄は、「大和政権による」「外的承認によつて裏付けられ」た「首長権世襲制の発生」「によつてその地位と権力とを保証された首長が、伝世の宝鏡の保管によつて象徴されるような、在来の司祭的権威への依存を必要としなくなつた時に、古墳は発生し、宝鏡の伝世は絶たれた」（小林一九五五）との構想を提示し、以後の研究に絶大な影響をあたえた。しかし、「宝鏡の伝世」の途絶の時期はまちまちで、[11]従前の首長墓系譜に交替するように出現する「首長墓」において、そうした途絶が頻見する事実を考慮するならば、地域内で盟主的地位をえた有力集団が、それまで長期保有していた鏡をその「首長」の墳墓に副葬したと考えたほうが合理的である。[12]畿内中枢勢力による鏡分配のコントロールが顕著であった以上、「大和政権による」「外的承認」の側面も一概に否定できないが、それよりも諸地域内での「内」的承認のウェイトのほうが大きかったと判断したい。

さらに推論を進めるならば、「首長墓」級の有力古墳の造営は、各小地域内の有力集団が自身の裁量のみで敢行できるものではなく、小地域内／間の関係に左右される側面が大きかったのではないか。他方で、そうした古墳の被葬者が畿内中枢勢力に重要視されたことは、大・中型鏡をふくむ倭製鏡がしばしば副葬されている事実からうかがえる。諸地域において一定規模をこえる前方後円墳は基本的に造営されなかったこと（下垣二〇一一）を勘案すれば、そうした古墳の造営に畿内中枢勢力が関与ないし容喙する局面も少なからずあっただろう。こうした状況であったからこそ、畿内中枢の超大型古墳（群）の動向に左右されるようにして、諸地域の首長墓系譜に変動が生じたのであろう。

⑥石川県和田山古墳群

いささか考察を急いでしまった。事例の検討にもどる。本章の検討対象は、古墳時代中期前半までの首長墓系譜（古墳群）に偏向している。中期後半以降の首長墓系譜（古墳群）に鏡が継続的に副葬される事例が少ないことにくわえ、前期倭製鏡にくらべ中期倭製鏡および後期倭製鏡の面数が相対的に少なく、しかも中期前葉以降の倭製鏡の詳細な編年案が未構築であることなどがその原因である。ただしごく少数ではあるが、中期後葉以降に造営され、時期がおおむね判明する倭製鏡が複数の古墳に副葬されている古墳群が存在する。ここでは、その良好な事例である石川県和田山古墳群を検討する。本古墳群では三古墳（四主体部）から六面の鏡が検出されているが、すべて倭製鏡であり、中期末葉以降の古墳に副葬されている。

このうち時期がおおむね判明する四面をみると、すべて保有期間が「無」である。和田山五号墳B槨出土の珠文鏡に、いくぶんの保有期間を想定できる可能性は残るものの、本古墳群では基本的に有力集団による「中・長期保有」がみとめられない。

五号墳は、計四面の鏡と豊富な武具・武器を中心とする副葬品をもち、本古墳群において突出した規模（墳長五五メートル）を誇る。その前段階に、本古墳群の南端で小円墳が造営されたが、五号墳の登場が本古墳群の最大の画期であることは動かない。その五号墳に明白な「長期保有」鏡が存在しない理由として、新興勢力ゆえに「長期保有」鏡を副葬しえなかったとの解釈もありうる。

しかしそれよりも、本古墳群をふくむ能美古墳群の造営母体に関する最新の見解が、有効な示唆をあたえてくれる。すなわち能美古墳群は、南北一キロ・東西二キロの範囲にひろがる五つの独立丘陵上にそれぞれいとなまれた寺井山支群・和田山支群・末寺山支群・西山支群を包括する古墳群であり、本古墳群は「五つの支群より成る一つの古墳群として」「相互に関連性を持って造墓活動」がなされた、「複数の集団を含む単位共同体の墓域」だとする見解である〔菅原二〇一三〕。この主張を参考にするならば、五号墳の母体集団には、以前に副葬したなどの理由で「長期保有」鏡がすでになく、本墳と以後の一号墳・二号墳には、新規に入手した倭製鏡を副葬した、という解釈も成立しうる。「中・長期保有」鏡が存在しないという、和田山古墳群に顕著な現象に関連して注意されるのが、中期末葉頃を最後に、首長墓系譜ないし古墳群において「中・長期保有」鏡の副葬が目だたなくなることである。定量的データをそろえていない点に推論として不備が残るし、奈良県藤ノ木古墳のように、複数面の「中・長期保有」鏡を副葬する例外はたしかに存在する。しかし中期末葉以降には、首長墓系譜（古墳群）のみならず単独古墳でも、「中・長期保有」例は少なくなるようである。この現象にくわえ、鏡の面径差にかつてほどの戦略性がみとめられなくなり、複数埋葬間で副葬鏡径に差をつける現象もほぼ消滅すること(13)〔下垣二〇一一〕などから判断すると、授受・保有をつうじて集団内／間を関係づけるという鏡の従来の機能が後退したことがうかがえる。

ただし、上野が精細な分析をつうじて明らかにしたように、関東の諸地域などでは古墳時代後期後半以降まで「長期保有を継続する地域社会」が存続していた〔上野二〇一二b〕。また最近、後期倭製鏡の基軸系列である旋回式獣像鏡系の編年を構築した加藤一郎は、本系列が「各地で中・長期保有されたことは明白」だと主張する〔加藤二〇一四〕。これらの研究成果は妥当であり、前記のように中期末葉頃に鏡の保有や社会的機能に一律的な変化が生じたと、軽率に主張するわけにはゆかない。とはいえ、加藤が指摘するように、本系列は「関東や中国地方」だと後期後半まで長期保有される傾向が看取されるのにたいし、「九州や畿内周辺部」では長期の保有期間をへることなく、後期中葉までにおおむね副葬されている〔加藤二〇一四〕。

とすると、当該期に畿内周辺などにおいて鏡の保有方式が変化し、大地域レヴェルで鏡の保有方式に差異が生じはじめた事態を察知できる。当該期以降に、列島内外の有力集団内／間関係に大幅な変動が生じたことが、史資料の双方から判明している。列島各地で初期群集墳が登場し〔和田一九九二b〕、首長墓系譜の固定化現象が起こる〔土生田二〇一一等〕など、墳墓の面からも有力集団内／間関係の根柢的な変化がみとめられる。古墳時代社会において鏡が重要な役割をはたしたことを考慮すれば、その保有方式の変化は、この社会的・政治的変動に連動したものと考えるべきである。ただ、鏡保有の意義を闡明せぬまま議論を進めるのはあやうい。したがって、後節で鏡保有の意義について検討をくわえたのち、その保有方式が変化した理由および背景について考察する。

⑦兵庫県六甲南麓地域

首長墓系譜研究において、首長墓系譜が単一の古墳群に対応するケースのほか、一定地域内に散在する複数の「首長墓」に対応するケースも重要視されてきた〔岩崎他一九六四等〕。本章では、首長墓系譜の母体集団との対応関係を推測しやすいという利点から、前者のケースに焦点をあてて分析を進めてきたが、ここで後者のケースも検討しておきたい。とりあげるのは、兵庫県南東部の六甲南麓地域における古墳時代前期の首長墓系譜である。

当地域の首長墓系譜と副葬鏡に関して、福永伸哉の研究が詳細で示唆に富む。福永は、当地域を東部地域と西部地域にわけ、東西両地域の首長墓系譜と副葬鏡の関係について、次のような興味深い見解を提示した。すなわち東部地域では、東西八・五キロの範囲において、西求女塚古墳→処女塚古墳→東求女塚古墳→ヘボソ塚古墳→阿保親王塚古墳の順に、西から東へと首長墓が継続して築造された可能性が高く、古墳間には「水系単位の小世界がそれぞれ広がっている」。それゆえ、「同一の集団から常に盟主的首長が輩出されていたということにはならない」ものの、副葬された三角縁神獣鏡の組みあわせが徐々に新しくなってゆく事実から、当該首長墓系譜は「一つのまとまった政治性の反映」であり、「三角縁神獣鏡の継続的入手に示される初期大和政権との強い連携によって相対的に優位に立っていた」とみた。他方で西部地域については、得能山古墳・夢野丸山古墳・会下山二本松古墳などが築造されたが、「東部地域の前方後円（方）墳と比べて一回り小さい規模」を呈し、「判明している副葬鏡」が中国製の長宜子孫内行花文鏡・重列式神獣鏡・画文帯同向式神獣鏡・内行花文鏡であり、三角縁神獣鏡を欠く点に、「初期大和政権」との「連携」面における東部地域との相違をみいだした〔福永一九九九b〕。

福永の所論におおむね異議はないが、本章の検討成果を加味しつつ若干の補足をおこなう。まず福永の指摘どおり、西求女塚古墳→東求女塚古墳→ヘボソ塚古墳→阿保親王塚古墳の順に、副葬された三角縁神獣鏡の組みあわせが新しくなる。岩本崇による三角縁神獣鏡の変遷案〔岩本二〇〇八〕からみても、西求女塚古墳（中国製第二段階七面）、東求女塚古墳（中国製第二段階一面・同第三段階二面）、ヘボソ塚古墳（中国製第四段階二面）、阿保親王塚古墳（中国製第四段階二面）のように、この変遷順を追認できる。

しかし他方で、これら四墳すべてに三角縁神獣鏡以外の中国製鏡が副葬され、それらの製作順序が四墳の造営順序に対応しないことが注目される。副葬鏡式を具体的に列挙すると、西求女塚古墳に浮彫式獣帯鏡二面・神人龍虎画象鏡一面・画文帯環状乳神獣鏡二面、東求女塚古墳に内行花文鏡・画文帯神獣鏡が各一面（前方部竪穴式石槨に内行花文鏡など四面）、ヘボソ塚古墳に上方作系浮彫式獣帯鏡・夔鳳鏡・画文帯環状乳神獣鏡・吾作系斜縁神獣鏡が各一面、阿保親王塚古墳に内行花文鏡一面などが副葬されている。この現象にたいし、同一の有力集団が各時期に三角縁神獣鏡を入手し、「首長墓」の造営ごとに、「（中・）長期保有」してきた多量の中国製鏡を数面ずつ、三角縁神獣鏡とともに副葬したとの解釈もありえよう。

しかし、ここまでの検討成果を援用するならば、次のような解釈がより妥当と考える。六甲南麓東部地域に割拠していた諸有力集団から、一世代に一（～）人の「首長」が「盟主」となり、その死に際して、在位中に畿内中枢勢力から入手した三角縁神獣鏡とともに、その出自集団が「（中・）長期保有」していた中国製鏡をその奥津城に副葬した、という解釈である。同西部地域でも、得能山古墳に画文帯同向式神獣鏡と長宜子孫内行花文鏡が各一面、夢野丸山古墳に重列式神獣鏡一面、会下山二本松古墳に内行花文鏡一面というように、それぞれ「長期保有」の中国製鏡がおさめられている。各古墳の詳細な編年的位置づけが不明確である以上、大胆な推論は控えるべきだが、東部地域と同様に、当該地域でも諸有力集団全体から一世代に一（～）人の「首長」がうみだされた可能性を考えうる。そうであれば、各「首長」の奥津城にはその出自集団が「長期保有」してきた中国製鏡が副葬されたが、三角縁神獣鏡は入手・副葬されなかったとの解釈がみちびきだせることになる。

三　首長墓系譜における鏡の意義

以上、首長墓系譜（古墳群）を検討対象にして、古墳時代における鏡の保有のあり方について検討してきた。首長墓系譜（古墳群）ごとにいくぶんの相違はあるものの、本章では次のような傾向性をみいだせた。第一に、多くの事例において、首長墓系譜の造営母体である有力集団内で鏡が保有されたと推定して矛盾がないことである。第二に、特定地域で新規に造営された「首長墓」、あるいは複数地域におよぶ「盟主権」を新たに握った「盟主墓」に、長期保有鏡（＋新規に入手した倭製鏡）が副葬されていることである。(14) そうした「首長墓」や「盟主墓」には、首長墓系譜の初端をなす有力古墳が頻見し、首長墓系譜とその母体集団の動態を考えるうえで重要な示唆をあたえる。もちろん、長期保有鏡が首長墓系譜の初造墳にすべて副葬されるとはかぎらず、さらに保有を継続する場合も当然ありうるし、新興勢力の場合、初造墳に副葬する長期保有鏡を有さないケースも想定できるので、長期保有鏡から首長墓系譜の動態を論ずる際には慎重でなければならない。そして、明記しなかったが第三に、「盟主権」の移動に際し、新旧「盟主」間での鏡の移動現象を抽出できないことも指摘しておきたい。

ここから一歩ふみこんで推測を進めると、複数の有力集団が割拠する一定地域内で主導的立場をえた有力集団の「首長」の墳墓に、当該集団が長期保有してきた鏡にくわえて畿内中枢勢力から新規に入手した鏡が副葬されたという状況を復元しうる。この状況は、長野県善光寺平や茨城県「筑波山麓地方」などで確認される、一定地域内での「盟主墓」の頻繁な移動現象〔岩崎一九九〇〕とも整合する。つまり、特定地域における「首長権」ないし「盟主権」が有力集団間で頻度高く移動していたことを、長期保有鏡の検討からもみちびきだせるのである。(15)

このような「首長権」や「盟主権」の頻繁な移動は、集団構造や親族構造に関する近年の研究成果からも支持される。古墳時代には双系的な地位継承がなされ、双系的性格が強い親族システムであったことが説かれている〔田中良一九九五等〕。また弥生時代の社会では、クラン的血縁出自集団の可能性が高い非居住共同集団である「ソダリティー」が、居住単位としての集落を横断しつつその紐帯を維持していた可能性が提起されている〔溝口二〇〇八〕。このような集団分節が古墳出現以後にも存続したとみてよければ、古墳時代の集団は双系的性格の強さゆえに流動性が高く、集落をこえて離合集散していた可能性が高まる。そして、「ムラ（共同体）がいくつか集まった政治的な結合体の基本単位」を古墳群（＝「首長系列」）造営の「基礎的な政治単位」とみる定説的理解〔都出一九七五〕に、ひいては古墳被葬者の出自集団像に再考がせまられる。

とすれば、そのような流動性の高い有力集団においてなぜ、そしてどのように鏡が長期保有されえたのかが明らかにされねばならない。やや先鋭的な解釈かもしれないが、当該期の有力集団は、流動的な自身の通時的な同一性や連続性を維持し保証するために、鏡を長期保有していたのではないかと推測したい。

この私見に関して、「タマ＝首長霊の継承」をめぐる義江明子の研究〔義江一九九二等〕は、前記した推測をさらに深化させる手がかりをあたえてくれる。義江は、「五世紀後半以後」に「(擬制的) 血縁観念による支配層の結集、即ち、氏の形成」が開始し、「刀に刻まれた文字により示される系譜観念を拠りどころとする組織的結集」がなされるが、それ以前には、「鏡や刀等の具体的で呪術的な品の分賜・伝世そのものにより示される政治的連合の秩序」が存在したと説く〔義江一九八五(傍点義江)〕。筆者は、鏡の授受(「分賜」)をつうじて畿内中枢勢力―諸地域有力集団間の「政治的」関係の「秩序」が、そして鏡の長期保有(「伝世」)をつうじて有力集団内の通時的な同一性と連続性が形成・維持されたとみる点で、義江といくぶん考えを異にするが、義江の見解は示唆に富む。とくに、血縁原理による地位継承の成立以前に、「在地の霊力を集約したタマ＝首長霊の継承」による地位継承がなされていたとの想定〔義江一九九二〕は、鏡が長期保有された理由を考究するうえで興味深い。

ただし義江は、「大王」が「分与」する「刀」などの器物の「伝世」を介した「タマの継承」という見方にたいして、「上からの権威の問題だけではないはず」だと、批判的な立場をとる〔義江一九九二〕。しかし、長期保有鏡の多く、少なくとも漢鏡七－二期以降の中国製鏡および倭製鏡の大半が、畿内中枢勢力から「分与」された蓋然性は高いものの、本章で示した長期保有鏡のあつかいからみて、鏡の長期保有は「上からの権威」のみによるものとは考えがたい。長期保有鏡が、流動性の高い有力集団を通時的に結節する社会的機能をはたしていた、との私見がなりたつならば、「首長」の「支配する地域に根ざした、共同体の統合にかかわる力」である「霊力(タマ)」の継承〔義江一九九二〕と鏡の長期保有とに連繫をみいだすことも、十分に可能であろう。

ただ、鏡の長期保有を「タマ＝首長霊の継承」に関連づけてしまうと、特定地域で新規に造営される「首長墓」や「盟主墓」に、なぜ長期保有鏡が副葬されることになったのか、説明に窮することになる。長期保有された器物に所有者や所有集団の同一性が付着すると信憑される民族誌の事例を参照するならば、さらには鏡の保有主体が第一義的には「首長」ではなくその所属集団であることを考慮するならば、「タマ」の実質は「首長霊」というよりもむしろ有力集団の同一性と解したほうがよいのではなかろうか。(16) この解釈にしても、長期保有鏡を「首長墓」や「盟主墓」に副葬した理由を十全に説明しつくせるわけではないが、いちおうの回答は可能になる。すなわち、鏡が有力集団に保有され、「首長墓」や「盟主墓」の被葬者も有力集団から登場する以上、墳墓への鏡副葬はある意味で集団保有の継続である。とすれば、有力集団を代表し、「首長墓」や「盟主墓」に葬られるだけの勢威を誇った人物とともに埋納することで、当該集団の同一性の重要な部分を被葬者とともにその地に固定させたのではなかろうか。

同墳複数埋葬において、埋葬施設の種類差・サイズ差・設置位置・副葬鏡径差などに強い相関性が存在し、さらには前方部中心埋葬に女性が、同後部埋葬に男性が埋葬される強い傾向性がみとめられ、前方後円（方）墳の中心埋葬から逸脱した位置に設置される前方部埋葬には帰葬者が葬られた可能性があるなど、古墳には生者の世界の秩序がなんらかの形で反映させられていたらしい〔下垣二〇一一等〕。とすれば、卓越した地位を獲得した亡き有力者の墳墓に、有力集団の継続・結節の要である長期保有鏡をおさめる行為は、集団成員からすれば、卓越した有力者に付託する形式での保有のさらなる継続と強化・固定化であり、現在の私たちの目からすれば、以後に継続する首長墓系譜の初造墳ないし「盟主墓」への副葬ということになる。そうした行為は、地域差はあるものの古墳時代中期後半に後景に退いてゆく。これと時期を同じくして、同墳複数埋葬の格差と副葬鏡径差との対応現象や、前方部の埋葬位置による被葬者の性別の区別も消失してゆくことは、これら諸現象の関連性を示し、前記の推測をあるていど補強する。

要するに筆者は、被葬者の所属集団に必要なアイテムだからこそ、長期保有鏡を副葬したと考えるわけである。先にふれた上野の所説との相違は、ここから生じる。上野は、中期前半に新相の帯金革綴式甲冑と長期保有鏡が顕著に共伴する事実に注目し、当該期に「前期的な鏡が伝世することを必要としなくな」ってゆき、その背景として「甲冑という属人性の強い威信財の副葬によって、これまでは地域で保有する属人性が必ずしも高くはなかった鏡を個人へと帰属させてゆく動きが加速した」可能性を説く〔上野二〇一二a〕。また、関東地域の複数の古墳群において、鏡が後期後葉～末葉頃に「保有を途絶し」、地域で最後に造営された前方後円墳に「一斉に副葬されてくる」現象に着眼し、「首長の権威の拠り所」として保有された鏡が、当該期に「存在価値」と「保有の必要性」を喪失したため、同じく築造の意味を失いつつあった前方後円墳に副葬されるにいたった、と主張する〔上野二〇一二b・二〇一三〕。要するに上野は、被葬者の所属集団に不必要なアイテムになりつつあったからこそ、長期保有鏡を副葬したと考えるわけである(17)。

上野が注目した現象はほぼ肯定できる。ただ、そのような現象をうみだした原因と背景に関して、筆者は別の見解をもつ。まずは中期前半に、属人性が濃厚な帯金革綴式甲冑の副葬に影響されつつ、鏡の「伝世」が途絶してゆくとの指摘だが、本章で論じたように鏡の長期保有の終了は、中期後半以前の各時期で幅広く生じている。中期前半以前に長期保有鏡と帯金革綴式甲冑との共伴事例が目だたないのは、たんに後者の副葬事例が寡少なためにすぎない。中期前半に両器物の共伴事例がいちじるしくなるのは、帯金革綴式甲冑が有力者の副葬品として前面化したためである。中長期保有鏡は、首長墓系譜の初造墳や「盟主墓」に葬られた格別な被葬者に副えられた以上、当該期に両器物が頻繁に共伴することは、筆者からすれば当然の結果である。つまり、甲冑と長期保有鏡の共伴状況において、前期後半から中期前半まで同質性が看取できるわけである。

それよりも、上野が指摘するように、中期中頃以降になって、帯金鋲留式甲冑と新規に入手した鏡との共伴が主流になることが注目に値する。その前段階に長期保有鏡を副葬したために、「地域で保有する鏡の存在が希薄になっ」た反映だとする解釈も興味深い〔上野二〇一二a〕。しかし、中期末葉頃に首長墓系譜や古墳群において、「中・長期保有」鏡が目だたなくなるとする私見がみとめられるならば、すでにその前段階から鏡の「中・長期保有」が志向されなくなりつつあったのではないか。

次に吟味したいのは、後期後葉～末葉に、関東地域の複数の「地域社会」において長期保有鏡がその存在価値を失効したため、同期的に意義を喪失しつつあった前方後円墳に副葬した、とする見解である。これに関して、上野が挙例する群馬県八幡観音塚古墳（九一メートル）と千葉県金鈴塚古墳（九五メートル）は、後期の関東地域において有数の墳丘規模と副葬品を誇る。前方後円墳が「地域社会」で意味を失いつつあったとすれば、これほどの墳丘規模で造営し、豪奢な器物を副葬した理由がわからない[18]。とはいえ、当該諸地域において長期保有鏡が、後期後葉～末葉頃に地域の掉尾を飾る前方後円墳に副葬される傾向があるのは事実である。また、その直後に登場する方墳に鏡が副葬されなくなることが、当該諸地域における前方後円墳の消滅と連動した社会的・政治的現象であるとの指摘〔上野二〇一二b〕も傾聴すべきである。究明すべきは、そうした現象をうみだした原因であり、そこにこそ古墳時代における鏡保有の意義を解明する鍵が潜んでいる。以下、先行研究の成果を援用しつつ、現状での試考を提示したい。

関東各地で、後期末葉に前方後円墳が一斉に終熄する現象に関して、白石太一郎の考察がすこぶる興味深い。当該諸地域では、それ以前に大型前方後円墳が陸続と造営されたが、「推古朝」頃を境にその築造が一斉に途絶え、「国造の支配領域」のみに大型の円墳ないし方墳が築かれだすのは、「推古朝の新しい国制」である「国造制という新しい地方支配システムの創出に対応するもの」だ、と白石は解釈する〔白石二〇〇九〕。国造への任命をつうじ、「大王」

と地域を代表する有力者とに支配―服属関係が結ばれ、その関係が在地支配の根拠になったわけである。

とすれば、器物の長期保有をつうじて集団の同一性が担保される段階から、「大王」を頂点とする畿内中枢勢力への服属・奉仕関係の確立が、集団の結束を保証するようになったのではないか。しかも文献史料によると、国造任命には、国造が祭る鏡などの「神宝」を「大王」が召し上げ、「代わりに権威の象徴である宝器を大王が賜い、神宝として祭らせること」をつうじ、「祭祀権を形の上で召し上げて朝廷に服属させる儀礼」がともなったという〔大津一九九九〕。そうであれば、鏡などの「神宝」は国造の代替わりごとに畿内中枢勢力と交換されるわけで、副葬に供しえなくなる。国造制の成立時期には諸説あるが、関東地域において国造制の普及・鏡の長期保有および副葬の終熄・前方後円墳造営の終焉とが連動することは、はなはだ興味深い符合である〔上野二〇一三〕。

ただし、国造制のみが鏡の長期保有を終焉に向かわせたわけではない。それ以前に、ウヂの形成が大きな要因になったようである。ウヂはその大枠が父系の系譜関係により決定づけられ、世代をこえて維持された集団であり、遅くとも五世紀末（中期末葉～後期前葉頃）には成立したと想定される〔熊谷一九八九等〕。考古学サイドでも、複数埋葬の人骨分析をつうじて、中期末葉頃に「父系かつ直系的に継承される家長」への変化が生じたと主張されている〔田中良一九九五〕。このように史資料のどちらからも、当該期に父系編成が進んだことが復元されている。ウヂの内部構造は、「首長」位が交替・移動するたびに再編成されていたと考えられ〔熊谷一九八九〕、その点で流動性を残していたが、双系的性格が濃厚な前代よりは、集団の結節を確固たるものにしただろう。

それにもまして、ウヂが畿内中枢勢力への累代的な職務的奉仕を前提に維持されたことが重要である〔熊谷一九八九〕。私見に関連づけるならば、器物の長期保有によってではなく、畿内中枢勢力への奉仕・服属関係の継続により、集団の結節が保証されるようになったからである。ウヂの形成や父系継承への変化は、まさに長期保有鏡が後景に退く中期末葉頃に生じた。以上から、おそらくは地域差をみせつつ、中期末葉頃と後期末葉頃をふたつの画期として、鏡の長期保有は終焉していったという、暫定的な試案を提示しておきたい。

四　課題と展望

本章では、首長墓系譜（古墳群）における鏡の保有状況の分析をつうじて、保有主体である有力集団の実態と古墳時代における鏡の社会的意義の究明につとめた。若干の成果をおさめることはできたと考えるが、しかし多くの難点と課題を残した感は否めない。

たとえば、「首長墓」の造営母体やその勢力範囲を特定する確実な根拠を抽出できないため、本章はその根幹が脆弱なものとならざるをえなかった。本章の基軸をなす鏡の長期保有現象についても、中国製鏡の流入時期を状況証拠によってしか推定できないという立論上の不備にくわえ、未発掘古墳や散佚資料などといった資料的問題をかかえこんでいるため、仮説の域をこえることができなかった。また森下や上野、そして本章の筆者の検討は、分析の目的と資料の特性から首長墓系譜の副葬鏡に収斂せざるをえず、そのように限定された分析からえられた結論を、首長墓系譜以外の「古墳副葬鏡」にも敷衍できるのか、という疑義も呈されている〔加藤二〇一五〕。こうした問題をクリアすることは至難であるが、議論を確実なものにするためには不可避の課題である。そしてまた、近年では、畿内中枢勢力下での長期保有を積極的に支持する見解が増えつつある。筆者も古市古墳群や百舌鳥古墳群などといった、畿内中枢勢力の奥津城も首長墓系譜にふくめて分析しており、方法論的に諸地域の有力集団と畿内中枢勢力の諸集団とを区別していない。両者間において長期保有の意味や役割が相違するのか否か、追究すべき論点かもしれない。

古墳時代において重要な意義をもった器物は鏡にかぎらない。本章の検討は、鏡の分析に終始したことで、考察の射程がせまいものとなった。しかし、鏡以外にも、玉類〔大賀二〇一三等〕や刀剣類〔豊島二〇一〇〕や腕輪形石製品などでも長期保有が確認されている。こうした器物の保有状況と鏡の保有状況との異同を比較検討することで、本章の議論にさらなる展開が期待できよう[19]。また、首長墓系譜においては、器物にとどまらず、墳形や埋葬施設など古墳に関する情報も保持されていた可能性が高い。首長墓系譜において、いかなる器物や情報がいかなる背景のもと保持され、いかなる状況下で断絶するのかを、精細かつ総合的に検討する努力を重ねてゆけば、首長墓系譜の実態は今後いっそう明らかになるだろう。本章でも試案の形で論じたが、そうした検討はウヂや国造制の形成状況に解明の光をあてうるし、ひいては国家形成論にも重要な手がかりをあたえてくれる。今後、本章で提示した視角からの研究がさらに進展してゆくことを期待したい。

註

（1）なお、諸地域での長期保有を説く筆者らは、畿内中枢勢力で長期保有されたのちに諸地域に競合的目的をもって分配されたとみる見解〔田中晋一九九三等〕に否定的な姿勢をとっているが、畿内中枢勢力下での長期保有自体を否定したことはない。畿内中枢勢力下での長期保有を説く論者が基本的に「政権交替」に異を唱えていることを捨象して、この説を「政権交替」論の最新の論拠にしてしまう〔田中晋二〇一六等〕と、諸説の論拠と展開を捻れさせる点で問題がある。

（2）とくに三角縁神獣鏡に関しては、副葬品編年の重要な指標になりうるほど、ほかの副葬品との組みあわせ関係が良好である事例が多い。三角縁神獣鏡に長期保有例が少なからずあるのは事実であるが、それ以上に製作―流入から副葬まで短期間であったと推定される事例が顕著なので、三角縁神獣鏡は保有期間の面でそれ以外の中国製鏡と切り離しておくべきかもしれない。

（3）ただ後述するように、多くの首長墓系譜において、新規に造営された「首長墳」や「盟主墓」に「長期保有」鏡が副葬される強い傾向があるのと裏腹に、これら三墳では最後の珠金塚古墳北主体部に「長期保有」鏡が副葬されていること（倭製鏡は同墳南主体部に副葬）が気にかかる。三木弘は、「墳丘規模や形状」や馬具の有無などから、本墳を「盾塚古墳・鞍塚古墳の系統上にはあるものの、鞍塚古墳と一時期併存する傍流系列」とみており〔三木二〇一一〕、この見解をとれば、本墳に「長期保有」鏡が副葬された理由を説明できる。他方で上野は、「もっとも新しい珠金塚北槨にもっとも古い三国西晋鏡を副葬する状況」は、桜塚古墳群の狐塚古墳に当該古墳群で最古の「三国西晋鏡を副葬することとも類似」する点を指摘する。この現象について上野は、「保有鏡の副葬において、倭鏡を優先した可能性」を想定する〔上野二〇一二a〕。先記したように、上野は別稿で、「東国社会」における諸地域の「最後の前方後円墳」に長期保有鏡が副葬される理由として、在地で長期保有された「象徴」の価値喪失と前方後円墳築造の意義喪失とが連動して生じたことを挙示している〔上野二〇一二b〕。長期保有鏡が重視された結果、より重要度の低い倭製鏡が副葬に「優先」されたのか、倭製鏡が重視されたがゆえに「優先」して副葬されたのかで、議論の内容が変わってしまうが、常識的に後者と解すれば、桜塚古墳群では副葬において「長期保有」鏡が重視されず、古墳時代後期末葉の「東国社会」では、「長期保有」鏡が意義を失ったため副葬されたことになる。いずれにしても、「長期保有」鏡の価値と副葬とが逆相関を示すという見方である。

（4）　同様の現象は、岡山県月の輪古墳（中期前葉）など（図27）、ほかの古墳でもみとめられる。本墳には、前期後葉後半頃に製作された倭製鏡がおさめられており、老年および熟年（?）の被葬者がその活動時に入手した可能性が高い。興味深いことに、これに伴出した銅鏃もまた、「系譜と変遷から比較的古相をしめすもの」と考えられ〔大澤元二〇〇六〕、おそらく同墳出土の倭製鏡や石釧とともに「中期保有」をへて副葬されたのだろう。本墳の被葬者を「大和政権から配られた型落ちのブランド品をたくさん集めて」「自慢」する「田舎大尽」のイメージでとらえる見方もある〔松木二〇一四〕が、本章の分析結果に照らせば、まったく的外れである。なお、本墳の南東約〇・五キロに立地する、当地域最初の「首長墓」と目される王子中古墳の東石槨から、漢鏡七－一期の上方作系浮彫式獣帯鏡が出土している。想定される時期差や比高差が二〇〇メートルをこえる立地上の相違などからみて、月の輪古墳とは別個の有力集団の奥津城であろう。

（5）　本鏡は、所蔵機関が発行した図録などでは出土地不詳とされる〔関西大学博物館編一九九八、車崎編二〇〇二〕。また、分離式神獣鏡系が出現する時期を、本書では前期末葉と表現しているが、最近では中期初頭と表記する論者が多数を占める。したがって、本墳には確実に古墳時代前期に遡上する倭製鏡が存在しないかもしれない。ただ、調査者である森浩一の「回顧」談によると、この対置式神獣鏡A系は、本墳から出土したのちに、関西「大学に考古の陳列館ができた時の記念展に持ち出されたものがそのままになっているもの」とのことである〔森二〇〇三〕。

(6) ただ、岡村秀典が指摘するように、双頭龍文鏡は西村分類〔西村一九八三〕の「Ⅰ・Ⅱ式が弥生後期の遺跡から出土する」一方で、「Ⅲ式」は「前期末から中期の古墳から出土することが多」く、「Ⅱ式とⅢ式とは型式が連続しているのに、日本での出土遺跡には一〇〇年ほどの懸隔があ」り、「三世紀には中国の南北で作鏡の衰退とともに鏡の伝世がさかんになり、日本でも伝世しているので、鏡からの歴史解釈がむずかしい」という問題がある〔岡村二〇一一〕。

(7) ただし、堺市大野寺跡から鼉龍鏡A系（前期後葉後半）、同市経塚古墳から神頭鏡系（前期後葉）、同市泉ヶ丘町から鳥頭獣像鏡類（前期後葉）、同市土師狐塚古墳から倭製鏡（前期後葉）が出土している。また『集古十種』には、「和泉国堺掘地」から径約二三センチにおよぶ大型の倭製方格規矩四神鏡A系が出土したことを記している。こうした資料の位置づけ次第で、ここで展開した推論に変更が必要になるかもしれない。しかし、後期前葉頃の造営が推定される経塚古墳をのぞいて、すべてが伝出土資料であり、詳細が不明である。

(8) 細かく区分すれば、男山古墳群は茶臼山古墳と石不動古墳の二基で、東車塚古墳と西車塚古墳の二基からなる志水古墳群と区別することもあるが、本章では「両者で一つの古墳群と理解することも可能」とする見方〔和田一九八八〕を採用する。

(9) ただし、本墳出土とされる鏡は、一八三〇年代に出土したと伝えられており、その出土状況どころか確実に本墳出土かも判然としない。したがって、本墳出土鏡は詳細な分析には適さない憾みがある。

(10) 首長墓系譜の初造墳に長期保有鏡が副葬される現象について、早くに藤澤長治らが、「一代に一つずつ作られていって、これが数代重なって」形成された「古墳群の一群に対して原則として一基、しかも最も古いと考えられるもの」に、「伝世鏡」が「埋置されていること」を明記している〔和島他一九五七〕。なお、長期保有鏡が首長墓系譜の初造墳にすべて副葬されるわけではなく、さらに保有を継続する場合もありうる以上、長期保有鏡から首長墓系譜の動態を論ずる際には慎重な姿勢が必要不可欠である。

(11) なお小林は、「より強大な政治的権力によつて伝世を絶つことを強制されるというようなことがなかつた場合には、なおしばらくは伝世をつづけられることがあつた」場合も想定し、そうした「事情によつて、中期の古墳にいたつて伝世鏡が副葬せられることも、時にはありえた」とも説き、その証拠として「近接する二古墳のうちの新しい古墳の方にのみ伝世鏡の副葬を見る実例」を示した。その実例が東車塚古墳と西車塚古墳であり、後出の東車塚古墳に「伝世の長宜子孫内行花文鏡」が副葬されていたことを特記した〔小林一九五五〕。椿井大塚山古墳の被葬者の活動年代を「三世紀の終、あるいは四世紀のはじめごろ」、寺戸大塚古墳の築造年代を「四世紀の中頃」とみる一方、西車塚古墳の造営年代を「大体四世紀のはじめごろ」と位置づけている文章があり〔小林一九五八〕、小林は西車塚古墳の時期をかなり古く見積もっていたふしがある。しかし、現在の副葬品編年によるかぎり、両墳に明確な築造時期差はなく、倭製鏡の時期などを加味するならば、むしろ西車塚古墳のほうが新しい〔大賀二〇〇二〕。

(12) じつは、首長墓系譜と長期保有鏡に関する前記の現象を、本章で提示した解釈以上に整然と解きうる説明論理がある。それは、畿内中枢勢力が新興の有力集団に長期保有鏡（および倭製鏡）を逐一分与し、同地域ないし近隣地域の他集団とのあいだに差異化をはかった、という説明論理である。とはいえさすがに、畿内中枢勢力がこれほど強力な統制を布いていたとも、それほど多量の中国製鏡を長期保有していたとも考えがたい。しかし、列島広域の諸地域において、特定の中国製鏡を長期保有するシステムが存在しえたのかという疑問にくわえ、倭製鏡では整然とした分配システムが存在したこと、そして近年、王権膝下の超巨大古墳である奈良県桜井茶臼山古墳で、厖大な面数におよぶ中国製鏡の副葬が確認されたことを勘案すると、即座に棄却すべき愚案ともいえない。

(13) ただし、横穴式石室が一般化するため、同室複数埋葬の被葬者間の副葬鏡径差を抽出できていない可能性も残る。しかもこの時期以降、竪穴系の埋葬施設の副葬品が横穴系の埋葬施設のそれより劣り、そのため従来のように竪穴系の同墳複数埋葬で鏡が分有されること自体がほとんどなくなる。稀例に属する事例ではあるが、竪穴系の同墳複数埋葬に後期倭製鏡を分有する三重県尻矢二号墳では、副葬鏡径において中心埋葬＞副次埋葬の関係がみとめられることが注意される。また参考事例として、滋賀県山津照神社古墳の出土鏡群において、後円部の中心埋葬（横穴式石室）の出土鏡二面（一三・二センチ、八・四センチ）のほうが、前方部の可能性がある「西ノ方岡山土中」から出土した鏡（七・一センチ）より大きいことも付記しておく。

(14) すでに森下が、久津川車塚古墳や今里車塚古墳などといった、「変化の要に位置する古墳の副葬鏡が、かならずしも新式の鏡だけで占められるわけではない点」に注目し、「前代を越えるような社会的位置に立った首長の出現によって伝世が中絶された」可能性を提言している〔森下一九九八〕。

(15) ただし、畿内地域の諸地域における有力集団は、「盟主権」を保持していない期間にもそれなりの古墳を造営していることや、「首長墓」の変転がいちじるしい善光寺平などとことなり、「盟主権」をしばしば一定期間保持することなど、両者間には少なからぬ相違があることに注意する必要がある。

(16) ここで仮説の域をでない対案を提示してまで、長期保有鏡と「首長霊」との連繫に疑義を示したのには理由がある。「首長墓」を

「首長霊継承儀礼」の場とみなす、首長墓系譜論の根幹にかかわる構想において、しばしば鏡がこの「儀礼」の主アイテムとみなされてきたからである〔春成一九七六・一九八四、丸山竜一九七七、寺沢薫二〇〇〇・二〇〇三等〕。古墳を首長霊継承の舞台装置とみる説は、夢幻的な説明の妙とあいまって、魅惑的な説として古墳時代研究に滲透している。しかしこの説にたいし、これまで文献・考古学両サイドから多くの反論が提示され、実証レヴェルでは到底うけいれがたい説である。

古墳での首長霊継承仮説は、折口信夫の所説に淵源する〔大久保二〇〇八等〕。さらにいえば、折口が人文学にひろめた分与・増殖可能な実体的な霊魂観は、折口の発想の基幹にある平田流国学までたどることができる。折口は、死した天子（天皇）の後継者が、大嘗祭の儀において「天皇霊その他の威霊」を継承することでその資格をえたと考え〔折口一九二八・一九七七等〕、以後の皇位継承研究に絶大な影響をおよぼしたが、実証の裏づけを欠く折口説には多数の批判がくわえられ、提唱当時の姿で成立する余地はない〔岡田荘一九八九、岡田精一九九二等〕。実証レヴェルでいえば、折口の構想もそれに淵源する首長霊継承仮説も、少なくとも根柢からの再検討をへなければ延命しえない。ところが、折口説を護持する論者は、開き直りに近い実証性の薄い反論をくりだすばかりで、実りある学問的応酬は展開されていない。たとえば赤坂憲雄は、「折口の〈天皇霊〉論はたとえ、万一誤読の産物であったとしても、誤読として打ち棄てるにはあまりに惜しい妖しの魅力に浸された仮説である。くわえて折口一流の誤読ゆえに垣間見えてしまった古代の風景といったものも、たしかに存在する」などと、実証性を拋棄した夢想を吐露する〔赤坂一九八八〕。岡田荘司による折口説への異論にたいし、「かぎりなく平板で貧しい印象しか与えない」と感覚的な反論をこころみるのも、同様の姿勢である〔赤坂一九九〇〕。「折口の眼差しが描く大嘗祭の実像は、じつは前方後円墳の成立とともにあった」と想察する寺沢薫は、「折口論をまずフィクショナルなものと捉えるところから出発し、観念の因果関係を状況証拠で体系的に論理化することが歴史を学ぶものとしてのあるべき方法」だと唱える〔寺沢薫二〇〇三〕。しかし、「フィクショナルなもの」から当時の実相を復元する姿勢は、フィクションに詳しい筆者にしても理解しがたいし、ましてこのような姿勢が「歴史を学ぶものとしてのあるべき方法」だというのには、まったく共感できない。

（17）筆者の解釈にたいして、「何故にそれまでに副葬されなかったが説明できない」と批判をくわえる寺沢知子は、「三世紀後半において入手した威信財が四世紀前半に副葬されてしまうことは、オオヤマト政権下で入手した威信財を保有し続ける価値が急速に低下した結果」との主張に明白なように、上野とおおよそ見方を同じくしている。寺沢のように、「副葬された威信財は、生前において地域集団の盟主がその保有を顕示することに意味がある」との前提〔寺沢知二〇一五〕にたてば、そのような結論になるのだろう。しかし、そもそも筆者の解釈は、具体的な保有状況の検討から、そのような前提に批判的な議論を展開している以上、この批判は筆者にとりほとんど意味をなさない。

(18) 梅澤重昭は、八幡観音塚古墳などに、「世代を超えて伝承されたであろう銅鏡が副葬品として加えられ」た背景として、当該期の「政治的権威の変容」のために、「伝世されてきた鏡の持つ象徴的権威に対する決別」が生じつつも、他方で「豪族権威を象徴する神威の宝器として銅鏡を大切にする風習が、上毛野地域の有力豪族家にも独自の祭祀儀礼として存続していた」ことをあげる〔梅澤二〇〇三〕。「象徴」「権威」「神威」などの曖昧な語の畳みかけに翻弄されそうになるが、形式論理的には「Aが否定されつつも、Aが存続していた」と述べているにすぎず、結局なにも説明していない。

(19) 森下は、「鏡のみが絶対的なレガリアとして伝世されるのではなく、他のさまざまな物品とともにその組合せを変えながら断続的に伝えられていったものと想像」し、「銅鏡のほかいく種類かの器物をゆるやかなレガリアとして保持・伝世していった支配系譜の存在を想定」している〔森下二〇〇五〕。

第六章　器物保有と国家形成

一　目　的

最近の古墳時代研究において、器物の保有に着眼した検討が活況を呈しつつある。授受行為の「授」に、そして授受の時点における分配者―受領者の関係に、分析視点が偏向してきた日本式「威信財」論の不備を緩和し、さらには受領者側における器物の意味づけや、器物保有をつうじた集団編成の長期態などにせまりうるアプローチとして、こうした器物保有論は期待をよせるに足る。

しかし、筆者の期待はもう一歩さきにある。筆者は、本書第一章で解説し以下でも略説する権力資源論を導入することで、器物保有論が国家形成論に重大な分析視角をもたらしうる、との構想をいだいている。モノの保有が国家形成に関連するなどというと、いささか三題噺めいて聞こえるかもしれない。しかし、この構想がたんなる着想をこえた論理と資料的整合性を併有することを、鏡の保有に関するいくつかの考古学的現象の検討をつうじて明らかにしたい。なお本章は、本書のほかの章と重複する部分がかなりある。ご海容賜りたい。

二　理論的射程

(1) 列島の国家形成論の課題

領域的な実体としてとらえるにせよ、組織や機構として理解するにせよ、(古代)国家は少なからぬ普遍性をそなえる。そうである以上、(古代)国家形成を追究するためには十分な理論的枠組が必要である。敗戦後の日本では、マルクスあるいはエンゲルスの『家族・私有財産・国家の起源』に範をえた理論枠が、そして一九九〇年代以降は新進化主義人類学の成果を吸収した「初期国家」論が、その力強さや豊かな体系性ゆえに、広く採用されてきた。しかし、ソ連の崩壊にともなうマルクス主義理論の失墜、ポストモダン下の世界における多様性の称揚などといった流れのなかで、程度の差はあれ普遍の相を求める国家形成理論は後退を余儀なくされた。他方で日本考古学では、依然として国家形成にたいする関心が高い。この結果、日本考古学において、代替的な理論的枠組が次々と試行錯誤的かつ部分的に導入される状況が出来した。これならばまだよいが、国家の理論的吟味も定義もないまま国家形成論を展開する論考が多発してくるとなると、事態はやや重篤である。

国家形成に関する筆者の見解は、すでに本書第一章で提示しているので、詳細はそちらを参照していただくとして、ここでは本章にかかわる理論的な論点のみ簡説しておく。筆者は、社会内／間の多様な側面を総合的かつ体系的に分析しうる点、マルクス・エンゲルス流の国家形成理論を否定しさるのではなく、文化人類学・考古学の新知見を加味しつつ、これをいっそう高いレヴェルで再構築できている点、「威信財論」や親族論や儀礼論など、近年の日本考古学で重要視されている分析視角を説得的に組みこんでいる点などから、構造マルクス主義人類学の枠組を積極的に導入すべきだと判断している。フランスで登場してすでに半世紀をすぎた枠組を今さら、との異論もあるかもしれない。しかし、有望な枠組を「今さら」になるまで放置した知的怠慢こそ責められるべきであるし、そもそも登場順でいえば、エンゲルスの枠組や新進化主義のほうが古い。

（2）権力資源論の有効性

構造マルクス主義人類学も一枚岩ではなく、多様な展開をとげてきた。構造マルクス主義人類学につらなる分析視角のうち、筆者がとくに重視するのが、M・マンのIEMP（イデオロギー・経済・軍事・政治）モデル〔Mann 一九八六〕を巧みに導入しつつ、T・アールが深化させた権力資源コントロール論である〔Earle 一九九七、福永一九九九a等〕。アールは、「デンマーク・ハワイ・ペルーの首長制社会において有力者が、経済（ポリティカルエコノミー）・軍事・イデオロギー・社会関係という権力資源をいかに効果的に組みあわせて戦略的にコントロールしたかを、考古資料などの諸データに根ざして分析し、複雑な政治機構の形成プロセスを明らかにした。この視点を積極的に継承した関雄二は、このモデルを中央アンデス地域の国家形成に適用し、これらの権力資源を緊密かつ効果的に複合してコントロールしうるか否かが、当該社会が国家成立にいたるか否かを左右することを、潤沢かつ多彩なデータをもって立証した〔関二〇〇六〕。

なおアールは、マンが挙示した「中央集権的・制度的・領域的なコントロール」である「政治」を除外し、社会的（親族的）関係に占めるポジショニングとして自身が新規に設定した「社会関係」も実質的に捨象した。これにはいくつかの理由を想定できる〔福永一九九九a〕が、「領域的なコントロール」と「社会関係」のコントロールは、少なくとも列島社会の国家形成において重要な権力資源になりえたと筆者は考えている。

弥生時代末期〜古墳時代後期の列島社会における権力資源コントロールの実態についても、本書第一章ですでに論じた。それよりもここで強調したいのが、成文法による制度的支配システムが整備される以前において、権力資源を効果的・複合的にコントロールすることは容易でなく、それゆえ複数の権力資源コントロールを発効させうる媒体《メディア》が、社会的・政治的に重要な位置を占めたと想定できることである。この見方を採れば、なぜ前方後円墳を代表とする巨大な奥津城が、数百年にもわたって多大な労力の損耗をいとわず次々に造営されたのかが、理解しやすくなる。

労働力および人員の結集は、堰堤構築や耕地開発などの組織的労働に振り向けること（「基本物資財政」としての「経済」）も、有事には軍事的活動に転用すること（「軍事」）も可能である。多数の貴重な器物を副葬することは、新たな貴重品の生産と流通を刺戟する（「富裕物資財政」としての「経済」）。古墳が儀礼装置として重要な意義をになったことは、近年とみに指摘されるところである（「イデオロギー」）。畿内四至の近隣や交通ルートの要衝に大型古墳が配置される現象をみるに、古墳の造営地点に関して「領域」が意識された可能性は十分に高い（「領域」）。さらに、私見がみとめられるならば、前方後円墳を代表とする古墳の埋葬位置に、格差（身分差）・社会的性差・年齢差・職掌差など多彩な集団内差が反映させられていた（「社会関係」）〔下垣二〇一一〕。このように、多種の権力資源を集約しうる媒体になりえたからこそ、国家形成〜成立期である古墳時代において古墳が重要な位置を占めつづけ、畿内中枢勢力は次々と新規の墳墓要素や副葬品を創出・導入し、自身を頂点とする序列の維持・強化につとめたのである。そして、諸地域の有力集団サイドでもまた、そうした序列内で同型反復的な仕方で古墳を築造したのである。

（3）権力資源としての鏡

一方、（巨大）古墳ほどではないが、鏡もまた複数の権力資源の操作媒体として重大な役割をはたしていたと推定できる。まず、「威信財」の代表格とみなされつづけてきたことが示すように、当該期において鏡は、「富裕物資財政」の基軸的位置をになっていた（「経済」）。福永伸哉が証拠をそろえて力説したとおり、鏡は濃密な儀礼的役割をはたし、神仙思想などとも結びついていた可能性がある（「イデオロギー」）〔福永一九九九ａ〕。そして、筆者の提言が正しければ、鏡の保有とその延長上にある副葬には、有力集団の継続性を保証し、同一性を維持するという機能的意味があった（「社会関係」）（本書第五章）。さらに、分配の面数や大小により諸地域を分節的に格差づけることで、間接的ながら範域のコントロールにもかかわっていた可能性が高い（「領域」）〔下垣二〇一一〕。

このように、古墳時代とくに前期の政治的局面において鏡は、「富裕物資財政」としての「経済」、儀礼にかかわる「イデオロギー」、集団の同一性の維持という「社会関係」、という少なくとも三つ（「領域」をふくめれば四つ）の権力資源が、複合的・連動的にコントロールされる要になる器物であった。もちろん、古墳の場合と同様に、諸地域側の意向を無視して強制的におしつけられたわけではなかった。むしろ、入手することで畿内中枢勢力との関係を内外に示し、保有をつうじて流動性の高い自集団の同一性を維持し、面径の差で集団内の序列化をはかりうるなど、諸地域の有力集団にとって歓迎すべき器物であった。しかしそれゆえに、この有用な器物の輸入・製作・流通をコントロールした畿内中枢勢力が強大化してゆくという、なかば逆説的な機制が作動したのである。

ただ、鏡を媒介とする権力資源は観念的色あいが濃厚な反面、実質的権力を発効させうる「基本物資財政」と「軍事」を複合させえなかったため、ひとたび価値観の変化が起きると一気に瓦解しかねない脆弱さを内包していた。そのため、鏡を媒介とした権力資源コントロールは盤石たりえず、事実、遅くとも古墳時代中期には、鏡の輸入・生産・分配のいずれもがいくぶんの凋落をみせた。しかし鏡が、古墳造営とならんで、複数の権力資源が複合的に操作される媒体となり、畿内中枢勢力の中心化を促進しえたことは、列島の国家形成においてきわめて重要な史的意義を有する。というのも筆者は、「経済」「軍事」「イデオロギー」「領域」(「社会関係」)の権力コントロールを効果的かつ恒常的に遂行する支配機構である国家が、畿内地域において成立したのは中期前半、このコントロールが列島広域に浸潤したのが後期中葉〜後葉とみている(本書第一章)。とすると、畿内中枢勢力による鏡の入手・生産・授受のコントロールは、古墳造営とともに、国家成立の要件である権力資源の効果的・恒常的活用の先駆けであったと評価でき、そうしたコントロールの実態の究明は、列島の国家形成論においてきわめて重大な価値を有することになる。

以上が、国家形成論と鏡の関連性に関する筆者の考えの要点である。鏡が「富裕物資財政」「イデオロギー」「領域」のコントロールにかかわる器物だとする見方は、とくに違和感なくうけいれられるだろうし、実際にこれに類する研究は少なからずだされてきた。他方、鏡の保有が社会的(親族的)関係という権力資源に結びつくとの私見は、やや突飛に映るかもしれない。したがって以下の諸節では、鏡の保有にかかわるいくつかの考古学的事象をとりあげ、他説の批判的吟味をおこないつつ、前記した自説をより幅広く展開する。

三　「伝世鏡」と古墳の出現

(1)　伝世鏡論の現在

鏡が長期保有される現象を、編年の阻碍要因という負の評価から、政治・社会史上の重大事象という正の評価へと鮮やかに反転させ、「伝世鏡」論に昇華させたのが、いうまでもなく小林行雄である。弥生時代以来、「伝世の宝鏡の保管によって象徴されるような、在来の司祭的権威」に「依存」してその「地位と権力」を保持していた「司祭的首長」が、外的には「大和政権」からの「承認」により、内的には「世襲制の発生」により、みずからの「地位と権力」とを保証」されたことで、「宝鏡の伝世」が「絶たれ」、新たに「発生」した古墳に、自身の「聖性の根元」であった「伝世の宝鏡」を副葬した、との構想を打ちだしたのである〔小林一九五五〕。

「同笵鏡」と「伝世鏡」を整合的に組みこんだ小林の構想は、「大和政権の成立」「古墳の出現」「三角縁神獣鏡の配布」を総合的に、かつ整然と解き明かす画期的な仮説〔福永二〇〇五〕として、考古学界のみならず文献史学にも広くうけいれられた。しかしその後、「伝世鏡」論の根拠とされた手ずれへの疑問や、弥生時代後期の集落の動向や流通システムからみて、完形中国製鏡が中四国以東に流入して数百年も「伝世」したとは考えがたいなどの反論が提示され、いまや小林の構想が当初の形で成立する余地はほぼ消えた。他方、対案としてだされる「踏返し鏡」説などの代替案も多くの難点をかかえており〔森下二〇一〇〕、論点が非常に入り組んできている。漢鏡六期鏡については、出土時期と実期鏡がリアルタイムで中四国以東に流入した蓋然性はきわめて低いと考える。筆者は、多数の漢鏡四・五年代観を再検討すると、一部が後期後半に遡上する可能性はあるが、多くは末期前半に流入したと見積もりうる。しかし、中四国以東への流入がリアルタイムであったか否か、判断つきかねている。

ともあれ、筆者をふくむ多くの論者が、さまざまな仮説や推測、資料や証拠を組みあわせて自説を展開してきたため、「伝世鏡」の当否をめぐる議論はますます錯節の度を深めつつある。ただ、こうした諸議論で争点となっているのが、中四国以東の諸地域で弥生時代末期（後半）以降に造営された墳墓・古墳に副葬された漢鏡四・五期鏡（＋六期鏡）が、当該諸地域に流入した時期および副葬にいたるまでの経緯であることに着眼するならば、諸説を整理し、蓋然性の高い説を消去法的に絞りこむことが、ある程度までならば可能になる。以下、本書第四章と重複するが、諸説の吟味をこころみる。

（2）中四国以東の「伝世鏡」の来歴諸説

大鉈を振るって諸説を整理すると、おおよそ五つの案に収斂させうる。すなわち、【A案】：リアルタイムで中四国以東の諸地域に流入し、当地で長期保有されたのち副葬された〔岡村一九九九、岸本直二〇一五等〕、【B案】：九州北部などの別地域にリアルタイムで流入し、当地で長期保有されたのち、中四国以東に移動して副葬された〔柳田二〇〇二等〕、【C案】：九州北部などの別地域にリアルタイムで流入し、当地で長期保有されたのち、畿内中枢に移動して諸地域に再分配された〔甘粕一九七一、大賀二〇一三〕、【D案】：列島外（中国ないし韓半島北部）で長期保有されたのち、古墳時代開始期前後に中四国以東に流入した〔辻田二〇〇七等〕、【E案】：古墳時代開始期前後に踏返しや復古により列島外（ないし列島内）で製作され、中四国以東に流入した〔立木一九九四、寺沢薫二〇〇五等〕、の五案である（表2）。

まずA案だが、漢鏡四・五期鏡のとくに大・中型鏡が有力古墳に集中的に副葬される事実（図16）を勘案すると、これらの鏡を入手した中四国以東の特定諸集団が、弥生時代後期〜末期という一大変動期を無事にくぐりぬけ、副葬せずに長期保有してきたこれらの鏡を有力古墳におさめたことになる。しかし、これは想定としてかなり無理がある〔森下二〇一〇〕。保有主体を問わず、中四国以東の特定地域での長期保有を考えるにしても、大型鏡の古墳副葬量において畿内地域が九州北部を圧倒する事実は、史資料から推定される弥生時代後期の両地域の社会状況や流通ネットワークといちじるしい齟齬をきたす。九州北部では大型鏡をすみやかに副葬し、中・小型鏡は古墳時代まで残存した一方、畿内地域では大・中型鏡を選択的に入手し、古墳時代まで長期保有した結果だという解釈もありうるが、そこまで恣意的に仮定を積み重ねてよいのであれば、いかなる解釈も可能になってしまう。

B〜D案は、地域間の二次的移動を想定する諸説であるが、明快な根拠を提示することが至難であるという弱点がある。というのも、器物がたどる製作→流通⇅保有→廃棄という一般的な履歴のうち、考古学がまがりなりにも直截とらえうるのは「廃棄」の局面にほぼ限定されるからである。保有地の地域間レヴェルの二次的移動を基本的に考えないA案ですら、その確証の挙示が困難であるのに、ましてや二次的移動まで考慮にいれるとなると、よほどの実証的根拠を提示するか、状況証拠の積み重ねに頼るしかない。

さてB案であるが、もっとも具体的な議論を展開する柳田康雄は、鏡体の「マメツ」や鋳造後の研磨の状態、そして中国製鏡の分布状況の時期的変化などを根拠にして、次のような推論を提示した。「マメツ」の程度からみて、「近畿地方が確実に鏡を入手できるようになるのは、「倭国大乱」後」に比定できる一方、「北部九州の盟主国」であり「大陸の情勢に明るい」「イト国」では、大量の中国製鏡を当地で「マメツ」させることなく「蓄積保管」していた。それらの中国製鏡は、「イト国」の東遷の際に「近畿地方」に移動し、おそらく「卑弥呼共立記念」を契機に分配されることで、ようやく畿内地域で中国製鏡の「伝世」が開始され、しばらくの時をへて古墳に副葬されたのだ、と〔柳田二〇〇二・二〇〇三〕。

「イト国」を例外視・特権視する姿勢に違和感もおぼえるが、柳田による以上の推論は、漢鏡四・五期鏡が中四国以東の古墳に副葬される以前にたどった履歴を考えるうえで、示唆に富む。しかし、列島出土の漢鏡四〜六期鏡の分布パターンを調べると、弥生時代末期後半頃に大・中型鏡の分布が畿内地域を中心とする傾斜減衰パターンを示しはじめ、古墳時代前期をつうじてこのパターンが継続すること〔辻田二〇〇七〕が明白である（図16）。九州北部の有力集団の主導下で、長期保有鏡が畿内地域に移動したのであれば、なぜ当の九州北部に大・中型鏡が寡少であるのか説明しがたくなる。むしろ、九州北部で長期保有された漢鏡四・五（・六）期鏡が、弥生時代末期後半以降に畿内中枢勢力のもとに吸収され各地に再分配された、とみるC案を採るほうが、資料状況に合致する。分配する鏡の大小ないし面数・有無に差をつけることで、畿内中枢を最上位にすえた列島広域の序列化を志向する分配戦略が当該期に発現したとみるわけだが、この戦略が漢鏡七－二期鏡→三角縁神獣鏡→倭製鏡へと積極的に継承されていったことも、この想定の補強材料となる。

D案の主導的論者である辻田淳一郎は、弥生時代後期から古墳時代前期にかけての列島出土鏡を対象にして、その副葬傾向や鏡式組成などを緻密に分析し、古墳出土の完形中国製鏡が出土地域で長期保有されたものではなく、古墳時代初頭以降に列島に大量流入したものであるとの結論をみちびきだした〔辻田二〇〇七〕。多角的かつ統計的な分析に根ざした説得力ある主張である。しかし、D案が成立するためには、大陸ないし半島において多量の漢鏡四・五期鏡が長期保有されていたことが立証されなければならない。三国代に復古鏡がさかんに製作され、南朝代に後漢鏡の復古や踏返しが活発になされたことなどは、大陸において鏡が長期保有（保管）されていた有効な状況証拠になりうる。

しかし、保有（保管）の候補地を具体的にあげることは現状では至難である。漢鏡四・五期鏡の大型鏡が当地で長期保有された実例を少なからず抽出しえない以上、未知の長期保有地を列島内から列島外にすげ替えたにすぎない。漢鏡四～六期鏡の数量的推移のリズムが楽浪郡・九州・中四国以東で共通する点や、奈良県大和天神山古墳のように漢鏡四・五期鏡が良好なセット関係を示す古墳が存在することなども、この案に否定的な現象である〔上野二〇一一〕。それならば、列島内での地域間の移動を考えるC案のほうが、いくぶん無理がない。また、辻田はこれらが中四国以東に多量流入する時期を古墳時代開始期頃に比定するが、当該諸地域におけるこれらの副葬開始時期を勘案すれば、弥生末期後半〜末頃までひきあげるのが適当である。そうすると、辻田の挙示するデータはC案でも整合的に説明できることになる。

以上の諸案が、おおむね分布状況や出土状況といった状況証拠に立脚して構築されているのにたいし、E案は、とりわけ踏返し説は、鏡それ自体に遺る痕跡の観察をふまえた議論であるだけに実証性が高い。しかし、踏返しや「湯冷え」とみなされる痕跡を、別の論者が「手なれ」の痕跡と認定する局面が多々みられたり、わずかな鋳崩れまでも踏返しの根拠とされることがあるなど、認定基準に不十分さが残る。踏返し鏡の候補とされる当該期の中国製鏡と、踏返しが介在する同型鏡群〔川西二〇〇四〕とが、鏡背面の状態において顕著な相違を示すことも、いくぶん不審な点である。それゆえ、鏡（背）面の状態の観察をつうじて長期保有の当否がすみやかに解決されることは、いまのところ期待しにくい。

また、文様が模糊になるほどに踏返しがおこなわれたとの主張と裏腹に、古墳出土の「伝世鏡」に同型品がみいだされない事実も、踏返し論に不利に働く〔森下二〇一〇〕。たとえ列島出土の当該期の中国製鏡に踏返し鏡の存在をみとめるにせよ、それらが「原鏡の製作時期とほぼ時期差なく」「中国本土、又は楽浪郡」で「製作され、日本列島に拡散した」〔南二〇一〇〕のであれば、保有期間に関する議論にほとんど影響をあたえないことになる。ただ、鋳造技術や文様構成の緻密な分析をつうじて、踏返し鏡や復古鏡を抽出する基準が明示されつつあることは重要であり〔柳田二〇〇二・二〇一五、南二〇一六b等〕、鉛同位体比分析や実際の出土資料などと照合することで、いっそうの研究の進展が期待される。しかし、典型例以外を復古の所産に安易に帰す一部の姿勢には疑問もある。

（3）小　結

以上から筆者は、D案にも惹かれつつ、またE案も部分的に成立する可能性をみとめつつも、畿内勢力主導型のC案が資料状況にもっとも整合的だと判断している。C案を採ったうえで、漢鏡四・五期鏡（＋六期鏡？）が畿内中枢勢力のもとに二次的に移動しはじめた時期を弥生時代末期後半頃に比定する私見がみとめられるならば、当該期を起点にして長期保有が開始したことになる。近年、弥生時代末期後半の墳丘墓を、「定型化」前方後円墳に先行する「早期古墳」とみとめる見解が、いっそう前面化してきた。この見解と私見をふまえて、前記した小林の「伝世鏡」論をとらえなおすならば、「宝鏡の伝世」の途絶と時期を同じくして古墳が出現したのではなく、「宝鏡の伝世」の開始こそが、古墳の登場と同期的な現象であったと結論づけうる。伝世鏡論への諾否を問わず、鏡の（長期）保有の解釈には、いまなお小林の構想が強い影響をおよぼしている。しかし、前記したように小林説の論拠が、重要な部分で存立しがたくなった以上、鏡の（長期）保有の実態と意義について、新たな視座から再構築すること（森下一九九八等）が必要不可欠である。

四　弥生「龍」と初現期倭製鏡

（1）古墳倭製鏡の出現をめぐる論点

現代の私たちの「鏡」観からすれば、鏡面が対象を鮮明に映しだしさえすれば、鏡はその機能を満たしている。ところが、中国製鏡にせよ倭製鏡にせよ、いわゆる銅製の古鏡は、鏡背面にさまざまな意匠を凝らしており、その文様や意匠が製作者にも使用者にも強く意識されていた。そうした意識があったからこそ、同一の意匠が長期にわたり使用されつづけたり、時をこえて復古されたり、はたまた中国製鏡の意匠が、波濤をこえた倭の地でさかんに模倣されたのである。以下では、列島社会において、鏡それ自体ではなく鏡背の意匠が長期にわたって保持された可能性がある事例について検討する。

俎上に載せるのは、初現期の倭製鏡である。弥生倭製鏡と一線を画する倭製鏡が、いついかなる経緯で出現したかは、倭製鏡研究の重要論点であったが、資料に根ざした説得的な成果はあがってこなかった。しかし近年、弥生倭製鏡の検討が飛躍的に進展し〔田尻二〇一二等〕、さらに弥生倭製鏡と倭製鏡（古墳倭製鏡）をつなぐ資料の姿が明らかになってきたことで、この論点に解明の光が差しこみつつある。現在、もっとも説得力に富む案を提示しているのが森下章司である。古墳倭製鏡（「畿内系鏡群」）が本格的に始動してゆくまでのプロセスを、土笵と挽型を導入した「⊞」字文鏡や重圏文鏡などの「小型品」が製作されはじめる「二世紀後半〜三世紀前半（弥生時代終末）」の「第一段階」⇒「系列的なつながり」は不分明だが獣文など「一定の複雑性」をそなえる種々の文様をもつ径一〇センチ前後超の「中型鏡」が登場する「三世紀中ごろ前後」の「第二段階」⇒「大型鏡」が登場し、「多種多様な図像」が編みだされ、「系列的なまとまりも確立」する「三世紀後半」の「第三段階」、の三段階に復元した〔森下二〇〇七〕。

「第一段階」は弥生倭製鏡との系統的な連繫性などから、「第三段階」は三角縁神獣鏡との共伴関係などから、ほぼ疑問なく承認できる。問題は「第二段階」である。森下自身も述懐するように、「第二段階」の「中型鏡」の時期は、「鏡自体の特徴から初期のものと位置づけられるのではなく、もっぱら出土した古墳の年代、なかんずく共伴した土器型式によるところが大きい」点〔森下二〇〇二〕に、要するに伴出土器に全面的に依拠している点に強い不安が残る。これらの「中型鏡」を古墳時代初頭あるいは弥生時代末期まで遡上させる見解が、これまでも提示されてきた〔楠元一九九三、西川寿二〇〇〇等〕。ところが、前期倭製鏡の文様要素との比較検討にくわえ、近年の古墳・土器・埴輪編年などとの照合を実施するならば、その上限はおおむね古墳時代前期前葉頃までくだり、それ以前に遡上する可能性がある資料はかなり限定されてくる〔下垣二〇一八〕。

そうした資料として注目されるのが、赤塚次郎が「絵画文鏡」と総称した一群（約一五面）である。赤塚は、「人物禽獣文鏡」などを代表とする、「人物をまじえて動物・昆虫などをモチーフにした」資料群を「Ⅰ類」～「Ⅳ類」に分類したうえで、共伴土器を根拠に、これらの生産が「廻間Ⅱ式後半期」（「三世紀中ごろ」）には開始され、「やがて獣形文鏡の中に組み込まれるかたち」で、「四世紀前葉から中葉に終了した」という年代観と消長観を提示した。また、「東日本に偏在する」その分布状況を重視して、本鏡群を「東海地域」との「強い関係」を示す「東日本の初期倭鏡を代表する鏡」だと評価した〔赤塚二〇〇〇〕。

（2）弥生「龍」と倭製鏡

前期倭製鏡の系譜と年代観に関する従説に変更をせまる、大胆な提言である。ところが、「絵画文鏡」の主像の特徴に着目すると、その時期がさらに大幅に遡上する可能性すらでてくる。その特徴とは、弥生土器の絵画土器にあらわれる「龍」との共通性である。こうした「龍」への関心は、資料の増加を追い風に近年とみに高まっており、春成秀爾の詳悉で重厚な研究成果に結実している〔春成二〇一一〕。絵画土器の「龍」表現はじつに多彩であり、安易に一括することはできない。ただ、簡略化がはなはだしくない資料を通覧すると、S字状に屈曲する細身の胴部を有する点、胴部の屈曲にあわせて鰭や脚状部や獣毛が体外に突きだす点、頭部を表現しないか単純な円形ですますなど、頭部表現への志向が微弱である点、などの共通点を抽出できる。

　こうした表現が、まさに「絵画文鏡」にみいだせる。たとえば、愛知県白山藪古墳出土鏡の獣像（図25－1）は、蛇のようにうねる細身の胴体に数本の鰭状表現を配し、円形の小頭の両脇から角状突起が突きだすが、この表現は大阪府船橋遺跡から出土した長頸壺の「龍」文（図25－5）に酷似する。両者が鏡像的な反転関係にあることは、後者

1. 愛知県白山藪古墳
5. 大阪府船橋遺跡
2. 群馬県北山茶臼山西古墳
6. 長崎県原の辻遺跡　石田高原地区 SD5
3. 奈良県大和天神山古墳
7. 岡山県足守川加茂 A 遺跡　竪穴住居 14
4. 京都府芝ヶ原古墳
8. 岡山県新本横寺遺跡

図 25　弥生「龍」（右列）と「絵画文鏡」（左列）（縮尺不同）

と同じモティーフをそのまま鋳型に彫りこんだため、鋳造時に反転した蓋然性を想起させる。また、白山藪鏡の乳付近に配された巴状文も、船橋遺跡出土の別の長頸壺や大阪府恩智遺跡出土の短頸壺に刻された巴状の「龍」文に似る。白山藪鏡に類似する獣像を配する群馬県北山茶臼山西古墳出土鏡の乳から、数本の鰭と細線が巴状にのびる（図25－2）が、これを髣髴と

させる表現が、隣接して「龍」を刻文した長崎県原の辻遺跡出土の小型壺にみとめられる（図25－6）。なお、北山茶臼山西鏡の「意匠」と船橋遺跡出土土器の「竜の意匠」とが「瓜二つである」ことが、かなり以前にすでに指摘されている〔橋本裕一九八九〕。かつて、「銅鐸の絵画の一部」との共通性が指摘され、「古墳時代の前期の鏡作り工人と弥生式文化の銅鐸製作者との関連」が推測された大和天神山古墳出土の「人物鳥獣文鏡」〔森一九六三〕の内区に、S字状の体軀に有軸羽状文をほどこす獣像（図25－3）が存在することも注意を惹く。前期倭製鏡の獣像に有軸羽状文を明確にほどこす事例はほぼ皆無であるが、これに類する表現を、岡山県足守川加茂A遺跡竪穴住居一四から出土した器台に刻まれた「龍」（図25－7）にみとめうる。赤塚が「絵画文鏡」の「Ⅳ類」とした京都府芝ヶ原古墳[1]出土鏡には、「勾玉状」とも評されるS字状の獣像が配されている（図25－4）が、明確な頭部を欠くS字状の胴部から無数の細線が放射状に延びる点で、岡山県新本横寺遺跡出土の器台にあらわされた「龍」（図25－8）といくぶん似た趣きを呈する。

土器と鏡という施文対象のちがいを反映して、絵画土器の「龍」が線刻表現で「絵画文鏡」の獣像が半肉彫を志向するという相違はあるが、両者の表現上の類似性は看過できない。S字状の体軀を呈する獣像であれば、前期倭製鏡の中段階以降や中期・後期倭製鏡に散見するが、これらは萎縮し簡略化した表現をとり、稚拙ながらも細部まで丁寧に施文する「絵画文鏡」との相違は大きい。常識的に判断すれば、これらの絵画土器と「絵画文鏡」は、文様モティーフや信仰の面で関連をもつ文化内／間における同時期の産物であろう。ところが、その常識をはばむ難問がある。ほかならぬ時期の問題である。

絵画土器の「龍」は、鋭利なヘラ状工具で焼成前に施文される。したがって、「龍」の描出と施文対象である土器の製作は同時である。報告書の記載や先行研究〔春成二〇一一、村田二〇一二等〕によると、「龍」の出現は弥生時代後期前葉頃であり、後期中葉に位置づけられる大阪府池上曾根遺跡出土の長頸壺や同八尾南遺跡出土の壺に刻された「龍」あたりから本格化してゆく。船橋遺跡出土の長頸壺はわずかに後出し、巴状の「龍」を配する船橋遺跡出土の長頸壺や恩智遺跡出土の短頸壺は後期後葉にくだる。これらと別「系譜」の「龍」〔春成二〇一一〕だと、新本横寺遺跡出土の器台が後期前葉にさかのぼるほか、足守川加茂A遺跡の器台は後期中頃に、原の辻遺跡出土の小型壺は後期後葉〜末頃に位置づけられる。このように、絵画土器の「龍」は後期前葉〜中葉頃に登場し、後期後葉を中心に流行した。そして、後期末葉には「記号化」のはてに「近畿中央部」で消滅し〔春成二〇一一〕、そのほか諸地域でもほぼ後期のうちに、遅くとも末期にはほぼその姿を消し、ごく一部の抽象文様のみが古墳時代初頭まで残存したらしい。

（3）検討と解釈

「絵画文鏡」の獣像と共通する「龍」をほどこす弥生土器は、弥生時代後期前葉〜中葉に製作されはじめ、前記のようにおおむね後期後葉までにおさまる。この対応関係を素直に受けとめれば、「中型」倭製鏡の登場は、森下や赤塚による比定年代〔「三世紀中ごろ」〕より二世紀ほど遡上することになる。つまり、九州北部で弥生倭製鏡の生産が開始されてまもなく、そして「近畿産」〔「非北部九州産」〕の弥生倭製鏡の生産始動〔田尻二〇〇五〕に一世紀ほど先行して、鋳造技術や研磨の面でこれらをはるかに凌駕する「中型鏡」が製作されはじめたことになる。

この推論の帰結は、従来の知見とも先行研究とも、あまりにも大きな齟齬をうみだす。ただ、いくぶん追い風になる現象もある。たとえば森下は、赤塚が「絵画文鏡」の「Ⅰ類」に分類した「狩猟文鏡」について、その鏡体や図像の配列および特徴、「弥生時代の青銅器に近い」と推定しうる「成分」やそれに起因する不鮮明な鋳上がりなどを根拠にして、弥生時代後期の青銅器〔銅鐸〕や絵画土器との関連性を指摘する〔森下二〇一一〕。また、芝ヶ原古墳の出

表4　「絵画文鏡」と他鏡式の共伴関係

倭製鏡（筆者段階）			Ⅰ	Ⅱ	Ⅲ
三角縁神獣鏡（岩本段階）			～Ⅱ期	Ⅲ期	Ⅳ期
人物鳥獣文鏡	赤塚Ⅱ類	奈良県大和天神山古墳	②	①	
人物禽獣文鏡（4面）	赤塚Ⅰ類	愛知県東之宮古墳		②	
				④	
人物禽獣文鏡	赤塚Ⅰ類	岐阜県宝珠古墳		①	
四獣鏡	赤塚Ⅲ類	愛知県白山藪古墳			①
				①	
人物禽獣文鏡	赤塚Ⅰ類（新）	岐阜県行基寺古墳			②

倭製鏡の段階は〔下垣 2011〕、三角縁神獣鏡の時期は〔岩本 2014a〕による（以下同）。
赤塚分類は〔赤塚 2000〕による。丸数字は出土面数（以下同）。

土土器は「庄内式新段階から布留式最古段階古相」に比定される〔長友二〇一四〕。この比定が正しく、そして土器の長期使用を想定しなければ、「中程度の「マメツ」」状況を呈する芝ヶ原鏡〔柳田二〇〇二〕の製作時期は、さらにさかのぼる可能性がでてくる。芝ヶ原鏡よりいくぶん簡略化した主像を配する「絵画文鏡」の「Ⅳ類」を副葬した長野県篠ノ井遺跡群ＳＭ七〇〇六は、明白な根拠はないものの「庄内式〜布留Ⅰ式段階・廻間Ⅲ期併行」に位置づけられ〔西山他編一九九七〕、鈕が摺り切れそうになるほどの磨滅を本鏡が示すことは、本鏡の製作時期がこの位置づけより遡上することを暗示する。

しかし、逆風となる事実のほうが多い。まず出土状況の判明している「絵画文鏡」は、おおむね古墳時代以降の古墳におさめられている。また、編年大綱がほぼ確立している三角縁神獣鏡と前期倭製鏡との共伴事例が多く、それらの時期は軒並み古墳時代前期中葉（倭製鏡Ⅱ段階・三角縁神獣鏡Ⅲ期）までくだる（表4）。また、白山藪鏡・芝ヶ原鏡・大和天神山鏡（・北山茶臼山西鏡）は、その外区〜内区外周構成や円座の四乳などに吾作系斜縁神獣鏡からの影響を考えるのが、現状の資料状況と整合的である。吾作系斜縁神獣鏡の出現を魏代とみてよければ〔實盛二〇一二〕、この時期がこれら諸鏡の上限になる。

そしてまた、「絵画文鏡」の獣像に似る絵画土器の「龍」は、弥生時代後期前葉〜末頃に幅広くみとめられるのにたいし、「絵画文鏡」には、前記したような外区〜内区外周構成、大ぶりな円座鈕（白山藪鏡・芝ヶ原鏡・北山茶臼山西鏡・兵庫県小松原出土鏡）、特異な「半球状円座乳」〔赤塚二〇〇〇〕（白山藪鏡・芝ヶ原鏡・松明山鏡）など、一定のまとまりがある。このことは、絵画土器の「龍」がたどった型式変化とは無関係に、それら多様な「龍」表現が特定期間に倭製鏡に採用されたことを示唆する。

以上の事実にくわえ、「絵画文鏡」に散見する大ぶりな鈕が、森下の三段階案における「第一段階」以降の小型鏡と共通すること、芝ヶ原鏡などに顕著な細密な鋸歯文が、前期倭製鏡の最古段階（古墳時代前期前葉頃）に目だつ特徴であることなどを勘案すれば、「絵画文鏡」の登場が前期倭製鏡の本格的な生産始動に先行する可能性は十分にありうるものの、その上限はせいぜい古墳時代開始期前後までしか遡上しえない。「龍」の共通性のみから弥生時代後期にひきあげることは、鏡研究の立場からは不可能である。

以上の迂遠な推論が承認されるとすれば、「龍」が弥生土器の表面を飾らなくなってから相当の年月をへて、この意匠が鏡背面に復活の場をみいだしたことになる。直截的な証拠がない以上、復活の経緯や背景を復元することはほぼ不可能である。しかし、「龍」をえがいた弥生時代後期の土器が、長い時をへて偶然に掘りだされ、その意匠が注意を惹くといった変則的な事態を想定しないかぎり、そうした土器自体が地上で保管されたにせよ、あるいは木板や布帛など現存しない対象に「龍」がえがかれつづけたにせよ、「龍」の意匠が長期間にわたって保持されていなければ、このような復活現象は起こりえないだろう。しかし、もしこのように「龍」の意匠が意図的に保持されたとすれば、なぜ土器から姿を消してしまうのか説明がつかない。かつての施文者や使用者が記憶していたという解釈は、これらの土器と「絵画文鏡」の初現との時間差を考慮にいれると、「龍」の消失期間は個人の活動期間はおろか生存期間をもこえる蓋然性が高いため、成立しがたい。

このように状況証拠からすれば、経緯や背景は明らかにしがたいとしても、(2)「龍」の意匠がなんらかの形で長期間にわたって保持されつづけたとみるのが、穏当な解釈である。

五 「政権交替」論と鏡の保有

(1)「政権交替」論と鏡

前二節では、鏡の保有をめぐる検討をつうじて、古墳出現論など社会・政治史的研究の重要論点にまで論がおよんだ。鏡の保有論が多くの重要事象を解き明かす鍵を握ることを、あらためてうかがい知れる。さらにまた、鏡の保有論は、一九九〇年代以降の古墳時代研究に活況をあたえてきた「政権交替」論(「河内政権論」)にも深くかかわってくる。

鏡を資料的根拠にした「政権交替」論は、ふたつの視角から推進されてきた。ひとつが、「前期後半の画期」に「新式神獣鏡」あるいは「新興鏡群」と呼称される新たな倭製鏡群が登場する背景に、新興勢力(「大和北部勢力」)の擡頭を想定し、旧勢力である「大和東南部勢力」とのあいだで倭製鏡の競合的な分配活動がおこなわれたとする説である〔福永一九九九c、林二〇〇二〕。これについては、古墳時代前期前半と後半とで前期倭製鏡に系統的な連続性がみいだせる点で承引できず〔辻田二〇〇七、下垣二〇一一、加藤二〇一五等〕、また保有論とも関係が薄いので、本章ではとりあげない。

もうひとつの視角も新旧勢力の競合的分配に着目したもので、前者の説の祖形をなす。提説者の田中晋作は、三角縁神獣鏡と帯金式甲冑（定型化甲冑・中期甲冑）との共伴事例が畿内地域において僅少であること、そして少数の共伴事例は「新興」的な古墳にみられ、しかもその場合には古相の中国製三角縁神獣鏡が副葬されること（表5）などの現象を、「新興の勢力と旧来の勢力の交代にあたり、前者が各勢力の取り込みにあたってその時期の最新の機能を備えた甲冑を供給」する一方、後者は「それを阻む」べく手もとに保管してきた「より古い鏡式の三角縁神（盤龍）獣鏡を供与した」結果だと解釈した〔田中晋一九九三〕。この田中説は、分配元での長期保有を前提にした立論であり[3]、保有論としても興味深い。以下では、これまで指摘されてこなかった、「政権交替」論と親和性をもちうる諸現象を加味しつつ、鏡の保有現象をつうじて「政権交替」論の当否を吟味する。

（2）「政権交替」論の吟味

分配元での三角縁神獣鏡の長期保有を考える田中にたいし、多くの鏡研究者は、前期後半以降の古墳に古相の中国製三角縁神獣鏡が良好なセット関係をもって副葬される現象などを論拠に、これらは基本的に受領元である諸地域で長期保有されたとみた〔森下一九九八、福永一九九九c、岩本二〇〇五等〕。また、複数面の三角縁神獣鏡や倭製鏡が一埋葬施設で共伴する場合、その大半が同一ないしは隣接段階でそろうこと、両者が複数段階にわたって整合的な共存状況を示すことなどは、こうした器物が製作・流入後に比較的すみやかに諸地域へともたらされたことを示唆する。田中説では、古墳時代前期末葉頃に登場する帯金式甲冑が、これより格段に古い中国製三角縁神獣鏡とのみ共伴する現象を最大の論拠とするが、編年体系がおおむね構築されている倭製鏡や石製品などを加味するならば、古相の器物

表5　帯金式甲冑と共伴する三角縁神獣鏡の所属段階

	中国製			「仿製」	長期保有中国製鏡
	Ⅰ期	Ⅱ期	Ⅲ期	Ⅳ期～	
奈良県池ノ内5号墳（※）	①				
京都府芝ヶ原11号墳（※）	①				
京都府久津川車塚古墳	①				○
大阪府和泉黄金塚古墳東主体部	①				○
〔福岡県老司古墳〕（※）	①				○
〔静岡県松林山古墳〕（※）			①		○
奈良県室宮山古墳			①		○
奈良県円照寺墓山1号墳			①		
京都府八幡東車塚古墳（※）			①		○

（※）は別主体部からの出土。
田中がとりあげていない畿外の古墳は〔　〕内におさめた。

群と新相の器物群が共存する事例は少なからずある。

さらに、中国製三角縁神獣鏡と帯金式甲冑との共伴事例九例のうち、じつに六例において後漢鏡（ないし魏鏡）も共伴していること（表5）が注意される。田中説を採るならば、当然これらも畿内中枢勢力のもとで長期保有されていたことになるが、従来の諸説と大きな齟齬をきたすことになる。[4] こうした諸現象を勘案するならば、複数段階にまたがる鏡などの副葬器物が一埋葬施設で共存することは、複数次にわたって受領した器物を受領元で蓄積した結果とみるのが素直であり、古相の三角縁神獣鏡と帯金式甲冑のように隔時性の強い共伴事例は、その中間期に授受がなされなかったか、副葬がなされなかったと解しうるのであり、田中のように複雑な政治状況を想定する必然性はない〔下垣二〇一一〕。

（3）大阪南部の事例

また、中国製三角縁神獣鏡と帯金式甲冑の共伴事例としてとりあげられた大阪府和泉黄金塚古墳の副葬鏡群について、「在地で一括伝世した可能性」が指摘されてきた〔森下一九九八〕が、これを補強する重要な知見を提示しておきたい。当墳の所在する大阪南部（和泉地域）における前期後葉～中期前葉頃の古墳副葬鏡は、その鏡式組成および時期の点できわめて特徴的である。当地域の古墳出土鏡は一一面を数えるが、風吹山古墳の不明鏡二面をのぞく九面すべてが漢鏡七期後半〜魏代の作であり、非常にまとまりがよい。

　本地域の有力墳の消長と副葬鏡の内容を簡単にまとめると次のようになる。本地域の「首長墓」の濫觴は、久米田古墳群（久米田地域）の貝吹山古墳であり、前期後葉に位置づけうる。本墳には、少なくとも画文帯同向式神獣鏡（漢鏡七－二期）一面が副葬されていた。本墳の造営後、半世紀以上の期間をおいて、同一古墳群に中期中葉頃に造営された風吹山古墳からも、貝吹山鏡と近しい同一鏡式（漢鏡七期後半）が発掘されている。両墳の空白を埋める前期末葉頃、貝吹山古墳の東方約二キロの地に、約二一〇メートルという破格の規模を誇る摩湯山古墳が出現する。同墳の副葬鏡は不明だが、その「陪冢」的位置にある馬子塚古墳から吾作系斜縁二神二獣鏡（魏鏡）が出土している。同じ時期、信太地域の「首長墓」の嚆矢である和泉黄金塚古墳の粘土槨三基に、画文帯環状乳四神四獣鏡二面にくわえ、画文帯同向式神獣鏡・景初三年陳是作画文帯同向式神獣鏡・吾作系（周是作）斜縁二神二獣鏡・三角縁波文帯盤龍鏡各一面からなる、多数の漢鏡七－二期鏡および魏鏡がおさめられた。これら諸鏡の流入年代は、弥生時代末期末頃〜古墳時代初頭という短期間におさまっている。

　さらに注目されるのが、久米田古墳群の二代の「首長墓」とみなしうる貝吹山古墳と風吹山古墳の出土鏡が、高い類似性を示すことである（図23）。貝吹山鏡は細片で、獣像の比較しかできないが、小山田分類〔小山田一九九三〕の同向式Ａｂ形式に相当する風吹山鏡と文様の細部とサイズが酷似する。銹化のため観察に限界もあるが、前者にもっとも類似する鏡を列島内に探せば後者であるほどである。同向式Ａｂ形式の列島出土例は、片手で数えてほぼ足りる程度であり、本古墳群に二面が存在することは偶然に帰しがたい。この二面が同一の首長墓系譜の二墳に副葬された経緯を想定するならば、同じ機会にこれらをセットで入手した有力集団が、これらを長期保有しつつ、同集団の代表者の死に際して一面ずつ副葬に供した、という流れがもっとも無理がない。しかもこの二面は、和泉黄金塚古墳出土の景初三年銘画文帯同向式神獣鏡の「モデル」の「ひとつ」と推定される洛陽吉利区出土鏡〔岡村二〇一〇〕とも高い類似を示している。

このように、古墳時代前期後葉以降の古墳に漢鏡七－二期鏡および魏鏡という、時期的に限定される鏡（群）が副葬される強い傾向を、久米田古墳群をはじめ和泉中部の顕著な特徴としてみいだせる。小山田宏一のように同向式Ab形式を三世紀第2四半期頃の所産とみる〔小山田一九九三〕ならば、本地域の出土鏡のほぼすべてが古墳時代初頭前後の短期間に凝集することになる。本形式を二世紀末〜三世紀初頭頃の製作とする、より説得力に富む見解〔岡村二〇一〇〕を採ったとしても、風吹山鏡（および貝吹山鏡）と同形式の洛陽鏡が、景初三年陳是作画文帯同向式神獣鏡の「モデルとなった画紋帯同向式神獣鏡のひとつ」と目されている〔岡村二〇一〇〕以上、関係の深さという点では変わらない。

本地域の副葬鏡が、製作から副葬まで相当の長期間をへたにもかかわらず、際だったまとまりをみせるのは、これらが畿内中枢勢力下で長期保有されたのち当地域に分配されたのではなく、リアルタイムで当地域に流入したか分配され、「在地で一括伝世した」結果〔森下一九九八〕であろう。このことに関して近年、和泉黄金塚古墳出土の画文帯環状乳四神四獣鏡の同型鏡が、古墳時代前期初頭頃に築造された奈良県久渡三号墳から出土していることは興味深い。同時期の製作である二面が、古墳時代前期という一世紀にもおよぶ期間の両端に位置する古墳に副葬されているわけであり、鏡の在地保有の一証となる。

ただ、議論の公平を期して記しておくと、畿内中枢勢力が前期後半頃まで一部の鏡を分配しなかったとする見解が、最近になって前面化の萌しをみせている〔大賀二〇〇二、加藤二〇一五等〕。これらの見解には納得できる部分も多く、「配布中心における集積・伝世」の「可能性を完全に棄却する方が困難」との意見〔辻田二〇〇七〕も妥当である。ただ、「政権交替」論の論拠とされた既述の諸現象については、すでに述べたように受領元での長期保有に起因すると考える。

(4) 分離式神獣鏡系

以上のように、田中の構想とは裏腹に、鏡の様態は「政権交替」論を支持しない場合が多い。他方、倭製鏡と三角縁神獣鏡の共伴状況に関して、田中説と強く整合するかにみえる興味深い現象がある。すなわち、前期末葉以降の古墳において分離式神獣鏡系〔森下一九九一〕と中国製三角縁神獣鏡とがしばしば共伴する事実である(表6)。分離式神獣鏡系(図26)とは、前期末葉〜中期前葉頃に製作された倭製鏡の一大系列であり、五〇数面を数える。最新段階の鼉龍鏡や神像鏡系など他系列との関連もみとめられ、前期倭製鏡新段階の基軸系列である〔下垣二〇一一〕。

ところが、本系列と三角縁神獣鏡の共伴関係をみると、そのほとんどが中国製三角縁神獣鏡と共伴する。本系列が同一古墳で他鏡式と共伴する約二〇事例のうち、約四割(八例)に中国製三角縁神獣鏡がふくまれる割合になる。しかも、三角縁神獣鏡と倭製鏡の共伴事例において、両者の時期に大きなずれが生じる場合の大半が、本系列かその関連鏡をふくむことに起因する。常識的に判断すれば、本系列は中国製三角縁神獣鏡と同時期、すなわち前期中葉までに製作されたことになる。しかし、内外区の文様や鏡体などの特徴からして、本系列が前期中葉まで遡上することはありえない。他系列との関係からみても、前期末葉まで下げるのが妥当である。出土古墳の時期も軒並み前期末葉以降にくだり、前期後葉前半以前にさかのぼりうる古墳は皆無である。

前期末葉以降に帰属する器物が、「仿製」三角縁神獣鏡とではなく中国製三角縁神獣鏡と強い共伴傾向を示す点で、分離式神獣鏡系と三角縁神獣鏡の関係は、帯金式甲冑と三角縁神獣鏡の関係に似る。分離式神獣鏡系と帯金式甲冑の

1. 福岡県沖ノ島17号遺跡　2. 鳥取県北山27号墳　3. 大阪府岡古墳

図26　分離式神獣鏡系（縮尺不同）

表6　分離式神獣鏡系と三角縁神獣鏡の共伴関係

	中国製			「仿製」			長期保有中国製鏡
	Ⅰ期	Ⅱ期	Ⅲ期	Ⅳ期	Ⅴ期	Ⅵ期	
奈良県池ノ内5号墳（※1）	①						
奈良県佐味田貝吹古墳			①				
奈良県円照寺墓山1号墳			①				
京都府八幡西車塚古墳（※2）			①				○
兵庫県日岡東車塚古墳			①				
和歌山県岩橋千塚花山支群（※3）			②				
奈良県佐味田宝塚古墳	⑦	①	③	①			○
岡山県鶴山丸山古墳	①			②			
福岡県沖ノ島17号遺跡				①		②	

※1. 出土した主体部は別個。※2. 分離式神獣鏡系の関連鏡群。
※3. 少なくとも同一支群からの出土。

同墳出土例が一〇例におよぶことも、分離式神獣鏡系・中国製三角縁神獣鏡・帯金式甲冑の三者の連繫性を暗示する。

このほかにも、本系列がみせるいくつかの様相は、「政権交替」論の補強材料になりうるかもしれない。たとえば、古市古墳群の曙光となる巨大古墳である津堂城山古墳から、六面の倭製鏡が出土しているが、そのうち少なくとも四面が分離式神獣鏡系の関連鏡群である。同古墳群の岡古墳にも、分離式神獣鏡系が一面おさめられていた。百舌鳥古墳群の最初（期）の大型古墳である百舌鳥大塚山古墳からも、一面の分離式神獣鏡系が出土している。このように、「新興」勢力の初期の奥津城に、本系列が目だっている。また、本系列の分布状況は前代から大きな変化をみせ、新興の古墳群に顕著であるなど、その背景に政治変動を想定しうること〔下垣二〇一一〕も、「政権交替」論に親和的たりうる。前期後葉の倭製鏡の画期が重要視されることが多いが、これまで注目されることのなかった、分離式神獣鏡系の登場を指標とする前期末葉の画期にこそ、より大きな政治的・社会的変動が背在しており、さらなる追究が必要である。

(5) 私　見

しかし、それでも筆者は、これらの諸現象を「政権交替」論を支持するものとはみない。むしろ、その否定材料になると考える。たとえば、分離式神獣鏡系の登場は前期倭製鏡新段階への移行を劃すだけでなく、古市古墳群の出現とも時期を同じくする事象である。しかし他方で、中段階の倭製鏡との明白な連続性が看取される。分離式神獣鏡系と三角縁神獣鏡を「旧勢力」が、帯金式甲冑を「新勢力」が分配した、との見解もありえようが、しかし分離式神獣鏡系の分布が「新興」的な古墳群や地域に目だつ事実と齟齬をきたす。分離式神獣鏡系・中国製三角縁神獣鏡（および長期保有鏡）・帯金式甲冑の共伴性の高さは、逆にそれらの分配主体の同一性もしくは密接な関連性を示唆する。

古墳時代前期末葉頃に、倭製鏡と三角縁神獣鏡の流通・副葬に大きな変化が起きたのは事実である。たとえば、倭製鏡と三角縁神獣鏡は、同一埋葬施設における共伴関係において、両者の新古がかなり整然とした対応性を示すが、当該期になるとしばしば不整合な共伴関係を呈するようになる。また、列島諸地域の古墳に副葬された前期倭製鏡の面径は、畿内中枢からの距離的遠近と親近度の濃薄にかなりの対応性をみせるが、当該期には畿外の東西遠域から大・中型倭製鏡が出土したり、畿内中枢の大型古墳におさめられた最大の倭製鏡が中・小型鏡であるような事例が散見するようになる。つまり、前期倭製鏡や三角縁神獣鏡の流通・副葬における法則性が、この時期にしばしば破綻するのである〔下垣二〇一一〕。筆者もこうした現象の背景に、重大な政治変動を推定してきた。しかし、倭製鏡に関しては、前代からの文様の継続性および系列間関係の構造的連続性から、それ以外の考古事象に関しても、造墓地や古市古墳群・百舌鳥古墳群に近在する前期古墳（群）の動態などから、この変動を政権交替に結びつける立場をとらず、従来の畿内中枢勢力が主導した構造改革的な変動を想定している〔下垣二〇一一〕。

以上のように筆者は、前期末葉頃以降における倭製鏡・三角縁神獣鏡・帯金式甲冑の共伴状況を、田中らのように複数の分配主体の競合に起因するとはみない。では、かような共伴状況がなぜ、いかにして生じたか、が重大な論点になるが、明確な回答をあたえることはむずかしい。筆者は暫定的に以下の二案を考えている。

第一の案は、すこぶる単純である。分離式神獣鏡系・中国製三角縁神獣鏡（および長期保有鏡）・帯金式甲冑が、すべて前期末葉以降に畿内中枢勢力から分配された、とみる案である。すなわち畿内中枢勢力が、前期前半以前から長期にわたって秘蔵してきた中国製三角縁神獣鏡（および後漢～三国鏡）にくわえて、新たに製作した帯金式甲冑と分離式神獣鏡系に代表される新段階の倭製鏡とを、前期末葉頃の政治変動期に重要視し優遇した各地の有力集団にまとまった形で分配した、と想定するのである。帯金式甲冑と共伴する三角縁神獣鏡がことごとく単面副葬であり、その場合に後漢鏡がかなりの頻度で共伴するなどといった共伴状況の特異さを、分配時の選択性に由来するとみるわけである。これを仮に「α説」、別名「（分配元）蔵出し説」と名づけよう。

第二の案は、もう少し複雑である。後漢～三国鏡や中国製三角縁神獣鏡をすでに入手しつつも、副葬に供さないまま保有をつづけ、前期末葉頃の変動期にいっそうの成長をとげた有力集団が、畿内中枢勢力から新たに帯金式甲冑と新段階の倭製鏡を分配され、これらをまとめて副葬した、という案である。これを仮に「β説」、別名「在地保有説」と呼んでおく。

筆者は、α説が成立しうる局面もありえ、そうした視点からの検討を深める必要性をみとめつつも、ここまでの議論と以下の現象を斟酌して、β説がより妥当であると判断する。たとえば、中国製三角縁神獣鏡を最新の細別段階案〔岩本二〇一四a〕に依拠して区分したうえで、帯金式甲冑との共伴関係を整理すると、「Ⅰ期」（前期初頭頃）と「Ⅲ期」（前期中葉頃）にかたまり「Ⅱ期」（前期前葉頃）が不在になる（表5）。分離式神獣鏡系と中国製三角縁神獣鏡の共伴関係においても、「Ⅱ期」はほぼ不在である（表6）。「Ⅰ期」に中国製三角縁神獣鏡の過半がかたよる以上、当期の三角縁神獣鏡が個別の共伴事例にふくまれる蓋然性はおのずと高くなる。しかし、資料数に特段の差がない「Ⅱ期」と「Ⅲ期」が、帯金式甲冑および分離式神獣鏡系との共伴状況において顕著な差異をみせることは、注意すべき事象である。資料が少ないため、偶然による可能性も排除しきれないが、現状における三者の共伴状況をα説で解釈するならば、三角縁神獣鏡の段階ごとに分配元で保管したりしなかったりしたことになる。これはかなり不自然な事態である。

先に、隔時性の強い共伴事例が、時期ごとの授受の有無に起因する可能性を提説した。三角縁神獣鏡や倭製鏡の分配が、小期ごとに特有の政治的・社会的背景と戦略をもって実施されたことを勘案するならば、畿内中枢勢力と特定の有力集団とのあいだでなされる鏡の授受の有無が、小期ごとに変動した結果、そうした共伴状況がうみだされた蓋然性は十分にありうる。そうした小期ごとの分配戦略と重視地域の目まぐるしい変転については、別稿で詳説したとおりである〔下垣二〇一一等〕。そうであれば、隔時性をもった共伴事例は、当該埋葬施設の被葬者の輩出集団が畿内中枢勢力からうけてきた評価の変動的な推移を、ある程度まで反映していると推定できる。要するに、授受の有無や多寡が累積した結果が、こうした共伴状況だとみるわけである。しかし、それならばなぜ表5および表6のような整然とした組みあわせ状況が生じるのか、合理的な回答をいまだえていない（5）。

以上のように、鏡から読みとりうる前期末葉頃の動向は、たとえ分配元での長期保有がみとめられるにしても、田中説をはじめとする政権交替論を支持しない。しかし、筆者の代案も十分とはいえない。少なからぬ研究者がα説を支持するだろう。新たな情報と筆者の見解は提示したので、筆者への反論や異論をふくめて、少なくとも新データを追加したうえでの、今後の議論の展開を期待する。

六　鏡保有の継続と断絶

(1)　鏡保有に関する自説

鏡の長期保有現象を精緻に分析し、鏡の「保有主体」として「首長墳系列に示される在地の集団が重要である」ことを明示した森下の研究成果〔森下一九九八〕は、首長墓系譜と鏡の総合的検討をつうじて諸地域の有力集団編成にせまるアプローチの先駆けとなった。

筆者は森下の驥尾に付して、首長墓系譜における鏡保有を追究した。その結果、特定小地域に新たに登場する「首長墓」や首長墓系譜の初造墳に、あるいは複数地域に覇を唱えるかのように造営される「盟主墓」に、長期保有鏡が顕著である事実をみいだした。そして、「首長墓」や「盟主墓」の被葬者が有力集団から輩出する以上、古墳への鏡の副葬は集団保有の継続であると解したうえで、当該期の集団編成の流動的性格をふまえ、次のような見解をみちびきだした。当該期の有力集団が鏡を長期保有した目的のひとつは、流動的な自集団の同一性や連続性を維持し保証することにあり、それゆえ「首長墓」や「盟主墓」への長期保有鏡の副葬は、当該集団の同一性の重要な部分を、そうした奥津城に葬られるだけの勢威を誇った人物とともにその地に固定させる行為であったのだ、と。[6] さらに、中期末葉頃以降、首長墓系譜や古墳群において長期保有鏡の副葬が後退する現象を指摘し、その背景として、授受・保有をつうじて集団内／間を関係づけるという鏡の従来の機能が後退したことや、父系継承などといった集団結節の新原理の滲透を示唆した（本書第五章）。

筆者の主張の要諦は、鏡が集団の結節・存続に根幹的な役割をはたし、それゆえ卓抜した有力者の奥津城に副えることで（集団）保有の恒久化が企図されたこと、それゆえ長期保有鏡の副葬が後景に退いてゆく中期末葉以降には、鏡が集団を結節する主要な地位を別の媒体ないしシステムに譲ったことを想定したことにある。他方、上野祥史が披瀝する鏡保有に関する重要な見解は、この肝心要の部分で私見とあいいれない。そこで以下では、上野説の批判的検討をつうじて、自説のさらなる展開をはかりたい。

（2）上野説の吟味

上野は、鏡などの「配布された威信財が首長個人に帰属するのではなく、地域集団あるいは特定階層で共同管理していた可能性」を肯定したうえで、鏡と「帯金革綴式甲冑」の特色ある共伴状況に注目し、古墳時代中期前半になると当該期を代表する「属人性の強い威信財」である「帯金革綴式甲冑」の入手に刺戟される形で、「前期的な鏡が伝世することを必要としなくな」ってゆき、「鏡を個人へと帰属させてゆく動きが加速し」、長期保有鏡が副葬されるにいたったと説いた〔上野二〇一二a〕。さらに、千葉県小櫃川流域の祇園・長須賀古墳群および群馬県碓氷川流域の古墳群において、後期後葉～末葉頃に築造された「当地域で最後の前方後円墳」に長期保有鏡が共通して副葬される現象に注目し、「東国社会」では「地域で保有した象徴が価値を喪失する現象と前方後円墳の築造が地域社会において意味を失う現象とが連動」すると推定した〔上野二〇一二b・二〇一三〕。

上野が注視する考古学的現象に関して異議はない。しかし、そうした現象が生じた理由と背景状況について、少なからず見解を異にする。まずは中期前半に、属人性の強い帯金革綴式甲冑の副葬に影響されながら、鏡の「伝世」が途絶してゆくとの見解だが、本書第五章で論じたように、鏡の長期保有の終了は、中期後半以前であれば各時期で幅広く生じている。中期前半以前に長期保有鏡と帯金革綴式甲冑との共伴事例が目だたないのは、後者の副葬事例が寡少なためにすぎない。実際、上野は分析の俎上に載せつつ、さほど重視していないが、古墳時代前期の甲冑と長期保有鏡とが共伴する頻度もきわめて高い。竪矧板革綴短甲と鏡の共伴事例三例のうち、漢鏡との共伴例と中国製三角縁神獣鏡との共伴例が各二例みとめられる。また、方形板革綴短甲と鏡の共伴事例八例のうち、漢（〜魏）鏡との共伴例が五例、中国製三角縁神獣鏡との共伴例が三例におよぶ。中期前半に両者の共伴事例が顕著になるのは、帯金革綴式甲冑が有力者の副葬品として前面化したためであろう。長期保有鏡は、首長墓系譜の初造墳や「盟主墓」に葬られた格別な被葬者に副えられた以上、当該期に両器物が頻繁に共伴することは、なんら不思議なことではない。要するに、甲冑と長期保有鏡の共伴状況において、前期後半から中期前半まで同質性を看取できるわけである。

（3）後期後葉〜末葉の画期をめぐって

これまで筆者は、鏡の意義や保有状況などが中期末葉頃に後退することを強調してきた〔下垣二〇一一〕。しかし、上野が明らかにしたように、関東の諸地域などでは後期後半以降まで「長期保有を継続する地域社会」が存続していた〔上野二〇一二b〕。また最近、後期倭製鏡（旋回式獣像鏡系）が、列島各地で「中・長期保有」された事実が明らかにされている〔加藤二〇一四〕。したがって、鏡の保有や社会的機能が衰滅する時期として、中期末葉頃を過度に強調することはできなくなった。他方、旋回式獣像鏡系が、「関東や中国地方」だと後期後半まで長期保有される傾向が看取されるのにたいし、「九州や畿内周辺部」では長期の保有期間をへることなく、後期中葉までにおおむね副葬されているとの指摘も重要である〔加藤二〇一四〕。長期保有が退潮する時期に、地域差があったことになるからである。

　このことを念頭におきつつ、次に検討したいのは、後期後葉〜末葉に、関東地域の複数の「地域社会」(7)で長期保有鏡がその「存在価値」と「保有の必要性」を失効したため、同期的に意義を喪失しつつあった前方後円墳に「一斉に」副葬された、との見方である〔上野二〇一二b・二〇一三〕。保有集団においてそれ以上の保有の必要性が薄れたから、長期保有を絶って古墳に副葬したという論理は、先述した中期前半の現象の解釈にも通底する。対比的にいえば、筆者が被葬者の所属集団に必要なアイテムだからこそ、長期保有鏡を副葬したと考えるのにたいし、上野は被葬者の所属集団で保有する必要性の薄いアイテムになりつつあったからこそ、長期保有鏡を副葬したとみるわけである。しかし、上野が挙例する群馬県八幡観音塚古墳（九一メートル）と千葉県金鈴塚古墳（九五メートル）は、当該期の関東地域において有数の墳丘規模と副葬品を誇る。前方後円墳が「地域社会」で意味を失いつつあったとすれば、これほどの墳丘規模で造営し、鏡をふくむ豪奢な器物を副葬した理由がわからない。

　先に筆者も、器物がたどるライフサイクルの終点に「廃棄」の語を使った。意図的にせよ偶発的にせよ、対象への物理的な利用＝接近可能性《アクセス》が絶たれる事態ないし行為に、対象への不要性を含意する「廃棄」の語があてられることが多い。行動考古学的にいえば、こうした事態ないし行為は、形式的に「廃棄」と同等の位相にあるだろうが、不要性の有無は含意されないはずである。その点で、器物の意味を問う文脈で、こうした事態ないし行為に「廃棄」の（訳）語を使うのは不適当である。威信財論における一部の主張など、副葬を器物の廃棄とみる主張が散見する〔河野一九九八等〕が、不要性が副葬につながるとの見方は、行動考古学やライフサイクル論の「廃棄」を文字どおり受けとってしまっているのではなかろうか。

(4) 試　案

話が抽象的な方向に逸れたが、関東の諸地域において長期保有鏡が、後期後葉〜末葉頃に地域の掉尾を飾る前方後円墳に副葬される傾向があるのは事実である。また、その直後に登場する大型方墳に鏡が副葬されなくなることが、当該諸地域における前方後円墳の消滅と連動した社会的・政治的現象であるとの指摘〔上野二〇一二b〕も傾聴すべきである。究明すべきはそうした現象の背景と理由であり、そうした現象を整合的に解釈しうるか否かが、長期保有に関する筆者の見解の妥当性を占う試金石にもなる。以下では、先行研究の知見を援用しつつ、鏡保有の終焉とその背景に関する試考を提示する。

関東各地で、後期末葉に前方後円墳が一斉に終熄する現象に関して、白石太一郎の指摘が示唆に富む。当該諸地域では、それ以前に大型前方後円墳が次々に築造されていたのだが、「推古朝」頃を境にその築造が一斉に途絶し、「国造の支配領域」だけに大型の円墳もしくは方墳が造営されはじめる現象は、「国造制という新しい地方支配システムの創出に対応するもの」だ、と白石は推定した〔白石二〇〇九〕。国造任命という政治行為を介して、畿内中枢勢力と諸地域を代表する有力者とに支配—服属関係が結ばれ、この関係が在地支配の根拠になったわけである。とすれば、器物の長期保有をつうじて集団の同一性が担保される段階から、畿内中枢勢力への服属・奉仕関係の定立をつうじて、集団の結束が保証される段階にいたったのではないか。

しかも文献史料に立脚する研究によれば、国造任命には、国造が祭る鏡などの「神宝」を畿内中枢勢力が召し上げ、

「代わりに権威の象徴である宝器を大王が賜い、神宝として祭らせる」という、「祭祀権を形の上で召し上げて朝廷に服属させる儀礼」がともなったという〔大津一九九九〕。そうであれば、鏡などの「神宝」は国造の代替わりごとに畿内中枢勢力と交換されるわけで、長期保有鏡を副葬に供しえなくなる、という理窟も考えうる。国造制の成立時期には諸説あるが、少なくとも関東地域において、国造制の普及・鏡の長期保有および副葬の終熄・前方後円墳造営の終焉とが連動すること〔上野二〇一三〕は、前記の事態を考慮するときわめて興味深い。

以上の推論がみとめられるならば、大型前方後円墳の造営を断ち切る形で大型円墳・方墳が一斉に登場したことに反映される、当地への国造制の導入は、諸地域における有力集団の結節・維持の原理を畿内中枢勢力との支配—服属、制度に変更せしめた。そうなれば、かつてのように（長期保有）鏡を有力古墳に副葬して、集団の同一性をその地に固定化する必要性はなくなる。ここでようやく、鏡副葬が「不要」になり、それゆえ副葬されなくなるわけである。とすれば、関東諸地域において長期保有鏡が「存在価値」と「保有の必要性」を失ったため、後期後葉〜末葉の前方後円墳にそれらがおさめられ、鏡の長期保有が途絶したのではなく、「推古朝」頃に（長期保有）鏡を副葬する意義が失墜したため、結果的にそうした行為が直前の前方後円墳において終焉をむかえたかにみえるのである。

（5）超長期保有鏡

長期保有鏡が唐突に副葬に供されなくなったのであれば、いずれ副葬されるはずであった鏡は、いかなる行方をたどったのだろうか。「存在価値」と「保有の必要性」がなくなったのであれば、文字どおり「廃棄」されるか鋳潰して再利用されただろう。このことに関して最近、興味深い現象に気づいた。古墳時代の列島社会で流通した鏡が古墳時代の終焉後にも長らく保有されつづける、いわば「超長期保有」の事例が、関東以北にかなりかたよって存在する

表7　超長期保有鏡の諸例

出　土　遺　跡	出土鏡式・時期	住居の廃絶時期	保有期間
宮城県新田東遺跡竪穴住居 SI21	珠文鏡（前期）	8世紀中頃～	400年～
栃木県雲雀台遺跡竪穴住居	珠文鏡？	7世紀後半	—
栃木県西赤堀遺跡竪穴住居 SI-376	乳脚文鏡？(後期)	8世紀前葉～中葉	200年～
埼玉県大木前遺跡5号竪穴住居	二神二獣鏡Ⅰ系（前期）	9世紀	500年～
千葉県内田端山越遺跡 3H-5号住居	倭製鏡（後期）	8世紀末頃	約200年
千葉県下田遺跡第69号竪穴住居	珠文鏡（前期）	奈良時代	400年～

住居出土鏡にかぎる。保有期間は目安程度の概数。

という現象である。流路や包含層や井戸などからの不確実な出土状況を除外し、「超長期保有」鏡の事例を探索したところ、白鳳・奈良～平安時代頃の竪穴住居から古墳時代の鏡が出土した事例を六例みいだすことができた（表7）。以下、事例紹介もかねて、それらの内容と報告者らの所見を提示する。

宮城県新田東遺跡の八世紀中頃を上限とする竪穴住居ＳＩ二一から、前期倭製鏡に属する珠文鏡が出土している。報告者は、遺跡周辺の状況を勘案して、「古墳時代前期に属する古墳があったとは」「とても考えられ」ず、当該期の竪穴住居の出土遺物も「貧弱で、珠文鏡を保持していた集団に属していた可能性は低」く、むしろ「同型式の珠文鏡の北限」が長野県にあることなどを根拠に、奈良時代になってから「桃生城の造営にあたり、関東地方から強制移住させられた柵戸や鎮兵などが伝世してきた」「先祖伝来の鏡を埋納した可能性」を想定した〔柳澤編二〇〇三〕。しかし最近、宮城県のほぼ最北端に位置する入の沢遺跡から、珠文鏡二面をふくむ前期倭製鏡四面が出土したことや、古墳の築造と鏡の流入が対応する必然性がないことなどから、筆者はこのような特殊な想定を採らず、むしろ在地での長期保有を考えておきたい。

栃木県西赤堀遺跡の竪穴住居ＳＩ－三七六（八世紀前葉～中葉）から、後期倭製鏡が出土している。「約二〇〇年も古い鏡」が竪穴住居から出土した理由については、「代々伝わったもの、周辺の古墳から盗掘してきたものなど」が想定されている〔栃木県総合文化センター編二〇一〇〕。近隣に西赤堀一号墳（四五メートルの前方後円墳）を中心とする古墳時代後期の古墳群が存在することから、「盗掘」案も一概に否定できない。他方、この住居跡は一辺七・五メートル前後をはかる大型のものであり、「財部□」銘の墨書土器が出土しているなど、「一般的住居とは区別しうる特殊性を有している」ことも興味深い〔亀田編二〇〇七〕。なお、同じ栃木県の雲雀台遺跡でも、七世紀後半の竪穴住居から珠文鏡が検出されている。

鏡の超長期保有に関して、千葉県がとくに興味深い。たとえば内田端山越遺跡では、八世紀末頃の三H－五号住居跡から、後期倭製鏡とおぼしき鏡が出土している。ただ当県では、隋唐鏡およびその踏返し鏡が集落や寺院などから出土する事例が目だつため、奈良時代以降に倭製鏡が踏み返された可能性も考慮すべきかもしれない。しかし本鏡は、鉛同位体比や成分内容が古墳倭製鏡と基本的に一致すること〔齋藤二〇〇八、永島二〇〇八〕や、かなりの磨滅状態を呈することなどから、後代の踏返しなどではないことが明らかである。また同県では、下田遺跡の第六九号竪穴住居〔奈良時代〕からも、前期倭製鏡の珠文鏡が出土しており、さらに奈良～平安時代までは下降しないが、七世紀代に位置づけうる下方内野南遺跡の第三八号住居跡から、後期倭製鏡の旋回式獣像鏡系が検出されている。

埼玉県大木前遺跡五号竪穴住居（九世紀）から、二神二獣鏡Ⅰ系（前期倭製鏡）が出土したのが、こうした事例の注目された嚆矢である。本例について報告者は、「にわかにその出土意義を断案することはできない」とことわりつつも、「①古墳時代前期に大和政権から威信財として配布された鏡が、長期間にわたって集団内保有・伝世された。②鋳造・鍛冶集団などの職能集団において、鏡が貴重な器物として祭器化され、「懸仏」などの神格化された器物として再利用された。③周辺における前・中期古墳の副葬鏡が何らかの事情で発掘された」などの場合を想定した〔大谷二〇〇一〕。

これら諸例の多くは近年の出土であるので、今後の発掘状況により、出土地域の傾向性が変動することもありうる。

ただ、現状でみとめられる超長期保有鏡の地域的偏在性は、とくに関東以北において「推古朝」以後にもそれ以前の鏡の保有を継続する傾向があったことを示唆する。推測の域をでないが、畿内地域などのように古墳時代後期のうちに保有鏡を副葬した結果、鏡保有がいったん途絶えた諸地域とちがい、関東地域では鏡副葬が急に途切れたため、副葬されることなく保有がつづいた鏡があったのではないか。以上の諸例からうかがえる超長期保有鏡の地域的偏在性は、関東以北では長期保有を終了させる社会的必要性が他地域よりも薄かったことを示唆しており、本章の筆者の主張を補強する。

(6) 鏡保有の断絶の二画期

ただし筆者は、国造制のみが鏡の長期保有を終焉に向かわせたとは考えていない。それ以前に、ウヂの形成がその大きな要因になったと想定する。ウヂは父系の系譜関係によりその大枠が決定づけられ、世代をこえて維持された政治的集団であり、埼玉県稲荷山古墳出土鉄剣銘から、遅くとも中期末葉～後期前葉頃には成立したと推定される。考古学サイドにおいても、複数埋葬の人骨分析を根拠に、中期末葉頃に「父系かつ直系的に継承される家長」が擡頭すると主張され〔田中良一九九五〕、史資料の双方から、当該期に父系編成が進行したことが明らかにされている。ウヂの内部構造は、「首長」位が交替・移動するたびに再編成されたとみなされ〔熊谷一九八九〕、その点で流動性を残していたが、双系的性格が濃厚な前代よりは、集団の結節が確固たるものになっただろう。

そしてそれ以上に、ウヂが畿内中枢勢力への累代的な職務的奉仕を前提にして維持された点が重要である〔熊谷一九八九〕。本章の私見に関連づけるならば、器物の長期保有によってではなく、畿内中枢勢力への奉仕・服属関係の継続により、集団の結節が保証されるようになった事態を想定できよう。ウヂの形成や父系継承への変化が、まさに長期保有鏡が後景に退く中期末葉頃に生じたことは、やはり重視しておきたい。

以上から筆者は、おそらくは列島各地で地域差をみせつつ、中期末葉頃と後期末葉頃のふたつの画期をへて、鏡の長期保有が終焉していったという、暫定的な試案を提示しておく。もちろん、この案には難点も多い。たとえば、鏡の長期保有が後退するはずの中期末葉以降に、倭製鏡生産が大規模に復活する事実を前にすると、いささか説明に窮する。最近、中期後葉〜末葉頃の流入が推定される同型鏡群から、個人が受領主体となる授受パターンがあらわれたとの見解がだされている〔辻田二〇一五〕が、そうした見解を加味して分析を深めてゆく必要がある。ただ筆者は、具体的なデータをそろえていないので、推論はここまでにとどめたい。

七　課題と展望

本章では、鏡の（長期）保有に関連する諸事象をとりあげて検討をくわえた。弥生時代末期から古墳時代後期までの全時期を網羅することを心がけ、鏡保有が当該期間において普遍的な意義を有する現象であったことを示せたのではないかと思う。しかし、そのため逆に、鏡保有と国家形成との関連性という本章の主題が曖昧になったきらいがある。論の完成度を高めるためには、本章で俎上に載せた諸現象を国家形成論に点綴する必要があろう。それは今後の課題として、いましばらく保有しておきたい。

註

（1）　ただし芝ヶ原鏡の獣像は、頭部に相当する部位に円環状の眼を細線で表現している。

（2）これ以上ふみこんだ解釈は憶測になるが、別稿において筆者は、福永の「宗教改革」論〔福永二〇〇一〕を補助線にもちいた仮説を提示した〔下垣二〇一八〕。

（3）分配元である「畿内某所」での長期保有（保管）を想定する説は、中国製三角縁神獣鏡や「近畿型鏡種」に関して以前から提示されており〔小林一九五七b、川西一九八九〕、とくに目新しくもない。古墳出現前後までの保有（保管）を考えるこれら諸説にたいし、ほぼ古墳時代前期をつうじて保有（保管）が継続したとみた点に、田中説の新しさがある。

（4）ただ辻田や筆者のように、これらが弥生時代末期後半以降あるいは古墳時代開始期以降に、畿内中枢勢力から（再）分配されたと考えるならば、中国製三角縁神獣鏡と同様にこれらの一部が分配元にとどめられていたと解釈する余地も残る。厖大な面数の後漢鏡および魏鏡が副葬された奈良県桜井茶臼山古墳の存在を考慮すると、この解釈には一蹴しがたいものがある。後述するように、前期末頃～中期前半頃に優遇された有力集団に、単数面の中国製三角縁神獣鏡と帯金式甲冑（および分離式神獣鏡系に代表される新作の倭製鏡）にくわえ、畿内中枢勢力が秘蔵してきた後漢鏡が分配された、との観点からの検討も進めておくべきと考えている。

（5）たとえば、倭王の即位にともなって、王権を構成する主要な有力集団の編成替えがなされた、などの仮説がありうる。殷王朝後期の系譜の分析をつうじて、「王室」の「二大分派」が「一世代おきに交互に政権を握」った事態を復元し、「異なる派の王の朝廷は、異なる官吏たちによって構成されていた」可能性を説いた張光直の研究成果〔張一九八九〕、そしてこれを批判的に継承・発展させた落合淳思の研究成果〔落合二〇一二〕は、興味深い示唆をあたえてくれる。とはいえ、あくまで示唆であり、この見方を当時の列島社会にそのまま適用することはできない。

（6）そしてまた、継続的に造営される墳墓群（≠首長墓系譜）やランドマーク的な大型「盟主墓」もまた、有力集団がその同一性を仮託させて固定させる装置の役割をはたしたと推定できる（本書第七章）。

（7）上野は「地域社会」なる用語を、「各地に存在」した「首長層と彼らに率いられる集落で構成する社会」を「包括的」に指示するものとして使用する。そうすると、「王権が地域社会へ配布した鏡」や「長期保有を継続する地域社会」といった表現からうかがえるように、上野は鏡の授受・保有に「首長層」のみならずその麾下の「集落」の関与を想定していることになる〔上野二〇一二b〕。とすれば、そうした関与は原則的に「有力（者）集団」つまり「首長層」にとどまったとみる私見と、重大な相違があることになる。古墳時代の「共同体」の「位相」を「首長と農民層で形成される農耕共同体」と「首長同士が結合した支配共同体」とに二分した広瀬和雄の区分〔広瀬二〇〇三〕に照らせば、鏡の授受・保有を前者の共同体内の論理に重点をおいて把握するのが上野、後者の共同体内／間の論理で理解するのが筆者、ともいえる。なお森下も、鏡の保有「集団」は「村落共同体のような一般の成員で構成されるものではな」く、「限られた支配者層の集団とみるのが妥当」と説く〔森下一九九八〕。

第七章　国家形成と時空観

一　ねらいと方法

(1) 考古学と時空観

古代国家論において、領域支配の深度と実態が重要視されてきた。他方、天体の運行を知り、暦ひいては時間をつかさどる「日知り」の役割も、「王権」論や国家論で注目されてきた〔宮田一九九二等〕。世界各地の古代文明や古代国家でも、有力者による空間と時間の統御が重大な役割をはたしていた〔cf. Trigger 二〇〇三〕。空間と時間は物理的な現象であるが、人間はこれらを観念的に把握する。したがって人文学である歴史研究では、時空間ではなく時空観も重要な検討対象になる。

日本においてこの種の研究は、文献史（や民俗学）が主導してきた。とはいえ、国家形成期とりわけ大化前代を研究対象にすえる場合、文字史料や聞き取りなどに依拠する従来の研究には限界がある。その点、物質資料の時空間的な布置を第一義的にあつかう考古学には、資料・方法論でのアドバンテージがある。そこで本章では、考古学的な分析にもとづいて、本書の主題である国家形成論と時空観とを関連づける試論を提示する。

ところが考古学は、周知のように即物的な性格の強い学問分野であり、そもそも「観念」の復元に向かない。一般に、考古資料のみを考察の素材にするならば、技術＜生業・経済＜社会組織＜信仰・精神の順で、復元がむずかしくなる〔Hawkes 一九五四〕。この一般論に照らせば、困難度の最上位にある時空観を探るなどというこころみは、無謀とすらいえる。近年では、認知考古学やGIS（地理情報システム）を駆使して、時空観にせまろうとする意欲的な研究も実践にうつされている。とはいえ、国家形成のような大局的な議論の解明にはまだ遠い。

このように、過去の観念にたいする考古学的アプローチには大きな限界がある。対照的に、書き手などの主観が色濃く投影される文献に立脚したアプローチは有効性が高い。しかし、日本列島の国家形成期（≒成立期）にあたる古墳時代、とくに六世紀よりも前になると、肝腎の史料である『記』『紀』の記載内容が信頼できないという決定的な弱点がある。要するに、列島の国家形成期の時空観を論じる場合、考古学では資料から観念を抽出する方法に、文献史学では観念を抽出するための史料に、大きな問題をかかえているわけだ。

ただ、考古学もそう捨てたものではない。日々蓄積される厖大な出土資料を、多くの研究者がたゆまず分析してきた甲斐あって、考古資料から当該期の社会像をかなり詳細に復元できるようになってきた〔菱田二〇〇七、若狭二〇〇七等〕。文献史料から（ある程度）独立して、考古資料をつうじてみちびきだした分析結果が、文献の検討成果と合致する度合も高まりつつある。埴輪や副葬品の編年作業、そして暦年代比定などを総合して組みあげた、主要な陵墓参考地の編年的配列が、文献から当該諸墳墓の被葬者に治定される歴代天皇および皇后の順序だけでなくその推定歿年代とも、歴然たる対応性を示すにいたったこと（表8）は、その最たる例といえよう。後述するように、この符合を無条件には承認できない。しかし、考古学的検討の可能性と射程が広がってきたことだけはまちがいない。

(2) 権力資源モデル

とはいうものの、国家形成期の時空観の復元に跳びうつるには、彼我間の距離はまだ遠い。理論面・分析面での跳躍台が不可欠である。そこで本章でも、権力資源モデル〔Earle 一九九七等〕を利用する。前章の私見にしたがえば、成文法にもとづく制度的支配システムが未構築であった古墳時代には、複数の権力資源コントロールを発効させうる媒体が、政治的に重要な意義をもったはずである。考古学的データの実態と論理を考慮すると、大型古墳と鏡が双璧をなす媒体であったと想定できる。詳細は前章にゆずるが、前者は「基本物資財政」「富裕物資財政」「軍事」「イデオロギー」「社会関係」「領域」を、後者は「富裕物資財政」「イデオロギー」「社会関係」「領域」を、それぞれ複合的にコントロールする媒体たりえていた。大化前代において、莫大な労働力と資材の消尽を

表8　歴代天皇（＋皇后）の歿年代と治定古墳の推定年代

AD	時期	大和他	佐紀	古市	百舌鳥	ほか	歿年代(西暦)
	前Ⅰ・Ⅱ	箸墓(⑦娘) 西殿塚(㉖妃)					
	前Ⅲ	桜井茶臼山					
	前Ⅳ	メスリ山					
300	前Ⅴ	行燈山(⑩)	佐紀陵山(⑪妃)				⑦娘. 百襲姫 ⑩崇神(312) ⑪妃. 日葉酢媛
	前Ⅵ	渋谷向山(⑫)	宝来山(⑪)				⑪垂仁(333)
	前Ⅶ		佐紀石塚山(⑬) 五社神(⑭妃)	津堂城山			⑫景行(355) ⑬成務(361) ⑭仲哀(368) ⑭妃. 神功
400	中Ⅰ			仲津山(⑮妃)	石津丘(⑰)		⑮応神(400)
	中Ⅱ			誉田御廟山(⑮)			⑮妃. 仲津媛 ⑯妃. 磐之媛 ⑯仁徳(433)
	中Ⅲ				大仙(⑯) 田出井山(⑱)	太田茶臼山(㉖)	⑰履中(438) ⑱反正(443)
	中Ⅳ		ヒシアゲ(⑯妃)	市野山(⑲)			⑲允恭(460) ⑳安康(463)
500	後Ⅰ			ミサンザイ(⑭) 白髪山(㉒)			㉑雄略(496) ㉒清寧(500)
	後Ⅱ			ボケ山(㉔) 高屋城山(㉗)		今城塚(㉖?) 河内大塚山	㉔仁賢(510) ㉖継体(534)　㉖妃. 手白香 ㉗安閑(535)
	後Ⅲ						
600	後Ⅳ					五条野丸山(㊵㊶) 平田梅山(㉙)	㉙欽明(571)

〔凡例〕
各時期の主要王陵級古墳を抽出した。
丸数字は『記』『紀』の歴代。
歿年は笠井倭人説〔笠井 1953〕による。
編年は〔大賀 2002〕によるが、暦年代は訂正した。
『記』『紀』の歿年代と整合する古墳を太線で囲った。

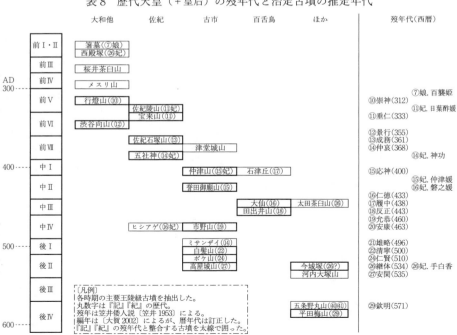

意に介することなく巨大古墳が列島各地で造営され、実用面からみればとうてい理解しがたいほど、多種多様な鏡が列島広域に拡散し副葬されたのは、この理由によるところが大きかったのだろう。

（3）検討対象

したがって本章では、とくに鏡と古墳の様態に焦点をあてて議論を展開する。まず次節では、鏡を中心とする器物の流通（分配）状況にくわえて、大型古墳の分布・造営状況や生産拠点の配置などをとりあげ、「領域」のコントロールをつうじた畿内中枢勢力の空間観とその推移を追究する。この「領域」に関して、のちに「畿内」とよばれる地理的範囲が、国家形成の面で重要な意義をもったことが、「畿内政権論」をはじめ幅広く主張されてきた。しかし、「畿内制」の前提となる政治領域である「畿内」が歴史的にいかに形成されたのかの段になると、文献史からの検討には限界があった。そこで本章では、畿内という範域が、いかなる経緯とコントロールをつうじて「領域」として確立していったのかに関する考古学的検討を、議論の軸にすえる。

つづく第三節では、鏡の長期保有と「首長墓系譜」を俎上に載せ、有力集団の時間観を探る。さらに、これらが有力集団の継続性や同一性を保証する機能をはたしていたことをみちびきだし、そうした器物の授受や墳墓造営を畿内中枢勢力が根柢でコントロールしていたことを明らかにする。

本章が検討対象とする時期は、国家形成において重要だが史料状況に難があり、そのため考古学的分析が有益な寄与をはたしうる、弥生時代後期から古墳時代後期までとする。

二　空間観

(1) 弥生時代後期〜末期

本節では、「畿内」観の形成プロセスを具体的にとらえるべく、関連する考古学的現象をとりあげながら時期順に考察する。一口に「畿内」といっても、多様なとらえ方がある。第一義的には、律令制下の五畿(大和・山城・河内・摂津・和泉)を指し、本章でも記述の都合上、およそこの範囲を畿内地域と呼称する。しかし、この行政区画としての「畿内」には、大化前代の長い前史が想定され、その実態の究明が「畿内政権」論をめぐる一大論点になっている。

考古学では一九七〇年代頃から、土器様式の動態や集落ネットワークなどを根拠に、弥生時代中期の「畿内弥生文化の地域圏」が後期に向かって「一つにまとまっていく」こと〔佐原一九七〇〕や、あるいは当該期にすでに「一つの経済的・文化的複合体」である「畿内大社会」が成立していたこと〔酒井一九七八〕が説かれてきた。しかしその後、当該期の畿内地域の内的な多様性が明らかにされ、単一的な「畿内大社会」の成立を強調することはもはやできない〔森岡二〇一一〕。

とはいえ巨視的にみれば、物流ネットワークや近畿式銅鐸の分布圏などに反映されるような、文化圏・経済圏としての「畿内」が生成しつつあった状況を看取できる。近畿式銅鐸が多量埋納される場合、この「畿内」の境界付近が埋納地として志向され〔春成一九八二〕、心理面でも「畿内」意識が萌芽していた。しかし他方、大型墳墓や居館、特

定集団による器物流通の差配などの明証はなく、当該期における「畿内」の生成の背景に明確な政治性は読みとれない。(1)

この政治性が現出してくるのが弥生時代末期後半であり、とりわけ末期末頃に顕在化する。末期後半における畿内地域の政治的成長は、中国製鏡の流通状況に明瞭に反映している。末期後半の前半期頃に登場する上方作系浮彫式獣帯鏡などの漢鏡七‐一期鏡は、広域的かつ分散的な分布状況を示す〔図17〕。まさにこの時期に、交易拠点的な遺跡群を結ぶ広域ネットワークである「博多湾貿易」が列島西半部に成立し〔久住二〇〇七〕、分散的・広域的でありつつも交易拠点の近辺に目だつ当該鏡群の分布は、このネットワークの賜物であることを明示する。

このネットワークが、畿内地域の政治的な急成長をもたらした。当地域における当ネットワークの結節点となった大阪府中田遺跡群と奈良県纒向遺跡群を軸にして、拠点集落間交流が展開をとげ、土器の分布圏において「畿内」に相当するまとまりが形成された〔田中元二〇〇五〕。それにもまして重要であるのが、地理的優位性ゆえに当ネットワークの「媒介者的位置」を占めえた両遺跡群が急速に発展し〔Mizoguchi 二〇〇九〕、末期末頃には、その核となる纒向遺跡が「都市」的集落に成長し、大型墳墓が造営されるにいたったことである。

こうした急成長の明白な物証こそ、漢鏡七‐二期の画文帯神獣鏡である。列島の分布総数の約七割が畿内地域とりわけ奈良盆地に密集し、他方で弥生時代後期まで中国製鏡の入手・流通のセンターであった玄界灘沿岸地域の分布は皆無になる〔図17〕。新興イデオロギーである神仙思想を鏡背に濃密に表現した本鏡式の分布が畿内地域に、なかんずく奈良盆地東南部に集中する現象の背景には、強い政治的コントロールを想定するのが自然である。また、出土状況などの考古事象を総合的に判断するかぎり、従来は弥生時代後期から古墳時代まで「伝世」されたと推定されてきた、中四国以東の漢鏡四・五（・六）期鏡の大半は、弥生時代末期後半にようやく流入しはじめた蓋然性が高い。その分布パターンを解析すると、中・大型鏡の大半が畿内地域に集中しており（図16）、これらの流通にも強い政治性が介在したとみるべきである[2]（本書第四章）。

時期を同じくして、墳墓副葬鉄器の量的中心地が従来の九州北部から畿内地域に転じ〔野島二〇〇九〕、「纒向型前方後円墳」が奈良盆地東南部を発信地として、点的ではあるが広域に展開した〔寺沢薫一九八八〕ことも、鏡の動態と関連して注目すべき現象である。末期末頃には、列島広域に形成されたネットワークから畿内地域が頭ひとつ抜けでて、奈良盆地東南部を中枢として政治的なまとまりを形成しはじめ、その中枢勢力が畿外諸地域に影響力を行使するにおよんだのである。

（2）古墳時代前期

「定型化」前方後円墳の登場を指標とする古墳時代の開始は、列島の社会・政治史上の重大画期と断じられてきた。しかし、その直前期である弥生時代末期後半、とくに末期末頃と、むしろ連続性のほうが強い。「定型化」前方後円墳とならぶ当該期の考古学的指標である三角縁神獣鏡が、畿内地域に濃密でありつつも、「博多湾貿易」の幹線である瀬戸内ルートに沿って集中的な分布地点を形成し、そして広域的なひろがりをみせること（図18）は、画文帯神獣鏡の分布と同質的である（図17）。両者はむしろ、量的な面で相違する。

前代との質的な連続性と量的な拡大は、古墳の規模や副葬鉄器量などにも明瞭である。「纒向型前方後円墳」の相似墳が列島各地に点在する現象は、箸墓類型などの超巨大古墳（王陵級古墳）の相似墳に継承されるが、それら諸古墳は規模を飛躍的に増大させた。たしかに前代以来、畿内地域は卓越した地位を安定的に保持しえていた。しかし、中国製鏡や鉄素材などの安定的入手には、幹線上の諸地域との連携が不可欠である。これら諸地域の成長もあいまって、畿内中枢勢力が外部に行使しうる影響力にはおのずと限界があった。

そうした状況への対処を企図してか、前期中葉頃には、以後に継承されてゆく変化が生じた。「畿内」／畿外を区別すると同時に、「畿内」内部を分節化してゆく志向が強まったのである。たとえば、この時期の三角縁神獣鏡や、当該期に生産が軌道に乗った倭製鏡や腕輪形石製品などの主要分布域が、前代よりも縮小して瀬戸内中東部～東海西部におおむねおさまり、とくに畿内地域が重視されるようになった。とりわけ倭製鏡は、その大・中型鏡が畿内地域に集中し（図20）、大型鏡／中型鏡／小型鏡の比率が、隣接する山城と丹後・丹波、摂津と播磨、和泉と紀伊で顕著な相違をみせる。これらの器物の流通を管掌したのが畿内中枢勢力とみなせる以上、当該期に「畿内」に近い範域が政治的に強く意識され、さらにその内部の整序が目指されたことがうかがえる。物証には乏しいが、前期後半の動向から遡及的に推測すると、従来の広域的な連繫志向にたいし、みずからの範域を意識しつつ、そのコントロールおよび内的な充実化をいっそう重視するにいたったのであろう。

奈良盆地における大型古墳（群）の造営と耕地開発との関連性〔坂二〇〇九〕を考慮にいれると、前期後葉に畿内各地で大・中型古墳が激増する事態は、生産・開発面において畿内地域の充実策が奏功したことを示唆する。この時期に、新興勢力による「政権交替」を想定する有力説がある。しかし、超巨大古墳に強い連続性がみいだせること、超巨大古墳群をのぞくと、有力古墳群の墳丘規模の上限がおおむね一二〇《メートル》未満におさまること、この規模をこえる墳丘が特定地域で連続的に造営される場合、しばしば一四〇《メートル》前後→二一〇《メートル》前後という一律的な変化をみせ、しかも有力古墳の目だたない地域に突如、あるいは近隣の有力古墳群を断ち切るように登場すること[3]などから、支持できない。畿内各地の自律的展開を否定しさる気はないが、そうした展開に畿内中枢勢力が強い統制をおよぼしたことは、以上の状況などから疑えない。当該期に起きた超巨大古墳群の移動現象は、二〇〇～三〇〇《メートル》級の巨墳を陸続と造営しうるまでに成長した畿内中枢勢力が、要地の領有権を発動するにいたった帰結であろう。

要地と範域への強い意識を、一定の強制力をもって現実に反映させたことは、当該期の超巨大古墳の相似墳が、のちの畿内「四至」の近傍の要衝に拠点的に造営される現象に如実にあらわれている（図4）。この現象は、「都城と交通路」からなる「ネットワーク認知」による「畿内四至」の点的な「領域表示」〔佐々木高一九八六〕が、この時期に原初的な形で形成された可能性を、さらにいえば後代の「畿内」の前提となる政治的「領域」が、巨大古墳という一種のモニュメント造営をつうじて萌芽的に形成されたことを示す。また近年、「持統朝」以降の「四国畿内」の前提としての「四至畿内」が、大化前代の「ヤマト政権の支配者層」にとって「親密な空間」にもとづいて設定され、この空間は奈良盆地外の平野・盆地をとりまく「第二列」の「山並」の範囲内とされ、奈良盆地南部から延びる交通路上に位置する四地点が「四至」とされたとみる、興味深い見解が提示されている〔門井二〇一二〕。前期後葉以降に超巨大古墳が「四至」付近に造営されることと、当該期の畿内各地で、交通路の要衝に有力古墳が造営される傾向が顕著になること〔寺沢知二〇一七等〕を勘案すれば、この「親密な空間」の認識は当期に顕現したのではないか。

「畿内」内部の充実化を推し進める一方、前期後葉には畿外諸地域への政治的活動がより顕在化した。畿内中枢勢力によるコントロールのもと、鏡・石製品・武器類など多様な倭製器物の生産量が激増し、分配の量や質（サイズなど）において格差を付与して、畿内地域に重点をおきつつも、列島広域の諸有力集団に分配するにおよんだ。器物のみならず、古墳祭式なども同時に拡散した。畿内中枢勢力は、おそらく自「領域」である「畿内」を意識し、実際に墳墓造営や器物流通などをつうじて内的充実化をはかりつつ、他方で外部諸地域の統制に着手しはじめたのだろう。

この時期に瀬戸内ルートの拠点的な大集落群が同軌的に衰退し、「博多湾貿易」が解体する事実は、畿内中枢勢力が新たな交易相手である加耶中枢との交易および外交を直截に掌握した結果であり〔久住二〇〇七〕、ひいては畿内中枢勢力が畿外諸地域に覇権的な行動をとりはじめた帰結であろう。

さらに、主としてこの時期に畿内中枢勢力が、九州西南端・高知西南部・紀伊半島南端などといった、物流ルートとして重要な潜在性を有するがそれまで古墳が築かれなかった地域を、「ネットワークの拠点」に組みこむべく、広域的かつきめ細かなルート開拓を摸索した〔橋本達二〇一〇〕。事実、当該諸地域に突如として築かれる古墳には、当該期の小・中型倭製鏡が副葬されている〔図21〕。畿内中枢勢力は、サイズ差に格差を付帯させた倭製鏡の分配などをつうじて、畿外諸地域の有力集団をより広域的に序列づける活動を展開したのである。(4)

（3）古墳時代中期

当該期の畿内地域では、前代に政治性を萌芽させつつも観念先行的に形成が進んだ領域を前提として、その内部の実質的な開発と整備が躍進をとげた。菱田哲郎の研究成果によると、中期前半に「王権の膝下」である奈良盆地および河内平野を中心に、窯業・鍛冶・馬匹生産・塩生産などの多様な生産拠点と超巨大古墳の造墓地とを計画的かつ強制的に設置した「王権の内部領域」、すなわち「ウチツクニ」が成立した〔図5〕。この「内部領域」が律令期の「畿内のエリア」の前身になったという〔菱田二〇〇七・二〇一二〕。さらにこの時期、奈良県鴨神遺跡などのように、この「内部領域」の要所を結節する「幹線道路」が整備された〔近江二〇〇六等〕。田中元浩が整理した「大溝の開削」「溜池・堤防の築造」「道路の敷設」などの開発の推移〔田中元二〇一七〕をみると、当該期の畿内地域で多角的な開発が大幅に進んだことが明白である。さらに文献史の検討によると、「倭王権中枢の王族」が、「対立する王族に対抗するための拠点」として、「奈良盆地北部・河内・山背南部」といった要所に「周縁部王宮群」を設置したという〔古市二〇一一〕。

こうした王宮の推定所在地に工房群や〔超〕大型古墳群が存在することを勘案すれば、畿内中枢勢力による計画的な王宮の設置は、生産拠点や造墓地の配置と緊密に結びついていた。「周縁部王宮群」は「軍事的性格の濃厚な施設」だとされる〔古市二〇一三〕。そうだとすれば、計画的かつ強制的に設置された王宮・生産拠点・造墓地には、権力資源の「経済」「軍事」「領域」「イデオロギー」が組みこまれていることになる。『記』『紀』には叛乱伝承が散見するが、少なくとも中期前半から超巨大古墳群や生産拠点が安定的に造営・運営されたこと、したがって前記した権力資源を有機的かつ安定的に操作しえたであろうことをふまえると、当該期の畿内地域に国家と評価できる支配機構が成立したと判断してよい。

ただし、この支配機構が強制力を直截およぼしたのは、おおむね畿内地域にかぎられたようである。甲冑などの器物の広域分配、特定の墳丘規格や棺制の広域共有がなされたものの、畿外諸地域への影響力が前代よりも増強された様子はない。この背景には、諸地域の有力集団が、韓半島諸地域とある程度まで独自の交流をもちえたことがあった〔高田二〇一四等〕。この支配機構の中軸をになった畿内中枢勢力からして、地位継承が双系的である〔田中良一九九五〕がゆえに、「対立する王族」などの対抗勢力を必然的に生じさせてしまい、代替わりに際して政治的騒擾を惹き起こさざるをえない難点をかかえこんでいた。「大王家内部の秩序がそのまま広範囲に適用された」かのように、超巨大古墳群を頂点とする「古墳の政治的階層構成」が「きわめて明瞭」な形で列島広域にいきわたった〔和田一九九四〕ことは重要である。しかし、中期前半の岡山南部において墓域と生産拠点を計画的に配置した、「王権の内部領域」の縮小版が形成されたこと〔菱田二〇〇七〕が示すように、むしろ諸地域側が力量に応じて、ミニ「畿内」ともよべる「内部領域」の構築を目指した結果とみるのが穏当である。

支配機構に関する難点は、おそらく中国南朝への朝貢（および韓半島諸勢力との政治的交渉）をつうじて、中期後半頃に克服されはじめた。「父系直系の継承、それに基づく一系累代の王統・家系」システムを南朝から導入し〔田中良二〇〇八〕、畿外諸地域の有力者をもとりこんだ「僚属制＝府官制的秩序」が採用された。広域的な奉仕システムである「人制」も当該期に登場したが、この時期に輸入された南朝鏡である同型鏡群は、「人制」の重要な対象者に広域分配された可能性が高いという〔辻田二〇一二〕。

このように、畿内地域の内的整備と支配機構の強化をへて、畿外諸地域の有力者をも支配機構に編成する政治的活動を本格化させはじめた。後期初頭頃に顕著な、各地の有力古墳群の衰退と新興古墳群の擡頭、そして古式群集墳の簇生は、畿内中枢勢力が列島広域にたいして集権的支配を断行した結果とみて大過ない〔和田一九九二b〕。

（4）古墳時代後期

ただ、多くの論者が指摘するように、この活動は急進的にすぎた。古墳群の動態をみるかぎり、畿内地域に混乱が生じる一方、九州北部などが活況を呈した。文献史の成果を参照すると、おそらく「磐井の乱」をへて、ふたたび畿内中枢勢力は内部の整序と諸地域への制度的支配を本格化させた。この点で、畿内中枢勢力の戦略は前期いらい一貫していたが、前期には外来の物資流通とイデオロギーを、中期には生産と軍事を、それぞれその活動の基底にすえたのにたいし、後期には制度面での支配が前面化したことが重要である。

後期中葉には、超巨大古墳（群）を頂点とする墳墓（構成）によるそれまでの秩序表示が不要化し、おそらく官人的な秩序編成を反映する形で、畿内地域および周辺に（畿内型）横穴式石室を内蔵する「統一的で、制度的にも整備された」円墳群である「新式群集墳」が登場した（図7）〔和田一九九二b〕。これに関連して、畿内型横穴式石室の構築技術の情報伝達と、重要な副葬品などの物資流通とにおいて、畿内／畿外を区別し前者を優先する「仕組」が形成されたという指摘は重要である〔太田二〇一一〕。

他方、ミヤケ制・国造制・部民制などの地方支配制度が畿外諸地域で実施されたことは、畿内中枢勢力の主導による、「経済」「軍事」「領域」「イデオロギー」などの権力資源の複合的コントロールが実現したことを示す(5)（本書第一章）。とくに、主要生産品の生産拠点が畿外諸地域に定着したことは、「王権の内部領域」外から成果物を貢納させるシステムが整備されつつあったことを示唆する。後期後葉に新式群集墳が列島広域に拡散し、爆発的に築造されることは、こうした制度的支配が滲透した考古学的反映だと評価できる。

以上を総合的に判断すると、当該期には、中期までに進められた畿内地域の内的整備と畿外諸地域への原初的支配システムを前提にしたうえで、畿外諸地域への制度的・領域的支配の強化を展開しつつ、自領域である畿内地域を重視・優遇する畿内制の原型が成立した可能性が高い〔太田二〇一一〕。

（5）小　結

以上で論じたように、律令期の「畿内」が長い前史をふまえた存在であることを、考古学的に立証できる(6)。図式的に単純化すれば、弥生時代後期～末期までに文化圏・経済圏としての畿内地域が生成し、心理面での境界意識も醸成されていた。遅くとも古墳時代前期中葉頃には畿内／畿外という政治的な範域意識が顕在化し、内部の充実化と外部への政治的作用というふたつの支配志向が、いっそう明確化した。中期には「王権の内部領域」の開発と整備が飛躍的に進み、後期にはこの内的整備をうけて畿内／畿外の制度的支配が進展し、畿内制の原型が形成された、という流れになる。その流れの基底には、のちの「畿内」に近似する範域とその外部とを区別する空間観がつねにあった。前記してきたように、そうした空間観は、国家機構の成立に帰結する「内部領域」の整備・開発と強く結びついていた。

それゆえ、空間観の追究は国家形成論において少なからぬ意義を有する。むろん、空間観の追究を深化させるためにはきめ細かな分析が不可欠であり、本節のような概説的な記述にとどまらない、いっそう精密な検討が必要である。

三　時　間　観

空間観であれば、遺跡や遺物などの分布状況に立脚することで、まがりなりにも考古学的な分析が可能である。しかし他方、時間観を追究するとなると、分析が格段に困難となる。特定の考古事象間の時間幅を確定するという、容易ならざる作業に従事したうえで、そうした時間幅を当時の人びとがいかに覚知し意識したかという、至難きわまりない検討を遂行せねばならないからである。本節では、そうした絶望的な状況下において、微かな光明を差しいれる考古学的現象として、鏡の長期保有と「首長墓系譜」に着目する。

(1) 鏡の長期保有

鏡の長期保有といえば、小林行雄の「伝世鏡」論が学史上に燦然と輝く。「男系世襲制」による「首長の地位の恒常性」が「大和政権」から「承認」されたことにより、諸地域の「首長」が「伝世の宝鏡の保管」をつうじて保持してきた「権威」の源泉が刷新され、その結果として発生した古墳に従来の意義を失った「伝世の宝鏡」が副葬された、と推断した小林の説明大系〔小林一九五五〕は、かつて一世を風靡した。

しかしその後、古墳に先行する大型墳墓が次々に発見され、「男系世襲制」どころか父系継承の登場すら古墳時代中期後半以後にくだることが明らかにされ〔田中良一九九五〕、しかも小林説の根幹である弥生時代後期からの中国製鏡の伝世（長期保有）が、中四国以東では例外的であるが蓋然性が高まってきた。こうした状況を承けて筆者は、大型墳墓の造営と中四国以東における鏡の長期保有とが、弥生時代末期におおむね同期的に開始したと推定する（本書第四章)。この二現象を、後者から前者への政治史的発展の相で把握した小林説にたいし、筆者は両者の共時的な関連性を考えるわけである。

他方、鏡の長期保有が古墳時代開始後にも広くみとめられることを、森下章司の研究が明らかにした。その森下は、鏡の長期保有とその途絶(=副葬)を生じさせる要因として、古墳時代の鏡が有力集団と当該集団の「各代の首長個人」とに二重に帰属していた事態を想定し、保有期間の不定性は「両者への帰属性の度合いがさまざまであったこと」に起因するとみた。鏡の長期保有を、「集団と個人という二つの主体への帰属性」の「拮抗」性なる力学で、ケースバイケースに理解すべきだと提言したわけである〔森下一九九八〕。

これにたいし筆者は、長期保有とその途絶の背景にある法則性の抽出につとめてきた(本書第五章)。その結果、鏡の製作(入手)時期・副葬時期・被葬者(人骨)の推定死亡年齢の相関関係を分析し、(A)倭製鏡の保有期間がおおむね短いこと、(B)倭製鏡の保有期間が半世紀前後におよぶ事例の多くにおいて、被葬者が老年ないし熟年であること、(C)被葬者の死亡年齢に関係なく、中国製鏡は長期保有が顕著なこと、などの傾向性を抽出した(図27、表3・9)。つまり諸地域の有力者は、基本的に活動(在位)時に入手した倭製鏡を死亡時に副葬したが、倭製鏡の一部と中国製鏡の多くは「世代」をこえて保有されたのである。

この「世代」に関して、鏡の「本源的」な帰属先が首長墓系譜に「示される在地の集団」であったとする森下の提言〔森下一九九八〕が重要になる。筆者をはじめ多くの鏡研究者がこの提言を是認している。しかし他方、古墳時代中期後半頃まで顕著な親族システムおよび地位継承における双系的性格や(有力)集団の流動性の高さ、古墳群の動

表9　被葬者の歿年齢と副葬鏡の保有期間

<table>
<tr><th colspan="6">副葬鏡の推定保有期間（年）</th></tr>
<tr><td colspan="2"></td><td colspan="4">倭製鏡との共伴例</td></tr>
<tr><td colspan="2"></td><td>～25±</td><td>25±</td><td>50±</td><td>75±～</td></tr>
<tr><td rowspan="12">被葬者の推定死亡年齢（人骨による）</td><td>若年（12～20）</td><td></td><td>1</td><td></td><td></td></tr>
<tr><td>成年（20～40）</td><td>6</td><td>8</td><td></td><td></td></tr>
<tr><td>熟年（40～60）</td><td>2</td><td>2</td><td>1</td><td>1</td></tr>
<tr><td>老年（60歳～）</td><td>1</td><td>1</td><td>3</td><td></td></tr>
<tr><td></td><td colspan="4">主要中国製鏡との共伴例</td></tr>
<tr><td></td><td>～25±</td><td>25±</td><td>50±</td><td>75±～</td></tr>
<tr><td>若年（12～20）</td><td></td><td></td><td></td><td></td></tr>
<tr><td>成年（20～40）</td><td rowspan="2">1</td><td></td><td>1</td><td>4</td></tr>
<tr><td>熟年（40～60）</td><td></td><td></td><td>2</td></tr>
<tr><td>老年（60歳～）</td><td></td><td></td><td></td><td></td></tr>
</table>

倭製鏡では製作と副葬の時期差が、主要中国製鏡（画文帯神獣鏡・上方作系浮彫式獣帯鏡・吾作系斜縁神獣鏡・三角縁神獣鏡）では流入と副葬の時期差が、古墳編年で1小期だと25±年、2小期だと50±年、3小期以上だと75±～年とした。

本書表3の「参考資料」をのぞいて集計した。

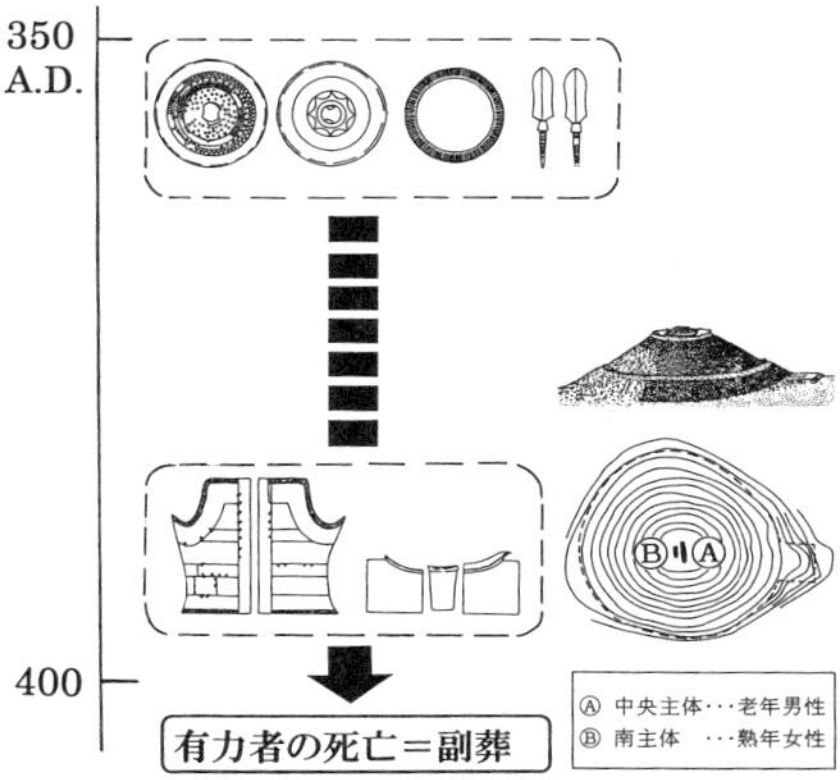

図27　器物の入手―保有―副葬のプロセス（岡山県月の輪古墳）

※最近、当墳出土の珠文鏡（左上）を古墳時代中期の所産とみる説が提示されている。

態から窺知される「首長権」の非固定性、そして古代社会の状況から遡及的に想定される「世帯グループ」の不安定性〔今津二〇〇五〕などを勘案すると、不安定かつ流動的な有力集団内でなぜ、そしていかに鏡を長期保有しえたのか、説明に窮することになる。

そこで筆者が注目するのが、特定小地域で新規に築造された有力な「首長墓」や、複数地域に覇を唱えるように造営された「盟主墓」に、長期保有鏡が顕著に副葬されている現象であり、そうした古墳がしばしば首長墓系譜の初端をなす事実である。そうした諸状況を総合的に説明する仮説として、（A）当該期の有力集団は自集団の同一性を鏡に付託し、その長期保有をつうじて流動的な自身の通時的同一性の保証・継続をはかっていたこと、（B）自集団から輩出し、「首長墓」や「盟主墓」に葬られるほどの威勢を誇った人物に、自集団の継続・結節の要である長期保有鏡を副葬することで、宏壮な奥津城においてその〈保有〉の確実な継続をはかったこと、を挙示したい（本書第五章）。

この私案がみとめられるならば、古墳時代の有力集団が、鏡という器物の保有をつうじて通時的な継続観をはぐくんでいた事態が示唆される。畿内中枢勢力とのあいだでなされた鏡の授受も、時間を覚知させる契機となりえた。というのも、古墳時代前期を代表する器物である三角縁神獣鏡も、古墳時代の大半の期間に製作された倭製鏡も、前者が中国大陸から輸入され、後者の多くが畿内中枢勢力の管掌下で製作されたという相違はあるにせよ、いずれも隔時的・契機的に分配されるのが基本であったからである〔下垣二〇一一〕。

このような推論は、鏡という一器物に過剰な意義をおしつけた憶測だと疑念を抱かれるかもしれない。しかし後述するように、有力集団内／間関係を結節・維持する諸制度が成立する以前には、器物の授受や墳墓の造営がそうした機能をはたしていた可能性がある〔石母田一九七三等〕。長期保有鏡が副葬時に特別のあつかいをうけたこと〔小林一九五五、岩本二〇〇四等〕や、諸地域の有力集団内で長期保有された鏡が畿内中枢に運ばれ、模作鏡とともに返還されたとおぼしき現象がみとめられること〔下垣二〇一一〕なども考慮にいれると、やはり鏡の長期保有には格別の意義があった(7)。

そうであれば、鏡の入手・製作・授受を畿内中枢勢力が掌握していたことには、たんに高級品の製作・授与権を占有したにとどまらない、政治的・社会的意義があったことになる。というのも、諸地域の有力集団の結節・維持の根幹となり、その通時的同一性を付託した器物を、畿内中枢勢力がコントロールしえたからであり、それは先述した権力資源である「社会関係」のコントロールにつながったからである。そしてまた、有力集団が鏡の長期保有をつうじてはぐくんだ通時的な時間観や、隔時的な器物の授受が覚知させたであろう時間観もまた、畿内中枢勢力を優位とする関係のなかでうみだされたことになる。

(2) 首長墓系譜

鏡とともに時間観の醸成に寄与したと思われる考古資料がある。首長墓系譜である。「数基が群をなし、一世代程度の時間差で築かれることが多い」、「代々の首長一族の墳墓群」という定義〔都出一九八九〕をそのまま受けとるならば、こうした「墳墓群」こそ歴代「首長」の「系譜」の物的反映であり、造営順序が隣接する「墳墓」の造営時期差がすなわち「首長」の在位(治世)期間だということになる。

ところが、「系譜」の語とは裏腹に、首長墓系譜を構成する諸古墳の墳墓要素や造営地などを検討するかぎり、単一の「首長一族」が累代的に古墳を造営して首長墓系譜を形成した事例はむしろ少数派である(本書第二章)。先述したように、少なくとも古墳時代中期後半頃までは、双系的な親族システムおよび地位継承ゆえに、「首長」位の継承は強い流動性を帯び、それが首長墓系譜の不安定性をうみだしていた。

前項では、鏡の長期保有や「首長墓」への副葬が、こうした流動性や不安定性への対処策としての機能をはたしたと推定したのだが、首長墓系譜の形成に関しても同様の理窟で説明できるのではないか。すなわち、当該期の有力集団は、実際には安定性を欠きがちな自集団の通時的な同一性を、継続的な「首長墓」の造営や大型「盟主墓」という視認性に富んだモニュメントに仮託させる形式で、その強化および固定化をはかったのではないだろうか。つまり首長墓系譜を、確固たる「首長一族」の累代的な「系譜」が墳墓の形式で消極的に反映したものとみるのではなく、現実には安定性を欠く「首長一族」の継続性を、墳墓の継続的造営をつうじて補強(あるいは架構)しようとした積極的行為の所産とみるわけである。「積極的」と表現したが、この行為が当事者にどこまで自覚されていたか不分明なきらいがある。とくに古墳の造営と長期保有鏡の副葬が開始された当初から、上記のような戦略的意図が織りこまれていたと主張することは、いくぶんためらわれる。しかし、当事者の意識はともかく、（大型）古墳の継起的造営と長期保有鏡の副葬とが、有力者の権力資源コントロールとして機能を発揮したことが、この行為の継続的採用につながったと考えてよいだろう。

この先鋭的な解釈には反論もあろう。たとえば大平聡は、「血縁原理」の介在しない古墳時代中期までの「首長権継承」（「王権継承」）は、「前首長」（「前大王」）が「新首長」（「新大王」）の「巨大な古墳」を造営することで確認され、したがって両者間で完結するものであったと説く。それゆえ、歴代の「王名」（「首長権継承者」）が記憶される「社会的要請」は想定しがたいと断じる〔大平二〇〇二〕。この見解からすれば、本章の主張は容認されないだろう。(8) しかし、大平の見解の考古学的根拠である、古墳における「首長権継承」の実施には実証性がなく、古墳が築造後に放置されたとする説も、埋葬後の定期的祭祀を示す考古資料が未検出だという裏づけしかない。むしろ、本章で説いたように、「血縁原理」が明確に介在しないからこそ、集団の継続性を別個の手段で維持する必要があり、その手段が鏡の保有であり首長墓系譜の構築であったとみたほうが、当該期の資料状況に合致する。

事実、歴代の「王名」はともかく、歴代の「王」の順序と（治世）年数が記憶ないし記録されていた可能性を示す考古学的データがある。本章の冒頭にかかげた、歴代天皇（および后妃）の推定歿年代（A）とその治定古墳の推定年代（B）との整合性である（表8）。ただし、両者の符合を是認するためには、（A）の前提となる笠井倭人による紀年復元〔笠井一九五三〕が正鵠を失していないこと、考古学的な分析から導出した（B）が確実であること、そして考古学者が（A）に引きずられて（B）を弾きだしていないことなどが必要となる。しかも、笠井の紀年復元の方法には疑義も示されているし〔鎌田二〇〇四〕、古墳の年代比定にしてもなお流動性を残す。したがって、この符合性を無批判にうけいれるわけにはゆかない。

それでも両者の高い整合性は、探るべき価値のある有意な背景をうかがわせる。『記』『紀』批判の成果をひとまず脇において考えれば、古墳時代の早い時期から歴代の諸王の名前・后妃・在位順・在位〈治世〉年数・墓所などが記録され、この情報がのちに〈原〉帝紀に組みこまれたとするのが、もっとも単純明快な回答であろう。陵戸以前の「ハカモリ」をつうじた伝承の存在を考える見方もありえよう。

しかし、『記』『紀』の諸王に関する情報にみられる顕著な潤色・造作の痕跡は、そうした安易な回答をはねつける。また、墓所の記録に関して仁藤敦史は、「四・五世紀の天皇陵の比定」に「確実な原資料」の存在を想定できず、「七世紀後半」に「体系的な比定」があらためてなされたと主張し、具体例として奈良県桜井茶臼山古墳・同メスリ山古墳が「正しく王統譜に位置付けられておらず」、同西殿塚古墳に「明らかな時代的ズレがある」ことなどの考古学上の難点をあげる〔仁藤二〇一三〕。北康宏も、律令期に「相当苦労し」て陵墓の治定がなされたとみる〔北二〇一〇〕。

ところが、この「時期的なズレ」は、奈良県箸墓古墳をはじめとする初期の巨大前方後円墳に集中し、かつて和風諡号などを根拠に画期的存在として重視された崇神から整合しはじめる点（表8）が、むしろ興味深い示唆をあたえる。また、「天皇陵の比定」がその造営から数百年の時をへて実施されたとするならば、その時期と順序がこれほどまで文献の内容と整合する理由を挙示しがたい。他方、整合的すぎる点を逆にあやしみ、「四世紀の古墳」が「陵墓の記述とたいへんうまくあってくる」のは、「一から話を作っていけたから」だとする見方もある〔上田他二〇一〇（菱田発言）〕。しかし、それだとなぜ暦年代まで整合するのかの理由を説明できない。

この対応性は、敗戦後の研究の進展をつうじて、とくに応神期以前の記載内容の史実性がおおむね棄却されてきた『記』『紀』の信憑性の復権につながりうるかもしれず、大化前代の研究方針に甚大な問題を投げかける。ところが当の筆者は、雄略期以前、少なくとも応神期以前の『記』『紀』の記載内容に史実性が乏しいとする、文献史の研究成果を妥当と判断している。また筆者自身、『記』『紀』などの鏡関連記事と考古学上の鏡の様態を比較検討した結果、雄略期以前の記事の大半は信頼性をいちじるしく欠き、とくに応神期以前の鏡関連記事は後代の祭儀に影響をうけて作成された蓋然性が高いという結論をえている〔下垣二〇一八〕。

器物に関する記事は史実性の薄い『旧辞』に由来する一方、王統を記した『帝紀』は信頼できるとの見方も、一概には却下できない。しかし、当該期の有力集団が、モニュメント的な墳墓の（継続的）造営をつうじて、自集団の（通時的）同一性の維持・固定化をはかったとする私見から、この整合性をめぐる以上の諸状況に合理的な解釈をくだすならば、次のようになろう。諸王の継承順・在位年数・后妃など「日嗣」や「陵墓」に関する情報が、実際に顕在していた歴代の奥津城とともに記憶ないし記録され、のちに帝紀を編む際に利用されたが、その名や継承関係に改変がくわえられた。その結果、『記』『紀』における「天皇」の名称・継承関係・在位年数に造作や潤色の形跡が濃厚でありつつも、復元された在位年代と継承順序が諸「陵墓」の暦年代および順序と整合するという、いっけん矛盾した事態が生じているのだ、と。つまり、「陵墓」や「日嗣」に関するなんらかの記憶ないし記録をたよりに、後代に王統譜を（再）構築した可能性を想定するわけである。

この私案は状況証拠から組みたてられており、あくまで仮説の域をでない。ただ、各氏の祖先伝承が「墓記」とよばれることに着目し、それは「氏族の系譜を含む祖先の事績が「墓」を媒介として伝承されていたこと、いいかえると「墓」すなわち古墳ないしはその系譜をひく諸氏の伝統的墳墓が、一族の系譜や祖先の事績を伝承する機能をもっていたことを物語」るとみる白石太一郎の推定〔白石一九七八〕は、対象時期の相違はあれ、私案の追い風になる。また、埼玉県稲荷山古墳鉄剣銘などから、かならずしも血縁原理（父子関係）によらない「族長位」の継承順序を示す「地位継承次第」が存在したと主張されている〔義江二〇〇〇〕。これらを前記の私見とからめて積極的に評価するならば、当該期において古墳は、とくにそれらがつらなる首長墓系譜は、「首長」の「継承順序」を記憶・想起させるモニュメント的表徴の役割をになっていたとみなせるのではなかろうか。

モニュメントの継続的造営が、当事者の意図しない形で、特定の時間観を醸成した可能性が、南米の形成期社会における「神殿」の発掘調査をつうじて提言されている〔関二〇一五〕。南米の場合、単体の「神殿」の継続的「更新」が「直線的時間観」をうみだしたと推定されているが、この推定を導きの糸にすると、列島の場合は複数の「首長墓」の継起的・累代的造営が、「首長」の「継承順序」を物象化させた形で記憶させるとともに、「直線的時間観」を醸成した蓋然性を推測できるかもしれない。

さて、鏡が長期保有される場合、通世代的な時間の経過が保有集団に意識されただろうが、具体的な時間幅（保有年数）までは覚知されなかっただろう。他方で歴代の「陵墓」は、被葬者の在位年数とともに記憶（記録）されたと考えられ、そうであれば歴代「陵墓」の造営はいわば量的時間観の生成につながりえた。こうした事態が、諸地域の首長墓系譜の形成をつうじても生じたか否か、現状では判断がつかない。しかし、超巨大古墳の造営を契機に新規の墳墓要素（墳丘形態・埋葬施設・外表施設等）が創出され〔広瀬一九八八〕、それらの要素はすみやかに諸地域の有力集団にもたらされた。とすれば超巨大古墳の造営は、少なくとも間接的に、量的時間観が諸地域の有力集団に滲透する契機になりえた。

首長墓系譜の造営をつうじて、諸地域サイドにおいても被葬者の在位年数が記憶（記録）されていたとしても、前記したような量的時間観が間接的に滲透したことにくわえ、墳丘規模の規制などにうかがえるように、古墳の造営自体にも畿内中枢勢力が少なからず関与していた。そうであれば、鏡の保有の場合と同様に、首長墓系譜の形成をつうじた時間観の生成の根柢にも、畿内中枢勢力によるコントロールが潜在していた可能性がある。

四　国家形成と時空観

以上、国家形成期に相当する古墳時代を主対象にして、鏡などの器物と古墳（群）から当該期の時空観を探った。最後に、そのような時空観と国家形成との関連性について、簡単ながら考察をめぐらせる。

本章では、器物保有や墳墓築造をつうじて空間観（領域観）と時間観が生成する様態と機制を示した。そのうえで、畿内中枢勢力がそうした器物の製作（入手）・授受や墳墓の造営を主導することで、支配領域に直結する空間観（領域観）にも、諸地域の有力集団の通時的同一性の維持にかかわる時間観にも、一定のコントロールをおよぼしえたと推論した。前記した権力資源モデルにあてはめると、この場合の空間観は「領域」の、時間観は間接的ながら「社会関係」のコントロールに、それぞれ関連していた。分析の疎漏さは否めないが、時空観を国家形成論に連接するひとつの方向性を提示できたのではないかと思う。

とはいえ、器物や造営物が時空観を醸成する媒体になったという推測はともかく、これらが集団の同一性の維持や、畿内中枢勢力による支配にかかわっていたとする解釈は、異説めいて映るかもしれない。しかし研究史をかえりみれば、たとえば制度的支配が確立する以前に、いわゆる「支配者層」の結節原理として古墳や器物のはたした社会的機能を重視する諸説が、これまで少なからず提示されており〔石母田一九七三、義江一九八五、岩永二〇〇三等〕、むしろオーソドックスな解釈とさえいえる。

この論理からすれば、制度的支配が拡充するにつれて、器物や造営物による有力集団内／間の関係締結原理は必要性を失ってゆくことになろう。具体的にいえば、鏡の長期保有とその副葬、さらには首長墓系譜の形成は、制度的支配の滲透に応じて後景に退くことになろう。そして実際、このような連動性が、明快とはいえぬまでも確認できる。たとえば中期末葉頃に、長期保有鏡の副葬が首長墓系譜や古墳群において目だって減少する。また、畿内地域をはじめ列島広域において巨大古墳の造営が影を潜め、まもなく従来の首長墓系譜の多くに代わって、小規模の円墳群が登場する〔和田一九九二b〕。この時期、さまざまな支配制度が導入されたと推定されるが、とくにウヂの形成〔熊谷一九八九等〕が重要な変化をもたらした。器物を長期保有したり累代的な首長墓を形成せずとも、畿内中枢勢力への奉仕・服属関係の継続をつうじて、集団の結節が保証されるようになったからである。「雄略朝もしくはその直前」に、元嘉暦の渡来を契機として干支紀年が使用されはじめたとみられる〔鎌田二〇〇六〕が、そうなると器物の保有やモニュメント的な墳墓をつうじて歳時の経過を覚知せずともよくなった。

ところが他方、「五世紀後半」頃から「六世紀中葉」頃に、関東諸地域や島根東部（出雲）など畿外諸地域において、「首長墓」造営地の固定化が生じ、首長墓系譜が安定的に形成される現象がみとめられる〔土生田二〇〇六〕。これは前記した連動性と齟齬をきたすかにみえる。しかし、関東諸地域や島根東部のように、こうした諸地域において鏡の長期保有とその副葬が継続する事実が、齟齬を解消する糸口をあたえてくれる。先述したように古墳時代後期には、畿内中枢勢力が畿内／畿外を領域的に区別し、前者の制度的支配を積極的に推進すると同時に、後者にたいしてもミヤケの設置を介して拠点的な支配を志向した。その結果、前者の領域内では器物保有や墳墓構築といった旧套を踏襲する必要性が薄れた一方、後者のうち少なからぬ地域において、これらの旧套が依然として必要とされたのであろう。

ただしこれら諸地域でも、畿内中枢勢力による制度的支配の滲透にともない、首長墓の累代的造営と鏡の長期保有が古墳時代後期のうちに終焉をむかえることになった。典型的な様相をみせるのが関東地域であり、後期後葉～末葉頃に（長期保有）鏡を副葬する前方後円墳を築いたのちに首長墓系譜が途絶え、鏡副葬も終了した〔上野二〇一二b〕。白石は、関東地域で大型前方後円墳の築造が一斉に断絶したのち、「国造の支配領域」にのみ大型の円墳や方墳が造営されはじめる現象の背景に、同地への国造制の導入を推定する〔白石二〇〇九〕。この推定をみとめるならば、国造への任命をつうじた畿内中枢勢力との支配／服属関係の定立と更新が、諸地域の有力集団を結節・維持する有効な新原理になったわけで、従来のように器物の保有や累代的な首長墓の造営に自集団の結節・維持を仮託する必要性は、大幅に後退することになったのである。

以上、本章では、時空観と国家形成を考古学的に連繫する試論を披瀝した。考古学で観念をあつかうことにはやはり限界が多いが、近年の国外の研究動向を勘案すれば、潜在的な可能性を十分に秘めているだろう。少なくとも、考古学から照射できるはずのない『記』『紀』の登場人物の意図や、「国」の判断などを想像豊かにえがきだす諸論とは、鵠鶩の差があることを強調して、本論を終えたい。

註

（1）他方、「中河内・南大和の主導勢力」が政治的活動を積極的に推進し、弥生時代後期のうちに「畿内圏」すなわち「ヤマト国」を形成したとする構想がある〔岸本直二〇一四〕。しかし、いまや主要な根拠を失った「伝世鏡」と、肝腎の物証がほとんどない鍛冶炉の存在とを前提にした議論であり、考古資料の操作の点で承引できない。

（2）状況証拠からみて、これらは九州北部で長期保有されていたものが、畿内中枢勢力に吸収された可能性さえある（本書第四章）。

（3）一二〇メートル以下・一四〇メートル前後・二一〇メートル前後が、それぞれ五〇〇尺・六〇〇尺・九〇〇尺に近似することは、墳丘の造営規模に規制があったことを暗示する。

（4）本章では、畿内／畿外という空間観の摘出にとどめた。しかし、畿内中枢勢力が製作を管掌し、多彩なサイズの製品を配りわけることで、諸地域の有力集団を評価した倭製鏡の分布・副葬状況からすると、奈良盆地―畿内諸地域―瀬戸内中東部・東海西部・九州北部―それ以遠という、畿内中枢勢力の本拠地を核とするおおむね同心円的な空間観が、少なくとも当勢力内で醸成されていた可能性がある〔下垣二〇一一〕。

（5）近年、後期中葉～後葉頃に位置づけうるミヤケ関連遺構の検出事例が蓄積され、考古資料に立脚したミヤケ論も可能になりつつある。

（6）したがって、その賛否をめぐり議論が重ねられてきた「畿内政権論」に、考古学から有用な貢献ができる。この議論の史料的な当否についてはよく論じえないが、「畿内」の形成過程や内部構造が不分明だとの批判〔笹山一九九一等〕にたいして、考古学から実証的に応答できることを強調したい。

（7）器物の授受・保有をつうじた時間間隔の覚知は、鏡に限定されなかっただろうが、そうした器物の抽出は今後にゆだねられている。

（8）ただし、「強いて言えば古墳という構築物そのものが首長権の歴史性を支えるもの」だとの見方〔大平二〇〇二〕には、私見とつうじるものがある。

付章　「政権交替」論小考

一　目　的

本章では、考古学寄りの観点から政権交替論の現状を俯瞰し、今後の展望と検討課題を提示する。まず最初に政権交替論を、「古墳時代の政権（の中枢）[1]が何度か交替したとみる説」と最大公約数的に定義づけておく。

政権交替論は、一九五〇年代に騎馬民族説から強い影響をうけつつ、王朝交替論として登場して以降、その当否と実態をめぐって、多岐にわたる厖大な考察が提示されてきた。ただ、古墳時代の「政権」を明らかにしようとしても、文献面では『記』『紀』などの信憑性に難があり、考古資料はそもそも、高度に政治的かつ抽象的な「政権」を復元するのに不向きである。ましてや政権交替論は、複数の政治体の複雑な動態をあつかわなければならない。そのため、政権交替を俎上に載せる場合、論者ごとにさまざまな前提や時代観などが外挿されることになる。その結果として現在、政権交替論の内容に関して、じつに多様な見方が併存している。

万世一系的な王統に貫かれた「大和朝廷」が、幾度かの「叛乱」をへつつも律令国家へと順調に成長した。このような『記』『紀』を過信した見方にたいして、緻密な文献批判のみならず、超巨大古墳群の造営地の移動などの考古学的知見から異議を突きつけ、諸勢力が複雑に競合し展開する政治動向を追究する途を拓いたことにこそ、政権交替論の最大の学史的意義がある。また、幾多の論争をつうじ、文献史サイドでは文献批判や系譜研究の深化などが、考古学サイドでは諸地域と政権中枢の連動的変動、古墳の「本貫地」問題、「威信財」と特定勢力との関連性などといった、重要な分析視角がもたらされてきた点にも、多大な意義がある。

他方、多くの議論がなされてゆく過程で、論点の分岐・増殖が進んできた。論点ごとに判断がわかれ、それらが集積して個別の政権像がうみだされるため、政権交替の賛否両説いずれも複雑に入り乱れ、それらを全体的に俯瞰することが困難になっている。近年、諸説間での実りある議論の応酬が低調となり、いささか停滞の観が漂うのは、この事態によるところが大きい。今後、政権交替論を建設的に展開してゆくためには、学史の丹念な追尾をつうじて多様な論点とその論拠を整理し（作業A）、現状を適確に把握した（作業B）うえで、究明すべき具体的な検討課題を明示すること（作業C）が不可欠である。作業Aについては、本章の狙いからやや逸れるため、先行作業に譲る〔水谷二〇〇一、下垣二〇一一等〕。本章では、作業Bおよび作業Cを中軸にすえる。

二　政権交替論の展開と現状

(1) 議論の多様化と収斂

政権交替論の実質的な起点は、水野祐の三王朝交替説に求めうる。水野は『古事記』の崩年干支の有無および和風諡号の分析に立脚して、「大化改新以前に既に血統を異にする三つの王朝が更迭してゐ」たとの構想を打ちだし、古王朝（先王朝・崇神王朝）→中王朝（仁徳王朝・後仁徳王朝）→新王朝（継体王朝）の順に「王朝」が交替してゆく姿を復元した〔水野一九五四〕。

大化前代には、支配層全体が入れ替わる王朝交替どころか、王朝の概念そのものが存在しなかったとの指摘〔平野一九八五等〕をうけ、一九八〇年代頃から王朝の語が徐々に使用されなくなり、古王朝・中王朝・新王朝はそれぞれ「三輪政権」「河内政権」「継体政権」といったように、「政権」を付して呼称されるようになり、また河内政権直前の大和北部の「佐紀政権」に注目が集まるなど、少なからぬ変化が生じてきた。とはいえ、三王朝交替の枠組は政権交替論者に基本的に継承されている。政権交替の否定論者にしても、いわゆる王朝交替期の政権構造の変動を重視している。そこで本章では、「三輪政権」→「河内政権」の画期を「第一の画期」、「河内政権」→「継体政権」の画期を「第二の画期」と仮称する。

これらの諸説は、政権（王朝）交替という用語を同様に使用しつつも、議論の応酬と深化にともなって、その内容が論者ごとに相違していった。錯綜に歯止めをかけるべく、政権交替論自体の分類整理が試行されてきた〔岡田精一九七二、鈴木靖一九八〇、伊野部一九八三、門脇一九八七、直木一九八七、白石一九九八、高橋二〇一一等〕。第一の画期について考古学では、「A墓域移動説（A1大王家墓域移動説、A2地域国家としてのヤマト国家王墓移動説）」、「B河内勢力勃興説（B1河内勢力王権奪取説・政権交替説、B2ヤマト王権内部での盟主権移動説）」、「C西方勢力東遷説」に三分する白石太一郎の案が、ある程度の普及をみている。これは、河内・和泉に超巨大古墳群を造営した政権盟主の登場経緯を分類基準にしたものである。他方、第二の画期については、「畿外北方（近江または越前）」「越（または越前）」「近江」「摂津」に分類する岡田精司の案のように、継体個人の出自ないし出身母体を基準にすえることが多い。

このように両画期で分類基準が相違する状況は、第一の画期では古墳（群）を中心に考古資料が主要な論拠とされている一方、第二の画期では系譜などの文献史料が重んじられていることを反映している。この相違は、第一の画期

表10　政権交替論の諸類型

盟主（集団）の動向		盟主（集団）の本拠地 畿内	盟主（集団）の本拠地 畿外
	連続	〔Ⅰ説〕同一政権＝大和盟主連続説	
	交替	〔Ⅱ説〕同一政権＝河内新盟主説	
	新興	〔Ⅲ説〕河内新政権説	〔Ⅳ説〕東漸勢力新政権説

〈第一の画期〉

盟主（集団）の動向		盟主（集団）の本拠地 畿内	盟主（集団）の本拠地 畿外
	連続	〔Ⅰ説〕同一政権＝盟主連続説	
	交替	〔Ⅱ説〕同一政権＝摂津等新盟主説	
	新興		〔Ⅳ説〕北方勢力新政権説

〈第二の画期〉

の追究に議論が集中する考古学と、第二の画期に重点がおかれる文献史学の差異とも関連している。しかし、古墳時代の政権交替の実態を総合的にとらえるためには、両画期で基準がことなるのは不都合であるし、また考古学は個人の追究に不向きである以上、継体個人にこだわるのは生産的でない。

そこで本章では、政権交替論の現状を俯瞰するために、政権の盟主（集団）の本拠地が畿内か畿外かという基準と、画期における盟主（集団）の動向という基準から、両画期をめぐる諸説を分類してみた（表10）。両画期をめぐる近年の諸議論と表10を対照すると、政権交替論の現状を理解する手がかりがみいだせる。

まず、第一の画期をめぐる現在の諸説が、Ⅰ説（同一政権＝大和盟主連続説）とⅡ説（同一政権＝河内新盟主説）にほぼ収斂していることが注目される。[2]しかも、論点の多様化のため、多岐にわたる見解で溢れかえっているかにみえつつ、Ⅰ説とⅡ説のどちらも、政権の連合性と前期後葉〜末葉頃に生じた政権構造の変動を推定しており、その点で両説に大差はない。むしろ、Ⅰ説が超巨大古墳（群）の本貫地からの自由性を強調し、『記』『紀』の宮居・氏族記事を重視する一方、Ⅱ説では「古墳が本来その勢力の本貫の地（出身地）に営まれるのが原則」との立場を堅守し（白石一九八六）、『記』『紀』に関しては厳密な史料批判よりも幅広い脈絡からの推察が目だつように、議論の基盤となる史資料のとらえ方に相違がみとめられる。史資料にたいするこうした姿勢の相違に由来する諸論点の評価が複合して、多様な政権交替像に結実している以上、これらの姿勢や論点を実証的かつ批判的に吟味することが、第一の画期の現状と展望を提示するうえで不可欠の作業となる。

他方、第二の画期に関する議論は、考古学サイドではいささか焦点がぼやけている。継体個人やその出身・傅育氏族の分析に主眼がおかれる文献史学にたいして、考古学は学問の性質上そのような分析にそぐわないことがその一因である。そのため考古学では、継体個人ではなく、古墳の動態から復元される当該期の諸地域の動向から、その擁立勢力や政治背景を探るアプローチが一般的である(3)。ただ、継体擁立前後の動乱を詳細にえがきだす文献史学にくらべ、考古学的検討は後手にまわっているのが現状である。

さらに、文献史学が明らかにしてきたように、第二の画期は独立した短期的現象ではなく、その前後の長期間にわたる政治的・社会的変動の一部をなしている。雄略即位前後の動乱、雄略歿後の「叛乱」、後継者の途絶と顕宗・仁賢の「発見」および即位、継体歿後のいわゆる「継体・欽明朝の内乱（辛亥の変）」などといった、激動ともいえる諸変動のなかに位置づけてこそ、第二の画期の歴史的位置づけは明らかにされる。しかし考古学は、そうした事象をとらえるにたる精緻な編年をもちあわせておらず、考古学的データをこれらの事象に結びつける場合、編年のわずかな相違が解釈を大幅に左右してしまう。

そしてまた、継体の奥津城として大阪府今城塚古墳を措定する以上、文献史学の主流説のように継体の出身を畿外北方とみなす（Ⅳ説）場合、政権交替をみとめながら「古墳が本来その勢力の本貫の地（出身地）に営まれる」「原則」を拋棄することになり、河内政権の存在を主張する重要基準と矛盾をきたしてしまう(4)。これらの理由から、考古学を中心にすえる本論では、第一の画期に検討の重点をおく。

（2）第一の画期に関する議論の現状

第一の画期をめぐる議論、すなわち河内政権（＋佐紀政権）をめぐる議論の展開を、ごく大雑把に整理すると次のようになる。騎馬民族説に駆動されつつⅣ説（東漸勢力新政権説）が登場したのち、一九六〇年代には『記』『紀』の批判的分析と超巨大古墳群の移動現象を基軸にすえたⅢ説（河内新政権説）の諸論が陸続と登場した。これらは「王朝交替」論として古代史学界を賑わした。その後、いっそう厳密な史料批判などをつうじて、Ⅲ説・Ⅳ説に疑問が呈され、また古墳の動態研究も深化したことで、「王朝交替」のようなラディカルな変動は想定しがたくなった。代わりに、畿内地域における諸勢力の連合的性格が強調されるようになり、同一の連合政権内で河内の勢力が新たに盟主になったと説くⅡ説と、大和の勢力がひきつづき盟主権を維持しつづけたとみるⅠ説が前面に浮上してきた。要するに、新王朝の登場を重視した「王朝交替」論から、連合政権内における盟主権の移動を主張する「政権交替」論へとシフトしたわけである。Ⅰ説とⅡ説は、佐紀政権の評価という重要な論点をくわえ、相互に論拠を充実させつつ現在にいたっている。

「四世紀」「は考古学の分野に席を譲り、文献史学はわずかな金石文を使ってその想像力をひろげているだけである」〔小林敏二〇〇六〕、「応神以前には文献の上で史実といえるものはほとんど存しな」く、「信用できるのは古墳を主とする遺跡・遺物だけと言っても過言ではあるまい」〔直木二〇〇五〕などといった文献史学者からの評価どおり、論考の数と議論の活況度からみて、近年では考古学が本画期に関する議論を主導している。前述のようにⅠ説とⅡ説が対峙しているわけだが、大局的にみて、着実に論拠を増やすと同時に、不備や難点を克服しながら議論を充実させているⅡ説がやや優勢である。以下、近年におけるⅡ説の主要な研究成果を列挙する。

解決の見通しすらたたない本貫地問題について、水掛け論を回避するべく、「中枢となる巨大前方後円墳からではなく、逆に少し離れたところで、例えば畿内中枢以外の各地の有力首長がどういう動きをしているか、また畿内においても巨大な前方後円墳に葬られていない他の首長たちがどういう動きをしているか」〔直木他一九九二（都出発言）〕を捕捉して、政権交替の実態を浮き彫りにするアプローチが、古墳の発掘成果と再整理をつうじて、列島各地で意欲的に進められてきた。

さらに、墳丘の形態および構築法、埋葬頭位、埴輪、土師器、鏡・石製品・石製模造品・筒形銅器・巴形銅器・方形板革綴短甲・刀剣など各種副葬品、といった多彩な墳墓要素から、河内政権ないし佐紀政権の擡頭や新旧勢力の競合を読み解く見解が、活潑に提示されている。福永伸哉は、そうした動態を総括的に把握したうえで、「周辺諸地域に大きな影響を及ぼす強力な中国王朝の不在という歴史的条件のもと」、韓半島南部の金官加耶勢力との交渉をつうじて大和北部・河内の勢力が擡頭したと説き、当時の東アジア社会の歴史動向をふまえた雄大な構想を提示している〔福永一九九八〕。弥生時代末期後半から列島の基軸的な「対外交易機構」でありつづけた「博多湾貿易」がこの時期に解体し、このネットワークを結節した大集落群が軒並み衰退する現象も、当期の政治変動に深く関連するものと推定されている[5]〔久住二〇〇七〕。

不備や難点を克服する努力や成果も、着実に積み重ねられている。河内は在地勢力が貧弱な地域であり、本地域に河内政権が誕生する不合理がしばしば指摘されてきた〔熊谷一九九一等〕。しかし、福永が近年、鏡の流入状況と墳形のあり方などを論拠にして、「二四〇年前後を境」に「大和盆地勢力」が「摂津の首長層」を「パートナー」として「中央政権の主導権を握」った一方で、それ以前に画文帯神獣鏡を多数入手するなど政権内で重要な役割を占めていた「中・南河内の首長層」が、「畿内政権の中心的勢力から離脱して「非主流派」に転」じ、これ以後、これら諸勢力の関係が「振り子」のように幾度も揺れ動いたと主張しているのは興味深い〔福永二〇〇八ａ〕。このことは、河内勢力が大型古墳を築くだけの力量を有しながら、「政権」主流の葬送儀礼を採用しなかった可能性を示唆するからである〔福永二〇〇八ｃ〕。

また、大阪府中田遺跡群の一過性にとどまらない殷賑ぶりからみても、河内に有力な在地勢力が存在したことは疑えない。考古資料によると、古墳時代の列島社会は脈動いちじるしく、五世紀後半以降の文献記事から遡及的に三・四世紀の様相を推測するあやうさが痛感される。また、和泉において前期後葉に摩湯山古墳（約二一〇《メートル》）が造営されたのち、近隣に所在する前期末葉頃の貝吹山古墳（約一三〇《メートル》）が規模を減じている事実が、在地勢力の発展説にたいする反証とみなされてきた。しかし、円筒埴輪編年と発掘調査の進捗にともない、貝吹山古墳（前期後葉）→摩湯山古墳（前期末葉）の順に築造された可能性が高まった。前期後葉～末葉頃に、近畿各地の近隣古墳間で同様の現象が生じていることは看過できない。河内では松岳山古墳（約一四〇《メートル》）→津堂城山古墳（約二一〇《メートル》）、大和西部では新山古墳（約一四〇《メートル》）→築山古墳（約二二〇《メートル》）、古墳間の距離は離れるが、丹後では蛭子山古墳（約一四五《メートル》）→神明山古墳（約二〇〇《メートル》）・網野銚子山古墳（約二〇〇《メートル》）のごとく、判で押したかのように一四〇《メートル》前後（前期後葉）→二〇〇《メートル》前後（前期末葉頃）という、最大規模墳の五割増し現象が確認できるのである。

とはいえ、Ⅱ説も盤石ではない。問題点も多く、Ⅰ説も十分に成立しうる。都出比呂志に代表されるⅡ説の「首長墓系譜連動説」では、前期後葉頃から後期前葉頃までの比較的短期間に、政権中枢の超大型古墳群と諸地域の有力古墳群が三～四回も広域的に連動して変動した事態を想定するが、それを保証するだけの精度を誇る古墳編年は確立していなかった。そのことは、いまだ多くの研究者が依拠する「集成編年」〔広瀬一九九二〕の、まさに政権交替期に相当する「四期」が、畿内の古墳を軸に構築された「和田編年」〔和田一九八七〕の「四期」と「五期」を、列島諸地域に応用するために一括した代物であることにもあらわれている。その結果、政権中枢と諸地域の同時性は、依然として「研究者の匙加減で決まる状況」にある〔田中裕二〇〇六〕。政権交替期の実年代が、数十年単位で変更されてきた事実も、「応神朝」や「継体朝」に考古事象を直結させる怱卒さを浮き彫りにする。

さまざまな墳墓要素に系統差をみいだし、その分布状況からそれらを主掌した新旧政権の競合関係を復元しようとするアプローチにも異論が多い。近年では、「威信財」や埴輪の差異に着目して、大和東南部の伝統勢力と同北部の新興勢力の競合を説く主張が目だっている。しかし「埴輪様式」において、大和東南部と同北部に相違はみいだしがたく、新旧勢力間の「主導権交替が要因となって埴輪の様式変化が引き起こされるといった図式は成立し難い」ことが強調され、「古墳時代前期に奈良盆地東南部で巨大前方後円墳を築いてきた勢力がその造営地を大阪平野に移した可能性が高い」との判断がくだされている〔廣瀬二〇一二・二〇一五〕。石製品に関しても、新旧二系統の異系性や断絶性は読みとりがたいという〔鐘方二〇一二〕。倭製鏡も系統的な連続性が強く、その製作・分配をつうじた大和東南部勢力と同北部勢力の「政治戦略」の相違〔林二〇〇二〕はみいだせない。この種のアプローチは、精密な編年・系統研究を完備させずに競合的分配という解釈論に流れる点に、方法論上の難点がある。

超大型古墳群と連動した諸地域の有力古墳群の移動現象にせよ、新たな墳墓要素の登場にせよ、Ⅱ説の正当性を裏づける特権的な根拠にはならず、Ⅰ説でも十分に解釈できる。韓半島の諸勢力と新たな関係が構築されたことも、従来の「貿易」ルートの変動も、Ⅰ説で説明しうる〔広瀬二〇〇九〕。逆に、そうした対外関係の変化に呼応して、拠点と奥津城の地を河内・和泉や大和北部に移動させたとみることも、十分に蓋然性がある。超巨大古墳（群）を造営するだけの適地がすでに尽きていたこと〔泉二〇〇〇〕も、墓域の移動をうながしたのではないか。近畿諸地域で、前期後葉〜末葉頃に最大規模墳が段階的に拡大するという前述の現象にしても、その整然すぎる連動性は、むしろ畿内

料金受取人払郵便

本郷局承認

2263

差出有効期間
平成32年1月
31日まで

郵便はがき

1 1 3-8 7 9 0

2 5 1

東京都文京区本郷7丁目2番8号

吉川弘文館 行

愛読者カード

本書をお買い上げいただきまして、まことにありがとうございました。このハガキを、小社へのご意見またはご注文にご利用下さい。

お買上**書名**

＊本書に関するご感想、ご批判をお聞かせ下さい。

＊出版を希望するテーマ・執筆者名をお聞かせ下さい。

お買上 書店名	区市町	書店

◆新刊情報はホームページで　http://www.yoshikawa-k.co.jp/

◆ご注文、ご意見については　E-mail:sales@yoshikawa-k.co.jp

ふりがな ご氏名	年齢　　歳　男・女
〒□□□-□□□□ ご住所	電話
ご職業	所属学会等
ご購読 新聞名	ご購読 雑誌名

今後、吉川弘文館の「新刊案内」等をお送りいたします(年に数回を予定)。
ご承諾いただける方は右の□の中に✓をご記入ください。　□

注 文 書

月　　日

書　　名	定　価	部　数
	円	部
	円	部
	円	部
	円	部
	円	部

配本は、○印を付けた方法にして下さい。

イ. 下記書店へ配本して下さい。

(直接書店にお渡し下さい)

(書店・取次帖合印)

書店様へ＝書店帖合印を捺印下さい。

ロ. 直接送本して下さい。

代金(書籍代＋送料・手数料)は、お届けの際に現品と引換えにお支払下さい。送料・手数料は、書籍代計 1,500 円未満 530 円、1,500 円以上 230 円です(いずれも税込)。

＊お急ぎのご注文には電話、FAXもご利用ください。
電話 03−3813−9151(代)
FAX 03−3812−3544

中枢勢力からの強い影響をうかがわせる。そもそも、大和北部における超巨大古墳群の形成開始後に、前期最大の前方後円墳である渋谷向山古墳が大和東南部に築造されたことは、政権交替説に否定的な事実である。(6)

文献批判が深化した結果、『記』『紀』にもとづく第一の画期の研究から自重的撤退が進み、近年では、河内政権に関する文献史学からの実証的研究は僅少である。そうしたなか、古市晃の一連の研究は興味深い。古市は、王族の名号・王宮・叛逆伝承の詳細な検討を実施し、河内政権論に積極的な論拠が存在しないことを、そして五世紀に「中枢王族の拠点」が大和東南部に一貫して維持され、大和北部や大阪湾岸などの「周縁部王宮群」は「周縁王族」を掣肘するために設置された施設であり、後二者の地に造営された超大型古墳は「中枢王族」を核とする「倭王権による支配権掌握」と不可分の関係にあったことを明示した〔古市二〇一一・二〇一三〕。この見解は、中期前半に河内平野と奈良盆地という「王権の膝下」に、手工業生産地と超巨大古墳群の造墓地が計画的かつ強制的に配置されたとの指摘〔菱田二〇〇七〕と、「倭王権による支配権掌握」という点で密接に結びつく。

以上のように、第一の画期をめぐっては、Ⅱ説がやや優勢だがⅠ説も十分に成立する可能性を示しつつ、対峙状況にあるのが現状である。Ⅱ説が具体的かつ考古学的な論拠を充実させている一方、Ⅰ説はⅡ説への反論と大局観から立論する傾向が強い。両説とも議論を深めてきたが、本貫地問題をはじめ課題も山積している。それらについては、第二の画期とあわせて最終節で検討する。

(3) 第二の画期に関する議論の現状

第二の画期、すなわち継体政権成立に関する議論は、『記』『紀』などの文献記事の信憑性が相対的に高いため、文献史的研究が主導してきた。継体の父母の出自や姻戚関係を精細に復元し、摂津にくわえ畿外北方から尾張にひろがる擁立基盤を解き明かし、その擁立を可能にした政治条件や政治動向に関する具体的な議論を展開してきた。

他方、考古学サイドでは、継体擁立にともなう政治的・社会的変動を基本的に承認しつつも、文献史学のように継体個人の出自をめぐる議論が困難なため、第一の画期の場合のような論争的な局面は少ない。むしろ、以下に示す視角からのアプローチをつうじて、文献史学の成果を考古学的に追認・補充することに意が注がれている。おおよそ、①列島各地で幾度か起こった首長墓系譜の連動的変動を抽出し、本画期をそのなかに位置づけることで、広い視野から継体政権成立期の史的特質を浮き彫りにするアプローチ、②当該期の列島各地で生じた、古墳などの遺構・遺物の様態の変動を抽出し、継体政権成立に際して擡頭・衰退した勢力をとらえ、継体の支持基盤を探るアプローチ〔高松二〇〇七等〕、に大分しうる。

①は、複数次におよぶ「中央」と諸地域における首長墓系譜の連動的変動を探索し、抽出された計四期の変動期を、それぞれ大和北部への超巨大古墳群の移動、「応神・仁徳の王統」の出現、「雄略大王」の登場、「継体大王」の登場に対応づけ、「第四変動期」は「雄略大王」の急進的施策にたいする「反動の嵐」が吹き荒れた時期と解した都出の研究が、基本的な枠組となっている〔都出一九八八・一九九九等〕。これらの「系譜変動期」に出現する特徴的な墳墓要素を探索し、それらを統御した「中央政権主導勢力の政治的意図」をとらえようとする福永の研究は、文献史との摺りあわせの観もある都出の枠組に内実をあたえる点で重要である。具体的に福永は、六世紀前半の継体政権期に新登場した墳墓要素として、畿内型横穴式石室・二上山白色凝灰岩製家形石棺・規格性の強い金銅装馬具・新様式の鏡・龍鳳文装飾付環頭大刀などを例示した〔福永一九九九・二〇一一等〕。

②では、『記』『紀』などから継体の出自や擁立に深くかかわると目される地域（近江湖北・越前・尾張等）で、当該期に古墳が隆盛をとげる状況を抽出する研究が、以前は目だった。しかし、古墳の発掘調査や編年研究が進捗した結

果、これら諸地域は当該期に格別な擡頭を示すわけでもないことが判明してきた。むしろ近年では、各地で生起した「反動の嵐」が広域的かつ連動的に結びつき、地域内／間関係を揺り動かした状況が本画期だとみる論が前面化しつつある。雄略朝の急進的施策下で抑圧された旧勢力が、捲き返しをはかって結びつき、継体政権の有力な支持基盤になったとみるわけである〔福永二〇一一等〕。

たとえば北陸の若狭では、後期前葉を境に、脇袋古墳群から天徳寺古墳群、そして日傘古墳群へと有力墳墓が遷移するが、この背景に「雄略朝期への反動」としての「地方勢力の復権」と、それにつづく「継体擁立勢力による政治的再編」が想定されている。また、この動向下で、当地域が九州や尾張の有力者と関係をとり結んだことが、石室型式・墳形・埴輪などから推測されている〔髙橋二〇一一〕。さらには、「大王墳」の小型化が示すように、本画期に際して畿内中枢勢力が大きく動揺し、それに乗じて九州北部の有明海沿岸地域が日本海沿岸諸地域や韓半島南西部の有力者と広域的に結びつき、継体政権の誕生に大きく関与したとの説もある〔和田二〇〇四〕。この説は、文献史だけからでは読みとりがたい当該期の有力者間関係を抽出するこころみとして重要である。加耶勢力と親密な関係にあった河内政権にたいして、継体政権の成立には百済との関係強化が大きくあずかったとの見解も興味深い〔朴二〇〇七〕。

①の視角もあわせもつ、新納泉の空間分析的アプローチは、古墳以外の資料をも駆使した意欲的な成果である。地形から算出した農業生産力と地域間ネットワーク構造とをつうじて、地域ブロックを復元したうえで、遺跡数や装飾付大刀の分布状況などをもとに、「雄略朝」期以降の「中央豪族」と諸地域の「権力系列」の政治動向を追尾したのである。具体的には、「雄略大王」が日本海・東海系の権力系列などを利用して瀬戸内系の権力系列を激しく抑圧していたが、その歿後にそれらの拮抗バランスが崩れ、「急速に力を蓄積していた日本海・東海系の権力系列が、一定の期間、支配的な地位を獲得する」というプロセスをえがきだした〔新納二〇〇二〕。なお、旧勢力の復権の帰結とし

て、継体政権には復古的な性格がそなわったことまで想定され〔福永二〇〇七〕、たとえば継体の奥津城と推定される今城塚古墳では、墳丘形態や埴輪の製作技法および配置方式において、「中期以前の大王陵の形質を意識的に採用」された可能性があるという〔安村二〇一〇〕。他方、最近の倭製鏡研究や文献史研究では、「雄略朝」から「継体朝」への断絶性よりも継承性が重視されはじめており〔仁藤二〇〇九、加藤二〇一七等〕、今後の研究の推移が注目される。

今城塚古墳（一九〇メートル）の発掘成果をふまえ、当墳に関連の深い地域を探りだし、継体の支持基盤を復元するアプローチもさかんである。たとえば、尾張の断夫山古墳（一五一メートル）および大須二子山古墳（一三八メートル）の墳丘は、当墳と相似形であり、二重周濠である点も共通する。当墳と同じ淀川水系に位置し、北陸道につながる山城宇治には、これまた当墳の相似墳で二重周濠を配する五ヶ庄二子塚古墳（一一二メートル）が築かれている。継体に先だつ擁立候補として『日本書紀』に登場する倭彦王の居地である、丹波亀岡に造営された千歳車塚古墳（八一メートル）は、二重周濠を有するほか、外堤に張出部をそなえる点で当墳と共通する。これら諸地域は、『記』『紀』からも継体との強い関係を看取しうる。一方、近江の林ノ越古墳（九〇メートル）は当墳の相似墳であるが、大和南部型の埴輪を設置する。さらに、当墳からは宇土の阿蘇熔結凝灰岩、二上山の白色凝灰岩、高砂の流紋岩質凝灰岩（竜山石）という三種類の石材を素材とする家形石棺片が検出されているが、二上山の白色凝灰岩製の家形石棺は、奈良盆地南部の市尾墓山古墳（六六メートル）からその最古段階のものが検出されており、継体が最終的に宮居をかまえた奈良盆地南部の磐余玉穂宮との関連をうかがいうる。

継体と奈良盆地南部との関係を示唆する同時代の金文資料に、癸未年銘の倭製人物画象鏡がある。本鏡のデザインは倭製鏡ではほかに例がなく、「癸未年」の年代を左右するだけにその編年的位置づけには慎重さが必要だが、同型鏡群を模倣して製作したものとする見解〔川西二〇〇四〕が妥当であり、中期末葉をその上限年代と考定しうる。最近の後期倭製鏡研究の進捗により、五〇三年説がほぼ確定的になっている〔加藤二〇一四等〕。本鏡の銘文に関して、「癸未年」の暦年代や固有名詞について多様な釈読がなされてきたが、山尾幸久の釈読〔山尾一九八三等〕以来、癸未年は西暦五〇三年、「孚弟《フト》王」は継体の名であり、かれが即位前に奈良盆地南部の「意柴沙加《オシサカ》宮」に宮居をいとなんでいたと解する点で、徐々に理解の一致をみつつある。かつて平野邦雄が主張したように、継体が皇子の時代に母族の経営する宮に一時住んだことを、さらには婚姻をつうじて形成された複数の王族が複数の土地に拠点を有していた可能性を、本資料は裏づけるのであり〔平野一九八五〕、この二つの複数性を考慮しなければ政権交替の実態を解き明かせないことが暗示される。

（4）そのほかの政権変動論

古墳時代の政権交替論は、以上の二つの画期に議論を集中させてきたが、これ以外にも政権の交替・変動が主張ないし示唆されてきた[7]。たとえば文献史学では、「継体・欽明朝の内乱」の有無および実態についてさかんに議論が交わされてきた。考古学ではその政治変動の一環として生じた「武蔵国造の反乱」を、関東地域の古墳群の動態から追究する意欲的なこころみがなされてきた〔甘粕一九七〇、城倉二〇一一等〕。近年では、当該期の超巨大古墳である大阪府河内大塚山古墳（三三五メートル）が未完成墳である可能性が示され、「継体・欽明朝の内乱」にその原因を求める説が提起されている〔岸本直二〇一一等〕。

また、古墳出現期の政治動態に関して、奈良盆地外の諸勢力が奈良盆地東南部に結集して「王権」を構成し、その地に築いた共同墓域が大和古墳群だとする説が有力化している。この説は、結集以前における奈良県唐古・鍵遺跡を軸とする在地勢力を評価するにせよ、九州北部や吉備の勢力の主導性を重視するにせよ、政治権力体の構成の変革を想定している以上、一種の政権交替論といえる。

さらに、政権交替論に関連して、大和川流域の諸勢力と淀川流域の諸勢力との力関係の変動を重視する見解〔白石一九九九、福永二〇〇八c等〕や、古墳の様態を根拠にした諸勢力の二系統的解釈が少なからず提示されてきた。たとえば東潮は、墳形・埋葬施設・埴輪から、「倭王系列」と「邪馬台＝大和王系列」の長期的併存を力説した〔東二〇〇六〕。近年だと、「定型化」前方後円墳出現以前の纒向古墳群の諸墳が墳形と木製儀器からタイプa・bに二分され、それが被葬者の社会的役割の相違を示すとみる見解がある。当該期の墳形に二タイプがあることは、以前から指摘されていた〔北條一九九二等〕。この見解では、両タイプが本古墳群と箸中古墳群にあらわれる様態を、殷後期の「司祭者集団」の一代ごとの交替システムに類比しうる蓋然性が示唆されている点が興味深い〔豊岡二〇一二〕。古墳時代と殷周代は、社会・経済システムの点で同じ「発展段階」にあるとの指摘がある。殷代後期における広い意味での一代ごとの政権交替と、文化と国家体制を継承しつつ「王朝」が交替した殷から周への変動は、古墳時代の政権交替を追究するうえで重要な示唆をあたえる〔岡村二〇〇五〕。(8)

三　政権交替論の展望と課題

前節では、政権交替論の現状について概説した。その内容をふまえ、本節では政権交替論の今後の展望および課題を提示する。政権交替論は、その当否と実態をめぐり多くの議論が交わされるなか、その論拠が精錬ないし淘汰され、また古墳時代の社会・政治構造を究明する新たな視角をもたらしてきた。自説の論拠と論理を誠実に提示したうえで討論を展開してゆけば、今後も実り豊かな成果がうみだされるにちがいない。

しかし、近年の研究動向を概観すると、とりわけ第一の画期をめぐる諸説に少なからぬ危惧もおぼえる。諸説それぞれが実証的な論拠を積み重ねながら、議論を応酬することなく、自説をくりかえすだけの局面がやや目だつ。諸説それぞれに自説の論拠の充実を高唱するが、資料数と論考数が増えている以上、自説に都合のよい論拠を集めれば当然そのようになる。また、結論部分で唐突に政権交替論に飛躍する、木竹繋合式の論考も少なくない。他方、政権交替論をめぐる諸説、とくに第一の画期をめぐる諸説は、表面的な対立とは裏腹に、そのほとんどが古墳時代の政権に連合的性格が存したこと、両画期に政権構造が変動したことを基本的にみとめており、大局的にみれば諸説にさほどの懸隔はない。諸説の対峙関係を強調しすぎると、逆に究明すべき論点を見失いかねない。諸説の論拠および論理の交通整理が必要なゆえんである(9)。

しかし、これより重大な問題がある。古墳が本貫地に造営されるか否か、生前の本拠地と奥津城の関連性をいかにとらえうるか、有力集団が複数の支配拠点や宮・居宅を離散的に有していた場合〔平野一九八五、仁藤二〇一二〕、考古学からその実態をいかに復元しうるか、そのような状況を勘案したうえで、政権の構成内容を考古学からいかに復元しうるか、「入り婿」や傍系継承などをふくめ「大王位」「首長位」の継承法をいかに究明しうるか、政権交替時の動態を詳細に把捉するだけの古墳編年(+実年代)を構築しうるか、『記』『紀』の記事の信憑性をいかに判断するかなど、諸説を根幹から揺るがしかねない重要論点が十分に検討されていないことである。そうした諸論点が、論者ごとに主観的かつ曖昧に判断されて複合される結果、十人十色の政権交替論が組みあげられ、相互の理解が困難な仕儀となる。以下、それら諸論点のうち若干について簡説する。

とりわけ重大であるのが古墳の本貫地問題である。考古学では一般に、特定集団がその本貫地に墓域をいとなむという前提で論が構築される(A)。他方、その前提への反論も提示されてきた。とくに文献史学サイドでは、超大型古墳（群）は共同体的性格が稀薄で政治的要地に造営されるとする見方が強い（B）。しかし、前者（A）は常識論に、後者（B）は間接的証拠や状況証拠に依拠する傾向が強く、実証的な論拠は微弱である。どちらも前提的に提示されるだけで、水掛け論におちいりがちである。大阪南端の淡輪に築かれた巨大古墳二基（西陵古墳・ニサンザイ古墳）の造営背景について、前者の立場をとる白石は、「紀氏クラスの豪族の族長」が本貫地に古墳を造営した証拠とみなし〔白石二〇〇八〕、後者の代表的論者である広瀬和雄は、これら二基が「在地の動向に根ざさず」、「大和政権の政治目的を完遂するため」に「まったくの他律的な意志で営まれた」と解しており〔広瀬二〇〇一〕、本貫地論の困難さを印象づける。

ただし一九九〇年代以降、発掘調査などの蓄積を追い風にして、実証的な議論もなされつつある。前者（A）に関しては、特定地域において近接する「首長居館」と有力古墳が時期的に重複し、その規模が相関する事例が増えつつある〔橋本博二〇〇一〕。近隣する集落と古墳群が対応関係を示す事例の蓄積も進みつつある〔古代学研究会編二〇一六等〕。他方、後者（B）に関しても、岡山南部の前期古墳が「集団の領域の外縁に築かれるという原則」をもつことが指摘されている〔宇垣二〇〇四〕。全体的にみて、前者が積極的に論拠を充実させているが、肝腎の超大型古墳（群）の本貫地性の有無については、依然として不明瞭である。

とはいえ、奈良盆地北部の発掘成果が飛躍的に蓄積され、佐紀古墳群の擡頭と連動する居館（菅原東遺跡等）・集落群（佐紀遺跡等）の展開の様相が明らかにされてきたことは、きわめて重要である〔坂二〇一二、中野他二〇一六等〕。佐紀古墳群などの超大型古墳群の造営地は「無人の荒野」ないし「不毛の原野」だったから、墓地に選定されたとみる解釈〔近藤一九八四、熊谷一九九一等〕は、もはや過去の旧説である。古市古墳群・百舌鳥古墳群と近隣集落との関連性に関する緻密な分析が進捗してきたことも、注目に値する〔伊藤聖二〇一一、三好二〇一六等〕。現状の調査成果から、本貫地性に関して総合的な判断をくだすならば、小古墳は近隣の集落と対応する傾向が強いが、「首長墓」は近隣の集落に対応する事例、やや離れる事例、「領域」の外縁部に立地する事例など、多様な占地をみせるようである（本書第二章）。

文献史サイドからの政権交替論は、「王朝交替説から政権交替説や王統交替説といった枠組に変わって」きたと総括されている〔小林敏二〇〇六〕。考古学では、古墳の分析を軸にして、政権構造とその変動状況に関する多くの検討を積み重ねてきた。他方、陵墓参考地にたいする調査のいちじるしい制限と、血縁関係を復元しうる考古学的データ（＝人骨）が十分に残存していないため、王統の実証的研究は低調である。系譜史料が尠少である第一の画期を考古学が主導する一方、第二の画期の研究において、王統分析がさかんな文献史学と古墳の動態分析を重視する考古学がかみあわない一因は、この点に求めうる。いわゆる首長墓系譜から累代的な「首長」の「系譜」をとらえるアプローチが顕著であるが、それらが同一（血縁）集団の所産である保証はない。首長墓系譜の諸古墳の墳墓要素にくわえ、長期保有された器物の副葬状況などの詳細な検討を堅実に積み重ねてゆき、これを超巨大古墳群に応用することが現実的なアプローチであろう（本書第二章）。

政権（王朝）交替論は、『記』『紀』の史料批判から出発した説であった。しかし、史料の批判的吟味が深化した結果、『記』『紀』の王統譜が後代に造作された可能性が高まり〔川口一九八二等〕、ほかならぬ政権（王朝）交替論の論理構造が『記』『紀』の枠組への信拠のうえになりたっていることが明らかにされていった。その結果、文献記事の信憑性が稀薄な第一の画期をめぐる議論から、文献史学は撤退していった。考古学も、資料の蓄積と学問の自立にともない、少なくとも表面的には『記』『紀』を遠ざけるようになった。しかし近年、『記』『紀』の記事の信憑性を評価し、これを政権交替論などに積極的に利用する論考が徐々に増えつつある〔岸本直二〇〇五、高橋二〇一一・二〇一三等〕。

これに関して、埴輪編年や暦年代研究などから組みあげられた、陵墓参考地を中心とする超巨大古墳の編年的配列が、治定された被葬者およびその推定歿年代ときわめて整合的になってきた事態は無視できない〔表8〕。和風諡号などを理由に、かつて画期的存在として重視された崇神から整合しはじめる点も暗示に富む。筆者は、前章で考察したように、超巨大古墳自体と結びついた「陵墓」や「日嗣」に関する記憶(記録)をたよりに、後代に王統譜が(再)構築された可能性を想定しており、『記』『紀』の記載に飛びつく気はない。ともあれ拙速に結論をくださず、この整合性を積極的に評価する論者と否定的な論者とのあいだで建設的な議論が交わされてゆくことを期待したい。

要するに、政権交替の有無を云々する以前に、政権の定義や内容、史資料による政権の把捉法、政権変動を追尾するにたる細緻な編年、そして政権がいかなる集団により、いかなる統合原理で構成されているのかなどといった、政権交替を論ずるために必要不可欠な論点が未解決なままなのである。しかし逆にいえば、こうした諸問題に堅実にとりくむことで、政権交替の実態はむろんのこと、その背景にある集団構造や政治システムを闡明できるだろう。政権交替の有無を怱卒に求めるよりも、議論の交換をつうじて重要な論点を副産物的にうみだしつつ、政権とその変動を基底で律していた集団構造や政治システムの特質を明らかにする姿勢が、今後も政権交替論には欠かせない。

註

(1) 政権交替論において、肝腎の「政権」の語が無定義のまま使用される場合が大半であり、議論が錯綜する一因になっている。本論では当該期の「政権」を、畿内地域の特定の盟主集団を核とする政治連合体と理解しておく〔白石一九八四〕。ただ筆者は、いくつかの理由から「政権」の語を採用しておらず〔下垣二〇一一〕、本章では便宜上やむなく使用する。同様に、旧国名表記も使ってこなかったが、これも記述の都合上やむなく使用する。

（2）本表のⅠ説～Ⅳ説は、前述の白石分類のA説・B2説・B1説・C説にそれぞれ対応する。ただし、「佐紀政権」をめぐる評価をくわえると、分類がかなり複雑になる。大和北部勢力が同東南部勢力を打倒して、そののち河内に進出したとみる説〔甘粕一九七五〕、前者が後者に交替したのち、河内に送りこまれた前者の有力者が、しばらくのちその地で盟主権を握るにいたったとする説〔岸本直二〇〇五〕、分裂した前者の片方が、河内に移動した後者の集団と提携して盟主権を握ったとする説〔塚口一九九三〕などは、Ⅱ説に近いが本表の分類におさまらない。煩瑣を覚悟のうえ、「佐紀政権」の画期を加算した分類が必要かもしれない。なお筆者は、おおむねⅠ説の立場をとっている〔下垣二〇一一〕。

（3）ただ近年、古墳だけでなく、集落・居館・生産拠点の分布と動態を総体的にとらえ、王宮伝承などと関連づけることで、「王宮とそれを支える経営体」の実態やそうした経営体にかかわる「皇族の傅育」などをとらえるアプローチが提言されており〔菱田二〇一二〕、今後の研究の展開が期待される。

（4）ただし、近年になって支持者が増しているⅡ説（同一政権＝摂津等新盟主説）〔仁藤二〇〇九、加藤謙二〇一〇等〕であれば、この矛盾を回避して一貫した政権交替論を構築できる。考古学サイドでは白石が、今城塚古墳の被葬者を「三世紀末以来初期ヤマト政権の内部で一定の地位を占めてきた摂津の在地勢力の首長」と推定しており〔白石一九八六等〕、第一の画期・第二の画期をつうじて方法論的に一貫した姿勢を示しつづけてきた。しかしⅡ説の解釈には、集落遺跡などの動態をふまえたうえで、異議が示されている〔坂二〇一五〕。

（5）新勢力の擡頭に起因する交易ルートの変更が、勢力分布図を塗り替える現象は、世界史的に珍しくない。ここでは、六世紀中頃の中央アジアにおいて、西突厥によりエフタルが打撃をうけたことで、カラコルム西脈道が不通となり、その要衝のガンダーラが衰勢した一方、ヒンドゥークシュ西脈道がにわかに活況化し、当道をつうじた遠距離の商業活動が要衝の地バーミヤーンに活況をあたえた一例をあげておく〔桑山一九九〇〕。

（6）ただし近年、大和古墳群に所在する茅原大墓古墳が、発掘調査により中期前葉頃に位置づけられることが判明したことの意義は重い。本墳の墳長は八六メートルまで落ちこみ、しかも劣位の墳形である帆立貝形を呈しており、渋谷向山古墳が築造されてから半世紀ほどで、当地域の勢力が急速に凋落した可能性を暗示するかもしれないからである。

（7）一九七〇年代前後には、王朝交替論の流行に乗じて、「近江王朝」「葛城王朝」「播磨王朝」「日向王朝」「越前王朝」「椿井王朝」

など泡沫的な王朝論が頻発されたが、論拠が薄弱ですぐに姿を消した。

（8）張光直は、殷王朝後期の系譜を丹念に分析し、「王室」の「二大分派」が交叉イトコ婚をつうじて「一世代おきに王位を継承」し「交互に政権を握っていたこと」を鮮やかに復元し、この継承システムは殷墟の王墓が二分的に分布する状況と「見事な一致」をみせると主張する〔張一九八九〕。

（9）たとえば、第一の画期のⅠ説（≒墓域移動説）を、「「万世一系論者」と呼」ぶと乱暴に決めつける所見〔石部二〇〇四〕などを目にすると、この必要性が痛感される。この程度の決めつけでよければ、河内政権（王朝）論者に大阪の出身者や機関関係者がすこぶる顕著なことをもって、「お国自慢の考古学」〔都出一九九四〕あるいは地域ナショナリズムの発露と断ずることも可能であるが、そのような批難は学問的に意味がない。意味はないが、そうした傾向が生じうることを自覚しておく必要はある。

引用文献

赤坂憲雄　一九八八『王と天皇』ちくまライブラリー一二、筑摩書房

赤坂憲雄　一九九〇『象徴天皇という物語』ちくまライブラリー四六、筑摩書房

赤塚次郎　二〇〇〇「絵画文鏡の研究」『考古学フォーラム』一二、考古学フォーラム

東　潮　二〇〇六『倭と加耶の国際環境』吉川弘文館

穴沢咊光　一九八五a「三角縁神獣鏡と威信財システム（上）」『潮流』第四報、いわき地域学会

穴沢咊光　一九八五b「三角縁神獣鏡と威信財システム（下）」『潮流』第五報、いわき地域学会

穴沢咊光　一九九五「世界史のなかの日本古墳文化」古代オリエント博物館編『文明学原論』山川出版社

甘粕　健　一九七〇「武蔵国造の反乱」杉原荘介他編『古代の日本』第七巻、角川書店

甘粕　健　一九七一「古墳の成立・伝播の意味」岡崎敬他編『古代の日本』第九巻、角川書店

甘粕　健　一九七五「古墳の形成と技術の発達」『岩波講座　日本歴史』一、岩波書店

天野末喜編　一九八九『岡古墳』藤井寺市教育委員会事務局

有松　唯　二〇一五『帝国の基層』東北大学出版会

諫早直人　二〇一二「馬匹生産の開始と交通網の再編」一瀬和夫他編『古墳時代の考古学』七、同成社

石川　昇　一九八五「畿内前方後円墳の総体積から五世紀の政権構造を模索する」『考古学研究』第三二巻第三号、考古学研究会

石野博信　一九七六「大和平野東南部における前期古墳群の成立過程と構成」横田健一先生還暦記念会編『日本史論叢』横田健一先生還暦記念会

石野博信他　二〇〇八「座談会「纒向遺跡の課題」」石野編『大和・纒向遺跡〔増補新版〕』学生社

石部正志　二〇〇四『考古学万華鏡』新日本出版社
石村　智　二〇〇三『威信財システムからの脱却』国立民族学博物館平成一四年度特別共同利用研究員研究成果報告
石村　智　二〇〇四「威信財システムからの脱却」考古学研究会編『文化の多様性と比較考古学』考古学研究会
石村　智　二〇〇六「多系進化と社会階層化」瀬口眞司編『往還する考古学』近江貝塚研究会
石村　智　二〇〇八「威信財交換と儀礼」設楽博己他編『弥生時代の考古学』七、同成社
石村　智　二〇一三「日本における威信財論の受容と展開」(http://ameblo.jp/tomoishi1976/theme-10036271584.html)
石母田正　一九七一『日本の古代国家』岩波書店
石母田正　一九七三『日本古代国家論　第一部』岩波書店
泉　　武　二〇〇〇「大和古墳群の造営と立地環境」伊達宗泰編『古代「おおやまと」を探る』学生社
伊藤聖浩　二〇一一「古市古墳群の形成と居住域の展開」福永伸哉編『古墳時代政権交替論の考古学的再検討』大阪大学大学院文学研究科
伊藤　循　一九九五「国家形成史研究の軌跡」『歴史評論』№五四六、校倉書房
井上光貞　一九六五『日本古代国家の研究』岩波書店
伊野部重一郎　一九八三「王朝交替説について」『神道學』第一一九号、神道學會
今津勝紀　二〇〇二「首長制論の再検討」『歴史評論』№六二六、校倉書房
今津勝紀　二〇〇五「古代史研究におけるGIS・シミュレーションの可能性」新納泉他著『シミュレーションによる人口変動と集落形成過程の研究』岡山大学文学部
岩井顕彦編　二〇一四『岩内三号墳』同刊行会
岩崎卓也　一九七九「古墳と地域社会」大塚初重他編『日本考古学を学ぶ』(三)、有斐閣
岩崎卓也　一九九〇『古墳の時代』教育社歴史新書〈日本史〉四六、教育社
岩崎卓也他　一九六四「長野県における古墳の地域的把握」東京教育大学昭史会編『日本歴史論究』考古学・民俗学編、文雅堂銀行研究社

岩崎卓也・常木晃　二〇〇八「総論」岩崎他編『国家形成の考古学』朝倉書店
岩崎卓也・常木晃編　二〇〇八『国家形成の考古学』朝倉書店
岩永省三　一九九一「日本における階級社会形成に関する学説史的検討序説」『古文化談叢』第二四集、九州古文化研究会
岩永省三　一九九二「日本における階級社会形成に関する学説史的検討序説（Ⅱ）」『古文化談叢』第二七集、九州古文化研究会
岩永省三　二〇〇三「古墳時代親族構造論と古代国家形成過程」『九州大学総合研究博物館研究報告』第一号、九州大学総合研究博物館
岩永省三　二〇一〇「弥生時代における首長層の成長と墳丘墓の発達」『九州大学総合研究博物館研究報告』第八号、九州大学総合研究博物館
岩永省三　二〇一二「階級社会形成に関する学説史的検討（Ⅳ）」『九州大学総合研究博物館研究報告』第一〇号、九州大学総合研究博物館
岩永省三　二〇一四「ミヤケの考古学的研究のための予備的検討」高倉洋彰編『東アジア古文化論攷』二、中国書店
岩原　剛　二〇一二「東海」土生田純之他編『古墳時代研究の現状と課題』上、同成社
岩本　崇　二〇〇一「三角縁神獣鏡と寺戸大塚古墳出土鏡の組み合わせ」梅本康広他編『寺戸大塚古墳の研究』Ⅰ前方部副葬品研究篇、財団法人向日市埋蔵文化財センター
岩本　崇　二〇〇四「副葬配置からみた三角縁神獣鏡と前期古墳」『古代』第一一六号、早稲田大学考古学会
岩本　崇　二〇〇五「三角縁神獣鏡の終焉」『考古学研究』第五一巻第四号、考古学研究会
岩本　崇　二〇〇六「筒形銅器の生産と流通」『日本考古学』第二二号、日本考古学協会
岩本　崇　二〇〇八「三角縁神獣鏡の生産とその展開」『考古学雑誌』第九二巻第三号、日本考古学会
岩本　崇　二〇一〇「古墳時代前期における地域間関係の展開とその特質」岩本他編『龍子三ツ塚古墳群の研究』本文編、大手前大学史学研究所他
岩本　崇　二〇一四ａ「副葬鏡群の変遷モデルと中国四国の前期古墳」『前期古墳編年を再考する』中国四国前方後円墳研究

会第一七回研究集会（島根大会）実行委員会
岩本　崇　二〇一四b「北近畿・山陰における古墳の出現」『博古研究』第四八号、博古研究会
岩本　崇　二〇一七「古墳時代倭鏡様式論」『日本考古学』第四三号、日本考古学協会
植木武編　一九九六『国家の形成』三一書房
上田長生他　二〇一〇「座談会　歴史のなかの天皇陵」高木博志他編『歴史のなかの天皇陵』同朋舎
上田宏範・中村春寿　一九六一『桜井茶臼山古墳　附櫛山古墳』奈良県教育委員会
上野祥史　二〇〇七「三世紀の神獣鏡生産」『中国考古学』第七号、日本中国考古学会
上野祥史　二〇〇八「ホケノ山古墳と画文帯神獣鏡」岡林孝作他編『ホケノ山古墳の研究』奈良県立橿原考古学研究所研究成果第一〇冊、奈良県立橿原考古学研究所
上野祥史　二〇一一「弥生時代の鏡」甲元眞之他編『講座日本の考古学』六、青木書店
上野祥史　二〇一二a「帯金式甲冑と鏡の副葬」『国立歴史民俗博物館研究報告』第一七三集、国立歴史民俗博物館
上野祥史　二〇一二b「金鈴塚古墳出土鏡と古墳時代後期の東国社会」『金鈴塚古墳研究』創刊号、木更津市郷土博物館金のすず
上野祥史　二〇一三「祇園大塚山古墳の画文帯仏獣鏡」上野編『祇園大塚山古墳と五世紀という時代』六一書房
上野祥史　二〇一五「鏡からみた卑弥呼の支配」塚本浩司他編『卑弥呼』大阪府立弥生文化博物館図録五五、大阪府立弥生文化博物館
宇垣匡雅　二〇〇四「古墳の立地とはなにか」広瀬和雄他著『古墳時代の政治構造』青木書店
梅澤重昭　二〇〇三「高崎市域の古墳時代出土鏡について」『高崎市史研究』第一八号、高崎市
エガース・H・J（田中琢他訳）一九八一『考古学研究入門』岩波書店
近江俊秀　二〇〇六『古代国家と道路』青木書店
大賀克彦　二〇〇二「古墳時代の時期区分」古川登編『小羽山古墳群』清水町教育委員会
大賀克彦　二〇〇三「紀元三世紀のシナリオ」古川登編『風巻神山古墳群』福井県清水町教育委員会

大賀克彦　二〇〇五「前期古墳の時期区分」西川修一編『東日本における古墳の出現』考古学リーダー、六一書房
大賀克彦　二〇一三「前期古墳の築造状況とその画期」『前期古墳からみた播磨』第一三回播磨考古学研究集会実行委員会
大久保徹也　二〇〇四「古墳時代研究における「首長」概念の問題」広瀬和雄他著『古墳時代の政治構造』青木書店
大久保徹也　二〇〇八「儀礼の場としての墳丘墓と古墳」設楽博己他編『弥生時代の考古学』七、同成社
大澤真幸　一九九二『身体の比較社会学』Ⅱ、勁草書房
大澤元裕　二〇〇六「北部九州における前期古墳の副葬鏃」『前期古墳の再検討』九州前方後円墳研究会
太田宏明　二〇一一『畿内政権と横穴式石室』学生社
大谷　徹　二〇〇一「大木前遺跡出土の古墳時代の鏡について」金子直行編『大木前／小栗北／小栗／日向』財団法人埼玉県埋蔵文化財調査事業団
大津　透　一九八五「律令国家と畿内」横田健一編『日本書紀研究』第一三冊、塙書房
大津　透　一九九九『古代の天皇制』岩波書店
大場（谷川）磐雄　一九四三「古墳に現れた皇威の伸張」『日本古文化序説』明世堂書店
大林太良　一九八二「内陸国家としての邪馬台国」『歴史と人物』第一二年第一一号、中央公論社
大林太良　一九九一「民族学における通文化的（統計的）研究から見た未開と文明」川田順造編『「未開」概念の再検討』Ⅱ、リブロポート
大平　聡　一九九六「第一日目の全体的な感想」『歴史評論』№五五一、校倉書房
大平　聡　二〇〇二「世襲王権の成立」鈴木靖民編『日本の時代史』二、吉川弘文館
大村　直　二〇一〇「周辺地域における集団秩序と統合過程」『考古学研究』第五六巻第四号、考古学研究会
大村俊夫編　一九七八『山陰の前期古墳文化の研究』Ⅰ　東伯耆Ⅰ・東郷池周辺、山陰考古学研究所
岡田精司　一九七二「継体天皇の出自とその背景」『日本史研究』第一二八号、日本史研究会
岡田精司　一九九二『古代祭祀の史的研究』塙書房
岡田莊司　一九八九「大嘗祭」『國學院雜誌』第九〇巻第一二号、國學院大學出版部

岡村秀典　一九九九　『三角縁神獣鏡の時代』歴史文化ライブラリー六六、吉川弘文館
岡村秀典　二〇〇五　『中国古代王権と祭祀』学生社
岡村秀典　二〇〇八　『中国文明』諸文明の起源六、京都大学学術出版会
岡村秀典　二〇一〇　「景初三年における三角縁神獣鏡の成立」龍田考古会編『先史学・考古学論究』Ｖ下巻、龍田考古会
岡村秀典　二〇一一　「東アジア情勢と古墳文化」広瀬和雄他編『講座日本の考古学』七、青木書店
奥野正男　一九九二　『大和王権は広域統一国家ではなかった』ＪＩＣＣ出版局
小澤佳憲　二〇〇八　「集落と集団一―九州―」設楽博己他編『弥生時代の考古学』八、同成社
落合淳思　二〇一二　『殷代史研究』朋友書店
小野沢正喜　一九八四　「マルクス主義と人類学」綾部恒雄編『文化人類学一五の理論』中公新書七四一、中央公論社
小野山節　一九七〇　「五世紀における古墳の規制」『考古学研究』第一六巻第三号、考古学研究会
折口信夫　一九二六　「小栗外伝」『民族』第二巻第一号、民族発行所
折口信夫　一九二八　「大嘗祭の本義」『國學院雑誌』第三四巻第八号・第一一号
折口信夫　一九七七　「大嘗祭の本義」『折口博士記念會紀要』第三輯、折口博士記念古代研究所
笠井倭人　一九五三　「上代紀年に関する新研究」『史林』第三六巻第四号、史学研究会
春日直樹　一九八八　「ポランニーの儀礼理解」青木保他編『儀礼』東京大学出版会
門井直哉　二〇一二　「古代日本における畿内の変容過程」『歴史地理学』第五四巻第五号、歴史地理学会
加藤一郎　二〇一四　「後期倭鏡研究序説」『古代文化』第六六巻第二号、公益財団法人古代学協会
加藤一郎　二〇一五　「後期倭鏡と三角縁神獣鏡」『日本考古学』第四〇号、日本考古学協会
加藤一郎　二〇一七　「交互式神獣鏡の研究」『古文化談叢』第七八集、九州古文化研究会
加藤謙吉　二〇一〇　「文献史料から見た継体大王」廣瀬時習他編『継体大王の時代』大阪府立近つ飛鳥博物館図録五一、大阪府近つ飛鳥博物館
角林文雄　一九七六　「弥生時代における交易」『古代学研究』第八一号、古代学研究会

門脇禎二　一九七五「古代社会論」『岩波講座　日本歴史』二、岩波書店
門脇禎二　一九八七「地域国家の形成」西嶋定生他編『空白の四世紀とヤマト王権』角川選書一七九、角川書店
鐘方正樹　二〇一二「古墳時代前期における石製品の製作」『考古学ジャーナル』No.六二二、ニュー・サイエンス社
鎌田元一　二〇〇四「『古事記』崩年干支に関する二・三の問題」『日本史研究』第四九八号、日本史研究会
鎌田元一　二〇〇六「暦と時間」吉川真司他編『列島の古代史』第七巻、岩波書店
亀田幸久編　二〇〇七『西赤堀遺跡』栃木県文化財調査報告書第三〇四集、栃木県教育委員会
河合　忍　二〇一六「吉備地域」古代学研究会編『集落動態からみた弥生時代から古墳時代への社会変化』六一書房
河上邦彦　一九九九「徳島県阿南市内学国高山古墳の遺物」『青陵』第一〇三号、奈良県立橿原考古学研究所
川口勝康　一九八二「四世紀史と王統譜」『人文学報』歴史学No.一五四、東京都立大学人文学部
川西宏幸　一九八三「中期畿内政権論」『考古学雑誌』第六九巻第二号、日本考古学会
川西宏幸　一九八九「古墳時代前史考」『古文化談叢』第二一集、九州古文化研究会
川西宏幸　二〇〇四『同型鏡とワカタケル』同成社
河野一隆　一九九八「副葬品生産・流通システム論」『中期古墳の展開と変革』第四四回埋蔵文化財研究集会実行委員会
河野一隆　二〇〇八「国家形成のモニュメントとしての古墳」『史林』第九一巻第一号、史学研究会
川畑　純　二〇一一「衝角付冑の型式学的配列」『日本考古学』第三二号、日本考古学協会
川畑　純　二〇一五『武具が語る古代史』プリミエ・コレクション六〇、京都大学学術出版会
関西大学博物館編　一九九八『博物館資料図録』関西大学出版部
岸本直文　二〇〇四「西求女塚鏡群の歴史的意義」安田滋編『西求女塚古墳　発掘調査報告書』神戸市教育委員会
岸本直文　二〇〇五「玉手山古墳群の消長と政権交替」『玉手山古墳群の研究』V、柏原市教育委員会
岸本直文　二〇一一「河内大塚山古墳の基礎的検討」『ヒストリア』第二二八号、大阪歴史学会
岸本直文　二〇一四「倭における国家形成と古墳時代開始のプロセス」『国立歴史民俗博物館研究報告』第一八五集、国立歴史民俗博物館

岸本直文　二〇一五「炭素一四年代の検証と倭国形成の歴史像」『考古学研究』第六二巻第三号、考古学研究会
岸本道昭　二〇〇四「播磨の前方後円墳とヤマト政権」広瀬和雄他著『古墳時代の政治構造』青木書店
岸本道昭　二〇一三『古墳が語る播磨』のじぎく文庫、神戸新聞総合出版センター
北　康宏　二〇一〇「奈良平安時代における天皇陵古墳」高木博志他編『歴史のなかの天皇陵』同朋舎
木下正史　二〇〇二「まとめ」木下他編『更埴市内前方後円墳範囲確認調査報告書』更埴市教育委員会
久住猛雄　二〇〇七「「博多湾貿易」の成立と解体」『考古学研究』第五三巻第四号、考古学研究会
久住猛雄　二〇〇八「福岡平野 比恵・那珂遺跡群」設楽博己他編『弥生時代の考古学』八、同成社
楠元哲夫　一九九三「古墳時代仿製鏡製作年代試考」宇陀古墳文化研究会編『大和宇陀地域における古墳の研究』由良大和古代文化研究会
熊谷公男　一九八九「〝祖の名〟とウヂの構造」関晃先生古稀記念会編『律令国家の構造』吉川弘文館
熊谷公男　一九九一「大和と河内」『奈良古代史論集』第二集、真陽社
倉本一宏　二〇〇六「大和王権の成立と展開」宮地正人他編『新 体系日本史』一、山川出版社
車崎正彦　二〇〇二「三国鏡・三角縁神獣鏡」車崎編『考古資料大観』第五巻、小学館
車崎正彦編　二〇〇二『考古資料大観』第五巻、小学館
桑原久男　二〇〇〇「青銅器の副葬と埋納」『考古学研究』第四七巻第三号、考古学研究会
桑山正進　一九九〇『カーピシー＝ガンダーラ史研究』京都大学人文科学研究所
小泉潤二　一九八八「儀礼と解釈学」青木保他編『儀礼』東京大学出版会
小杉　康　一九八五「木の葉文浅鉢形土器の行方」『季刊考古学』第一二号、雄山閣出版
小杉　康　二〇〇〇「威信」安斎正人編『用語解説 現代考古学の方法と理論』Ⅲ、同成社
小杉　康　二〇〇三『縄文のマツリと暮らし』先史日本を復元する三、岩波書店
古代学研究会編　二〇一六『集落動態からみた弥生時代から古墳時代への社会変化』六一書房
後藤守一　一九二六『漢式鏡』雄山閣

後藤守一　一九三五「前方後円墳雑考」『歴史公論』第四巻第七号、雄山閣
後藤守一　一九三六「白石古墳群に於ける稲荷山古墳」後藤他編『多野郡平井村白石稲荷山古墳』群馬県史蹟名勝天然紀念物調査報告第三輯
小林敏男　二〇〇六『日本古代国家形成史考』校倉書房
小林到広　一九八五「アステカ社会における衣裳と職務」『国立民族学博物館研究報告』九巻四号、国立民族学博物館
小林行雄　一九五五「古墳の発生の歴史的意義」『史林』第三八巻第一号、史学研究会
小林行雄　一九五七ａ「初期大和政権の勢力圏」『史林』第四〇巻第四号、史学研究会
小林行雄　一九五七ｂ「同范鏡論再考」『上代文化』第二七輯、国学院大学考古学会
小林行雄　一九五八「古代の京都」『京都の歴史と文化』平安神宮社務所
小林行雄　一九六七「折口学と私の考古学」『日本文学の歴史』月報①、角川書店
小山田宏一　一九九三「画紋帯同向式神獣鏡とその日本への流入時期」『弥生文化博物館研究報告』第二集、大阪府立弥生文化博物館
小山田宏一　二〇〇〇「三角縁神獣鏡の生産体制とその動向」『東アジアの古代文化』一〇二号、大和書房
近藤義郎　一九六〇「地域集団としての月の輪地域の成立と発展」近藤編『月の輪古墳』月の輪古墳刊行会
近藤義郎　一九八三『前方後円墳の時代』日本歴史叢書、岩波書店
近藤義郎　一九八四「前方後円墳の成立をめぐる諸問題」『考古学研究』第三一巻第三号、考古学研究会
近藤義郎　一九九八『前方後円墳の成立』岩波書店
斎藤　忠　一九五八「国造に関する考古学上よりの一試論」坂本太郎編『古墳とその時代（二）』古代史研究第四集、朝倉書店
齋藤　努　二〇〇八「内田端山越遺跡出土青銅鏡の鉛同位体比測定結果」松田富美子他編『内田端山越遺跡』財団法人印旛郡市文化財センター他
酒井龍一　一九七八「弥生中期社会の形成」『歴史公論』第四巻第三号、雄山閣出版

佐々木憲一　一九九九　「日本考古学における古代国家論」都出比呂志編『国家形成期の考古学』大阪大学考古学研究室
佐々木憲一　二〇〇四　「古代国家論の現状」『歴史評論』No.六五五、校倉書房
佐々木憲一　二〇一七　「古墳時代考古学による欧米国家形成論の検証」安斎正人編『理論考古学の実践』Ⅰ理論篇、同成社
佐々木高弘　一九八六　「「畿内の四至」と各都城ネットワークから見た古代の領域認知」『待兼山論叢』日本学篇　第二〇号、大阪大学文学部
笹山晴生　一九九一　「畿内王権論をめぐって」『学習院史学』第二九号、学習院大学史学会
笹生　衛　二〇一二　『日本古代の祭祀考古学』吉川弘文館
笹生　衛　二〇一六　『神と死者の考古学』歴史文化ライブラリー四一七、吉川弘文館
佐原　眞　一九七〇　「大和川と淀川」坪井清足他編『古代の日本』第五巻、角川書店
鹿野　塁　二〇一二　「道路」一瀬和夫他編『古墳時代の考古学』五、同成社
重藤輝行　二〇〇八　「欧米考古学における社会理論と北部九州の古墳時代研究」『九州と東アジアの考古学』下巻、九州大学考古学研究室五〇周年記念論文集刊行会
重藤輝行　二〇一二　「九州北部」一瀬和夫他編『古墳時代の考古学』二、同成社
静岡県教育委員会編　二〇〇一　『静岡県の前方後円墳』資料編、静岡県文化財調査報告書第五五集、静岡県教育委員会
實盛良彦　二〇一二　「斜縁神獣鏡・斜縁四獣鏡の製作」『考古学研究』第五九巻第三号、考古学研究会
實盛良彦　二〇一六　「漢末三国期の斜縁鏡群生産と画像鏡」『ヒストリア』第二五九号、大阪歴史学会
島崎東編　一九九五　『足守川加茂A遺跡』本文、岡山県教育委員会
下垣仁志　二〇一一　『古墳時代の王権構造』吉川弘文館
下垣仁志　二〇一二　「古墳出現の過程」一瀬和夫他編『古墳時代の考古学』二、同成社
下垣仁志　二〇一六　『日本列島出土鏡集成』同成社
下垣仁志　二〇一七　「首長墓系譜論の展開」立命館大学文学部考古学・文化遺産専攻編『畿内の首長墳』立命館大学文学部
下垣仁志　二〇一八　『古墳時代銅鏡論考』同成社

城倉正祥　二〇一一　「武蔵国造争乱」『史観』第一六五冊、早稲田大学史学会
白石太一郎　一九七八　「日本神話と古墳文化」『講座　日本の神話』一二、有精堂出版
白石太一郎　一九八四　「日本古墳文化論」歴史学研究会他編『講座　日本史』一、東京大学出版会
白石太一郎　一九八六　「巨大古墳にみる大王権の推移」直木孝次郎責任編集『日本古代史』④、集英社
白石太一郎　一九九八　「古市古墳群の成立とヤマト王権の変革」藤井寺市教育委員会事務局編『古市古墳群の成立』藤井寺市教育委員会
白石太一郎　一九九九　『古墳とヤマト政権』文春文庫〇三六、文藝春秋
白石太一郎　二〇〇八　「倭国王墓造営地移動の意味するもの」白石編『近畿地方における大型古墳群の基礎的研究』奈良大学文学部文化財学科
白石太一郎　二〇〇九　『考古学からみた倭国』青木書店
末永雅雄　一九六一　『日本の古墳』朝日新聞社
菅原雄一　二〇一三　「能美古墳群の構成と変遷」菅原編『能美古墳群』能美市教育委員会
鈴木一有　二〇一一ａ　「横穴式石室」一瀬和夫他編『古墳時代の考古学』三、同成社
鈴木一有　二〇一一ｂ　「松林山古墳と遠江の前期古墳」岩原剛編『三遠南信文化交流展』中日新聞社
鈴木靖民　一九八〇　『古代国家史研究の歩み』新人物往来社
鈴木靖民　一九八五　「倭の五王の外交と内政」林陸朗先生還暦記念会編『日本古代の政治と制度』続群書類従完成会
鈴木靖民　一九九三　「日本古代国家形成史の諸段階」『國學院雑誌』第九四巻第一二号、國學院大学
鈴木靖民　一九九六　「日本古代の首長制社会と対外関係」『歴史評論』第五五一号、校倉書房
須藤智恵美　二〇一四ａ　「初期国家論研究の成果と現在」『考古学研究』第六〇巻第四号、考古学研究会
須藤智恵美　二〇一四ｂ　「初期国家論から考える弥生文化の時代」『季刊考古学』第一二七号、雄山閣
清家　章　二〇一〇　『古墳時代の埋葬原理と親族構造』大阪大学出版会
関　雄二　二〇〇五　「中央アンデス初期国家の権力基盤」前川和也他編『国家形成の比較研究』学生社

関　雄二　二〇〇六『古代アンデス』諸文明の起源一二、京都大学学術出版会
関　雄二　二〇〇八「古代アンデス社会におけるエリートの誕生と工芸品生産」『國學院雜誌』第一〇九巻第一一号、國學院大學
関　雄二　二〇一五「古代アンデスにおける神殿の登場と権力の発生」関編『古代文明と西アジア』朝日選書九三五、朝日新聞出版
関　雄二　二〇一七「アンデス文明における権力生成過程の探求」関編『アンデス文明』臨川書店
高田貫太　二〇一四『古墳時代の日朝関係』吉川弘文館
髙橋浩二　二〇一一「北陸」広瀬和雄他編『講座日本の考古学』七、青木書店
高橋照彦　二〇一一「古墳時代政権交替論をめぐる二、三の論点」福永伸哉編『古墳時代政権交替論の考古学的再検討』大阪大学大学院文学研究科
高橋照彦　二〇一三「首長墳の被葬者像」一瀬和夫他編『古墳時代の考古学』六、同成社
高松雅文　二〇〇七「継体大王期の政治的連帯に関する考古学的研究」『ヒストリア』第二〇五号、大阪歴史学会
田尻義了　二〇〇五「近畿における弥生時代小形仿製鏡の生産」『東アジアと日本』第二号、九州大学二一世紀COEプログラム（人文科学）
田尻義了　二〇一二『弥生時代の青銅器生産体制』（財）九州大学出版会
立木　修　一九九四「後漢の鏡と三世紀の鏡」岩崎卓也先生退官記念論文集編集委員会編『日本と世界の考古学』雄山閣出版
舘野和己　一九七八「屯倉制の成立」『日本史研究』第一九〇号、日本史研究会
舘野和己　二〇〇四「ヤマト王権の列島支配」歴史学研究会他編『日本史講座』一、東京大学出版会
田中晋作　一九九三「百舌鳥・古市古墳群成立の要件」関西大学文学部考古学研究室編『考古学論叢』関西大学
田中晋作　二〇〇九『筒形銅器と政権交替』学生社
田中晋作　二〇一六「古墳時代前期後半における畿内政権内の主導権をめぐる確執」『山口考古』第三六号、山口考古学会

田中　琢　一九八三「方格規矩四神鏡系倭鏡分類試論」『文化財論叢』同朋舎出版
田中元浩　二〇〇五「畿内地域における古墳時代初頭土器群の成立と展開」『日本考古学』第二〇号、日本考古学協会
田中元浩　二〇一七「開発の進展と集落の展開からみた畿内地域」『古代学研究』第二一一号、古代学研究会
田中　裕　二〇〇六「いわゆる「首長墓系譜研究」小考」『墓場の考古学』第一三回東海考古学フォーラム
田中良之　一九九五『古墳時代親族構造の研究』ポテンティア叢書三九、柏書房
田中良之　二〇〇八『骨が語る古代の家族』歴史文化ライブラリー二五二、吉川弘文館
田辺昭三　一九七〇「首長墓の成立」林屋辰三郎責任編集『京都の歴史』一、學藝書林
張光直（小南一郎他訳）　一九八九『中国青銅時代』平凡社
塚口義信　一九九三『ヤマト王権の謎をとく』学生社
辻田淳一郎　二〇〇六「威信財システムの成立・変容とアイデンティティ」田中良之他編『東アジア古代国家論』すいれん舎
辻田淳一郎　二〇〇七『鏡と初期ヤマト政権』すいれん舎
辻田淳一郎　二〇一二「雄略朝から磐井の乱に至る諸変動」『一般社団法人日本考古学協会二〇一二年度福岡大会研究発表資料集』日本考古学協会二〇一二年度福岡大会実行委員会
辻田淳一郎　二〇一五「古墳時代中・後期における同型鏡群の授受とその意義」辻田編『山の神古墳の研究』九州大学大学院人文科学研究院考古学研究室
都出比呂志　一九七〇「農業共同体と首長権」歴史学研究会他編『講座 日本史』第一巻、財団法人東京大学出版会
都出比呂志　一九七五「島本のあけぼの」島本町史編さん委員会編『島本町史』本文編、島本町役場
都出比呂志　一九八八「古墳時代首長系譜の継続と断絶」『待兼山論叢』史学篇第二二号、大阪大学文学部
都出比呂志　一九八九「古墳が造られた時代」都出編『古代史復元』六、講談社
都出比呂志　一九九一「日本古代の国家形成論序説」『日本史研究』第三四三号、日本史研究会
都出比呂志　一九九四「現代に生きる考古学」『考古学研究』第四一巻第三号、考古学研究会

都出比呂志　一九九五ａ　「前方後円墳体制と地域権力」門脇禎二編『日本古代国家の展開』上巻、思文閣出版
都出比呂志　一九九五ｂ　「日本考古学の国際化の前提」『展望考古学』考古学研究会
都出比呂志　一九九六　「国家形成の諸段階」『歴史評論』第五五一号、校倉書房
都出比呂志　一九九九　「首長系譜変動パターン論序説」都出編『古墳時代首長系譜変動パターンの比較研究』大阪大学文学部
寺沢　薫　一九八八　「纒向型前方後円墳の築造」森浩一編『同志社大学考古学シリーズ』Ⅳ、明文舎
寺沢　薫　二〇〇〇　『日本の歴史』第〇二巻、講談社
寺沢　薫　二〇〇三　「首長霊観念の創出と前方後円墳祭祀の本質」角田文衞他編『古代王権の誕生』Ⅰ、角川書店
寺沢　薫　二〇〇五　「古墳時代開始期の暦年代と伝世鏡論（上）」『古代学研究』第一六九号、古代学研究会
寺沢　薫　二〇一三　「日本列島における国家形成の枠組み」『纒向学研究』第一号、桜井市纒向学研究センター
寺沢知子　二〇一五　「布留二式期の古墳像」松藤和人編『同志社大学考古学シリーズ』ＸⅠ、同志社大学考古学シリーズ刊行会
寺沢知子　二〇一七　「古墳の属性と政権動向」『纒向学研究』第五号、桜井市纒向学研究センター
段書安編　一九九八　『中国青銅器全集』第一六巻、文物出版社
栃木県総合文化センター編　二〇一〇　『エントランスロビーでの小さな展覧会』七
豊岡卓之　二〇一一　「総括」東影悠編『東アジアにおける初期都宮および王墓の考古学的研究』奈良県立橿原考古学研究所
豊島直博　二〇一〇　『鉄製武器の流通と初期国家形成』塙書房
直木孝次郎　一九八七　『日本古代国家の成立』社会思想社
直木孝次郎　二〇〇五　『古代河内政権の研究』塙書房
直木孝次郎他　一九九二　「座談会　河内政権論をめぐって」『大阪の歴史』三五、大阪市史編纂所
中尾篤志編　二〇〇三　『原の辻遺跡』長崎県教育委員会
永島正春　二〇〇八　「内田端山越遺跡出土青銅鏡のＸ線的調査結果」松田富美子他編『内田端山越遺跡』財団法人印旛郡市

文化財センター他
長友朋子　二〇一四「芝ヶ原古墳出土土器の位置づけ」小泉裕司編『芝ヶ原古墳発掘調査・整備報告書』城陽市教育委員会
中野咲他　二〇一六「大和地域」古代学研究会編『集落動態からみた弥生時代から古墳時代への社会変化』六一書房
長山泰孝　一九九八「国家成立史の前提」大阪大学文学部日本史研究室編『古代中世の社会と国家』大阪大学文学部日本史研究室創立五〇周年記念論文集　上巻、清文堂出版
奈良拓弥　二〇一〇「竪穴式石槨の構造と使用石材からみた地域間関係」『日本考古学』第二九号、日本考古学協会
南部裕樹編　二〇一六『久米田古墳群発掘調査報告』立命館大学文学部学芸員課程研究報告第一九冊、立命館大学文学部
新納　泉　一九八三「装飾付大刀と古墳時代後期の兵制」『考古学研究』第三〇巻第三号、考古学研究会
新納　泉　一九九一「六、七世紀の変革と地域社会の動向」『考古学研究』第三八巻第二号、考古学研究会
新納　泉　二〇〇一「空間分析からみた古墳時代社会の地域構造」『考古学研究』第四八巻第三号、考古学研究会
西川寿勝　二〇〇〇『三角縁神獣鏡と卑弥呼の鏡』学生社
西川　宏　一九六四「吉備政権の性格」近藤義郎編『日本考古学の諸問題』河出書房新社
西嶋定生　一九六一「古墳と大和政権」『岡山史學』第一〇号、岡山史学会
西村俊範　一九八三「双頭龍文鏡（位至三公鏡）の系譜」『史林』第六六巻第一号、史学研究会
西山克己他編　一九九七『篠ノ井遺跡群』成果と課題編、財団法人長野県埋蔵文化財センター
仁藤敦史　二〇〇九「継体天皇」鎌田元一編『古代の人物』①、清文堂出版株式会社
仁藤敦史　二〇一二『古代王権と支配構造』吉川弘文館
仁藤敦史　二〇一三「「記紀系譜」と古墳編年」『季刊考古学』第一二四号、雄山閣出版
野島　永　二〇〇九『初期国家形成過程の鉄器文化』雄山閣
野島　永　二〇一四「研究史からみた弥生時代の鉄器文化」『国立歴史民俗博物館研究報告』第一八五集、国立歴史民俗博物館
朴　天秀　二〇〇七『加耶と倭』講談社選書メチエ三九八、講談社

橋本達也　二〇一〇「古墳時代交流の豊後水道・日向灘ルート」清家章編『弥生・古墳時代における太平洋ルートの文物交流と地域間関係の研究』別冊、高知大学人文社会科学系
橋本博文　二〇〇一「古墳時代の社会構造と組織」高橋龍三郎編『現代の考古学』六、朝倉書店
橋本裕行　一九八九「弥生時代の絵物語」工楽善通編『古代史復元』五、講談社
土生田純之　二〇〇六『古墳時代の政治と社会』吉川弘文館
土生田純之　二〇一一『古墳』歴史文化ライブラリー三一九、吉川弘文館
林　正憲　二〇〇二「古墳時代前期倭鏡における二つの鏡群」『考古学研究』第四九巻第二号、考古学研究会
春成秀爾　一九七六「古墳祭式の系譜」『歴史手帖』四巻七号、名著出版
春成秀爾　一九八二「銅鐸祭祀の終焉」『歴史公論』第八巻第四号、雄山閣出版
春成秀爾　一九八四「前方後円墳論」井上光貞他編『東アジア世界における日本古代史講座』第二巻、学生社
春成秀爾　二〇一一『祭りと呪術の考古学』塙書房
坂　靖　二〇〇九『古墳時代の遺跡学』雄山閣
坂　靖　二〇一二「畿内」土生田純之他編『古墳時代研究の現状と課題』上、同成社
坂　靖　二〇一五「継体大王とヤマト」松藤和人編『同志社大学考古学シリーズ』XⅠ、同志社大学考古学シリーズ刊行会
東影悠編　二〇一一『東アジアにおける初期都宮および王墓の考古学的研究』奈良県立橿原考古学研究所
菱田哲郎　二〇〇七『古代日本』諸文明の起源一四、京都大学学術出版会
菱田哲郎　二〇一二「考古学からみた王権論」土生田純之他編『古墳時代研究の現状と課題』下、同成社
平尾良光　二〇〇三「青銅器の鉛同位体比」井上洋一他編『考古資料大観』第六巻、小学館
平野邦雄　一九八五『大化前代政治過程の研究』吉川弘文館
広瀬和雄　一九八七「大王墓の系譜とその特質（上）」『考古学研究』第三四巻第三号、考古学研究会
広瀬和雄　一九八八「大王墓の系譜とその特質（下）」『考古学研究』第三四巻第四号、考古学研究会

広瀬和雄　一九九二　「前方後円墳の畿内編年」近藤義郎編『前方後円墳集成』近畿編、山川出版社
広瀬和雄　二〇〇一　『各地の前方後円墳の消長に基づく古墳時代政治構造の研究』奈良女子大学大学院人間文化研究科
広瀬和雄　二〇〇三　『前方後円墳国家』角川選書三五五、角川書店
広瀬和雄　二〇〇九　「古墳時代像再構築のための考察」『国立歴史民俗博物館研究報告』第一五〇集、国立歴史民俗博物館
廣瀬　覚　二〇一二　「佐紀古墳群の形成と埴輪様式」『考古学ジャーナル』No.六二二、ニュー・サイエンス社
廣瀬　覚　二〇一五　『古代王権の形成と埴輪生産』同成社
福永伸哉　一九九二　「近畿地方の小竪穴式石室」都出比呂志編『長法寺南原古墳の研究』大阪大学文学部考古学研究報告第二冊、大阪大学南原古墳調査団
福永伸哉　一九九八　『古墳時代政治史の考古学的研究』大阪大学文学部
福永伸哉　一九九九a　「古墳の出現と中央政権の儀礼管理」『考古学研究』第四六巻第二号、考古学研究会
福永伸哉　一九九九b　「古墳時代の首長系譜変動と墳墓要素の変化」都出比呂志編『古墳時代首長系譜変動パターンの比較研究』大阪大学文学部
福永伸哉　一九九九c　「古墳時代前期における神獣鏡製作の管理」都出比呂志編『国家形成期の考古学』大阪大学考古学研究室
福永伸哉　二〇〇一　『邪馬台国から大和政権へ』大阪大学出版会
福永伸哉　二〇〇四　「交易社会の発展と赤坂今井墳丘墓」岡林峰夫編『赤坂今井墳丘墓発掘調査報告書』峰山町教育委員会
福永伸哉　二〇〇五　『三角縁神獣鏡の研究』大阪大学出版会
福永伸哉　二〇〇七　「継体王権と韓半島の前方後円墳」福永編『勝福寺古墳の研究』大阪大学文学研究科考古学研究報告第四冊、大阪大学勝福寺古墳発掘調査団
福永伸哉　二〇〇八a　「大阪平野における三世紀の首長墓と地域関係」『待兼山論叢』史学篇 第四二号、大阪大学大学院文学研究科
福永伸哉　二〇〇八b　「青銅鏡の政治性萌芽」設楽博己他編『弥生時代の考古学』七、同成社

福永伸哉　二〇〇八c　「古墳出現期の大和川と淀川」白石太一郎編『近畿地方における大型古墳群の基礎的研究』奈良大学文学部文化財学科
福永伸哉　二〇一一　「古墳時代政権交替と畿内の地域関係」福永編『古墳時代政権交替論の考古学的再検討』大阪大学大学院文学研究科
福永伸哉　二〇一四　「古墳時代と国家形成」一瀬和夫他編『古墳時代の考古学』九、同成社
古市　晃　二〇一一　「五・六世紀における王宮の存在形態」『日本史研究』第五八七号、日本史研究会
古市　晃　二〇一三　「倭王権の支配構造とその展開」『日本史研究』第六〇六号、日本史研究会
古市　晃　二〇一五　「国家形成期の王権と地域社会」『歴史評論』№七八六、校倉書房
フレイザー・J・G（折島正司他訳）　一九八六　『王権の呪術的起源』思索社
フレイザー・J・G（神成利男訳）　二〇〇六　『金枝篇―呪術と宗教の研究』第四巻、国書刊行会
北條芳隆　一九九二　「弥生終末期の墳丘墓と前方後円墳」近藤義郎編『吉備の考古学的研究』（上）、山陽新聞社
北條芳隆　二〇〇二　「資料に即した解釈を」『長野県考古学会誌』九九・一〇〇号、長野県考古学会
北條芳隆　二〇〇六　「しめなわ文茶碗の発見と現時点における歴史的評価」北條他編『常三島遺跡二』国立大学法人徳島大学
前幸男編　二〇一一　『天辰寺前古墳』薩摩川内市埋蔵文化財発掘調査報告書九、鹿児島県薩摩川内市教育委員会
松木武彦　一九九六a　「前期古墳副葬鏃群の成立過程と構成」福永伸哉他編『雪野山古墳の研究　考察篇』雪野山古墳発掘調査団
松木武彦　一九九六b　「日本列島の国家形成」植木武編『国家の形成』三一書房
松木武彦　一九九八　「「戦い」から「戦争」へ」都出編『古代国家はこうして生まれた』角川書店
松木武彦　一九九九　「首長制」安斎正人編『用語解説　現代考古学の方法と理論』Ⅰ、同成社
松木武彦　二〇〇七　『日本列島の戦争と初期国家形成』東京大学出版会
松木武彦　二〇一四　「副葬された武器からみた雪野山古墳」竜王町教育委員会編『古墳時代前期の王墓』サンライズ出版

丸山真男　一九六一『日本の思想』岩波新書（青版）四三四、岩波書店
丸山竜平　一九七七「古墳と祭祀」伊藤幹治編『講座　日本の古代信仰』第三巻、学生社
三木　弘　二〇一一『古墳社会と地域経営』学生社
水谷千秋　二〇〇一『謎の大王　継体天皇』文春新書一九二、文藝春秋
水野　祐　一九五四『増訂　日本古代王朝史論序説』小宮山書店
水野　祐　一九六八『日本国家の成立』講談社現代新書一六七、講談社
溝口孝司　二〇〇〇「墓地と埋葬行為の変遷」北條芳隆他編『古墳時代像を見なおす』青木書店
溝口孝司　二〇〇八「弥生社会の組織とカテゴリー」設楽博己他編『弥生時代の考古学』八、同成社
南健太郎　二〇一〇「漢代における踏み返し鏡製作について」『FUSUS』二号、アジア鋳造技術史学会
南健太郎　二〇一六a「日本列島における漢鏡の東方拡散と保有・廃棄の意義」『考古学研究』第六二巻第四号、考古学研究会
南健太郎　二〇一六b「漢・三国・西晋期の銅鏡編年に関する新視角」『ヒストリア』第二五九号、大阪歴史学会
南　秀雄　二〇一三「倉・屯倉」一瀬和夫他編『古墳時代の考古学』六、同成社
宮田　登　一九九二『日和見』平凡社選書一四三、平凡社
三好　玄　二〇一五「首長制研究の現状」松藤和人編『同志社大学考古学シリーズ』XI、同志社大学考古学シリーズ刊行会
三好　玄　二〇一六「和泉地域」古代学研究会編『集落動態からみた弥生時代から古墳時代への社会変化』六一書房
宗像神社復興期成会編　一九六一『続沖ノ島』宗像神社復興期成会
村上恭亮他　一九七九『文明としてのイエ社会』中央公論社
村瀬　陸　二〇一四「画文帯神獣鏡からみた弥生のおわりと古墳のはじまり」『季刊考古学』第一二七号、雄山閣
村瀬　陸　二〇一六a「菱雲文に着目した同型神獣鏡の創出」『古文化談叢』第七七集、九州古文化研究会
村瀬　陸　二〇一六b「漢末三国期における画文帯神獣鏡生産の再編成」『ヒストリア』第二五九号、大阪歴史学会

村田幸子　二〇一二「弥生時代絵画の一断面」『日本考古学』第三三号、日本考古学協会
桃崎祐輔　二〇一二「九州の屯倉研究序説」『一般社団法人日本考古学協会二〇一二年度福岡大会研究発表資料集』日本考古学協会二〇一二年度福岡大会実行委員会
森　浩一　一九五四「獣首鏡を出した土佐平田村戸内の古墳」『古代学研究』第一〇号、古代学研究会
森　浩一　一九六三「天神山古墳の鏡鑑」伊達宗泰他著『大和天神山古墳』奈良県教育委員会
森　浩一　一九六六「大阪府船橋出土の弥生式土器の絵画」『古代学研究』第四五号、古代学研究会
森　浩一　二〇〇三「失われた時を求めて」『堺市博物館館報』第二二号、堺市博物館
森岡秀人　二〇一〇「弥生系青銅器からみた古墳出現過程」『日本考古学協会二〇一〇年度兵庫大会研究発表資料集』日本考古学協会二〇一〇年度兵庫大会実行委員会
森岡秀人　二〇一一「近畿地域」甲元眞之他編『講座日本の考古学』五、青木書店
森下章司　一九九一「古墳時代仿製鏡の変遷とその特質」『史林』第七四巻第六号、史学研究会
森下章司　一九九八「鏡の伝世」『史林』第八一巻第四号、史学研究会
森下章司　二〇〇二「古墳時代倭鏡」車崎正彦編『考古資料大観』第五巻、小学館
森下章司　二〇〇五「器物の生産・授受・保有形態と王権」前川和也他編『国家形成の比較研究』学生社
森下章司　二〇〇七「銅鏡生産の変容と交流」『考古学研究』第五四巻第二号、考古学研究会
森下章司　二〇一〇「古墳出現期における中国鏡の流入と仿製鏡生産の変化」『日本考古学協会二〇一〇年度兵庫大会研究発表資料集』日本考古学協会二〇一〇年度兵庫大会実行委員会
森下章司　二〇一一「青銅器の変遷と唐古・鍵遺跡、纒向遺跡の時代」唐古・鍵考古学ミュージアム他編『ヤマト王権はいかにして始まったか』学生社
森本伊知郎　二〇〇二「威信財としての近世陶磁器」『国立歴史民俗博物館研究報告』第九四集、国立歴史民俗博物館
安村俊史　二〇一〇「大王権力の卓越」岸本直文編『史跡で読む日本の歴史』二、吉川弘文館
柳澤和明編　二〇〇三『新田東遺跡』宮城県教育委員会

柳田康雄　二〇〇二「摩滅鏡と踏返し鏡」『九州歴史資料館研究論集』二七、九州歴史資料館
柳田康雄　二〇〇三「「イト国」王墓と初期ヤマト王権の出現」石野博信編『初期古墳と大和の考古学』学生社
柳田康雄　二〇〇八「弥生時代の手工業生産と王権」『國學院雜誌』第一〇九巻第一一号、國學院大學
柳田康雄　二〇一五「一・二世紀の磨滅鏡・踏み返し鏡・仿製鏡」『古文化談叢』第七四集、九州古文化研究会
山　泰幸　二〇〇八「考古学と社会学の交錯」『九州と東アジアの考古学』下巻、九州大学考古学研究室五〇周年記念論文集刊行会
山尾幸久　一九八三『日本古代王権形成史論』岩波書店
山尾幸久　一九八六『新版・魏志倭人伝』講談社現代新書八三五、講談社
山尾幸久　一九九九『筑紫君磐井の戦争』新日本出版社
山崎カヲル編訳　一九八〇『マルクス主義と経済人類学』柘植書房
義江明子　一九八五「古代の氏と共同体および家族」『歴史評論』No.四二八、校倉書房
義江明子　一九九二「出自系譜の形成と王統譜」『日本歴史』第五二八号、吉川弘文館
義江明子　二〇〇〇『日本古代系譜様式論』吉川弘文館
吉田　晶　一九九五『卑弥呼の時代』新日本新書四七六、新日本出版社
吉田　晶　一九九八『倭王権の時代』新日本新書四九〇、新日本出版社
吉野秋二　二〇一〇『日本古代社会編成の研究』塙書房
米山俊直　一九八九『小盆地宇宙と日本文化』岩波書店
レンフルー・C（大貫良夫訳）一九七九『文明の誕生』岩波書店
若狭　徹　二〇〇七『古墳時代の水利社会研究』学生社
若狭　徹　二〇一五『東国から読み解く古墳時代』歴史文化ライブラリー三九四、吉川弘文館
若林邦彦編　二〇一七『木津川・淀川流域における弥生～古墳時代集落・墳墓の動態に関する研究』同志社大学歴史資料館調査研究報告第一四集、同志社大学歴史資料館

和島誠一・藤澤長治　一九五七「階級社会の成立」歴史学研究会他編『日本歴史講座』第一巻、東京大学出版会

和田晴吾　一九八七「古墳時代の時期区分をめぐって」『考古学研究』第三四巻第二号、考古学研究会

和田晴吾　一九八八「南山城の古墳」『京都地域研究』Vol. 四、立命館大学人文科学研究所京都地域研究会

和田晴吾　一九九二a「山城」近藤義郎編『前方後円墳集成』近畿編、山川出版社

和田晴吾　一九九二b「群集墳と終末期古墳」狩野久他編『新版古代の日本』第五巻、角川書店

和田晴吾　一九九四「古墳築造の諸段階と政治的階層構成」荒木敏夫編『古代王権と交流』五、名著出版

和田晴吾　一九九八「古墳時代は国家段階か」都出比呂志他編『古代史の論点』④、小学館

和田晴吾　二〇〇四「古墳文化論」歴史学研究会他編『日本史講座』一、東京大学出版会

渡邊欣雄　一九八七「リネージ lineage」石川栄吉他編『文化人類学事典』弘文堂

渡辺　仁　一九九〇『縄文式階層化社会』六興出版

和辻哲郎　一九四二『倫理学』中巻、岩波書店

Appadurai, A.　一九八六　Introduction. In: A. Appadurai (ed.) *The Social life of things*. Cambridge: Cambridge University Press.

Boas, F.　一八九七　*The social organization and the secret societies of the Kwakiutl Indians*. Washington: Government Printing Office.

Bohannan, P.　一九五七　*Justice and judgment among the Tiv*. New York: Oxford University Press.

Bohannan, P.　一九六三　*Social Anthropology*. New York: Holt, Rinehart and Winston.

Childe, G.　一九五〇　The Urban Revolution. *The Town Planning Review* 21.（下垣仁志訳「都市革命」『立命館大学考古学論集』VI、立命館大学考古学論集刊行会、二〇一三年）

Claessen, H. and Skalnik, P. (eds.)　一九七八　*The Early State*. Hague: Mouton Publishers.

D'Altroy, T. and Earle, T.　一九八五　Staple finance, wealth finance, and storage in the Inca political economy. *Current Anthropology* 26 (2).

Dubois, C.　一九三六　The wealth concept as an integrative factor in Tolowa-Tututni culture. In: R. Lowie (ed.) *Essays in Anthropology presented to A. L. Kroeber*. Berkeley: University of California Press.

Dupré, G. and Rey, P.　一九七八　Reflections on the relevance of a theory of the history of exchange. In: D. Seddon (ed.) *Relations of Production*. London: Frank Cass.

Earle, T.　一九九七　*How Chiefs Come to Power*. California: Stanford University Press.

Ekholm, K.　一九七二　*Power and Prestige*. Uppsala: Skriv Service AB.

Ekholm, K.　一九七七　External exchange and the transformation of central African social systems. In: J. Friedman and M. Rowlands (eds.) *The evolution of social systems*. London: Duckworth.

Fried, M.　一九六七　*The evolution of political society*. New York: Random House.

Friedman, J.　一九八二　Catastrophe and Continuity in Social Evolution. In: C. Renfrew, M. Rowlands and B. Seagraves (eds.) *Theory and Explanation in Archaeology*. New York: Academic Press.

Friedman, J. and Rowlands, M.　一九七七　Notes towards an epigenetic model of the evolution of 'civilization'. In: Friedman and Rowlands (eds.) *The evolution of social systems*. London: Duckworth.

Godelier, M.　一九七七　*Perspectives in Marxist Anthropology*. Cambridge: Cambridge University Press.（山内昶訳『人類学の地平と針路』紀伊國屋書店、一九七六年）

Haselgrove, C.　一九八二　Wealth, prestige and power. In: C. Renfrew and S. Shennan (eds.) *Ranking, resources and exchange*. Cambridge: Cambridge University Press.

Hawkes, C. F.　一九五四　Archeological Theory and Method. *American Anthropologist*. 56.

Hedeager, L.　一九九二　*Iron-age societies*. Oxford: Blackwell.

Hodder, I.　二〇一二　*Entangled*. Wiley-Blackwell.

Jones, A.　二〇〇二　*Archaeological Theory and Scientific Practice*. Cambridge: Cambridge University Press.

Kristiansen, K.　一九八四　Ideology and material culture. In: M. Spriggs (ed.) *Marxist perspectives in archaeology*. Cambridge: Cambridge University Press.

Kristiansen, K.　一九九一　Chiefdoms, states, and systems of social evolution. In: T. Earle (ed.) *Chiefdoms*. Cambridge: Cambridge University Press.

Kristiansen, K. and Rowlands, M. (eds.)　一九九八　*Social Transformations in Archaeology*. London and New York: Routledge.

Malinowski, B.　一九二二　*Argonauts of the western Pacific*. London: Routledge and Kegan Paul.（寺田和夫他訳「西太平洋の遠洋航海者」『世界の名著』五九、中央公論社、一九六七年）

Mann, M.　一九八六　*The Sources of Social Power*. Vol.1. Cambridge: Cambridge University Press.（森本醇他訳『ソーシャルパワー』I、NTT出版株式会社、二〇〇二年）

Mauss, M.　一九五四（一九二五）　*The Gift*. New York: The Free Press.（有地亨訳『贈与論』勁草書房、一九六二年）

Mizoguchi, K.　二〇〇九　Nodes and edges. *Journal of Anthropological Archaeology*. 28.

Polanyi, K.　一九四四　*The great transformation*. New York: Rinehart.（吉沢英成他訳『大転換』東洋経済新報社、一九七五年）

Polanyi, K.　一九五七ａ　The Economy as Instituted Process. In: K. Polanyi, C. Arensberg and H. Pearson (ed.) Trade and Market in the Early Empires. New York: The Free Press.

Polanyi, K.　一九五七ｂ　The Semantics of Money-Uses. In: G. Dalton (ed.) *Primitive, Archaic and Modern Economies*. New York: Doubleday.

Sahlins, M.　一九六八　*Tribesmen*. New Jersey: Prentice-Hall.（青木保訳『部族民』鹿島研究所出版会、一九七二年）

Schortman, E and Urban, P.　二〇〇四　Modeling the Roles of Craft Production in Ancient Political Economies. *Journal of Archaeological Research*. 12 (2).

Steponaitis, V.　一九九一　Contrasting patterns of Mississippian development. In: T. Earle (ed.) *Chiefdoms*. Cambridge: Cambridge University Press.

Thomas, J.　一九九六　*Time, Culture and Identity*. London and New York: Routledge.（下垣仁志・佐藤啓介訳『解釈考古学』同成社、二〇一二年）

Trigger, B.　二〇〇三　*Understanding Early Civilizations*. Cambridge: Cambridge University Press.（下垣仁志訳『初期文明の研究』同成社、二〇一八年）

Tsude, H.　一九九〇　Chiefly lineages in Kofun-period Japan. *Antiquity*. 64.

Wason, P.　一九九四　*The Archaeology of Rank*. Cambridge: Cambridge University Press.

Yoffee, N.　一九九三　Too many chiefs? In: *Archaeological Theory*. Cambridge: Cambridge university press.

挿図・表出典

図1　Friedman 他一九七七を一部改変
図2　Kristiansen 一九九一を一部改変
図3　Earle 一九九七を一部改変
図5　菱田二〇一二を一部改変
図6　若狭二〇〇七
図7　和田一九九八
図10　福永二〇〇五
図11　Haselgrove 一九八二を一部改変
図12　石村二〇〇三を一部改変
図13　Friedman 他一九七七を一部改変
図14　Friedman 他一九七七を一部改変
図15　Friedman 他一九七七を一部改変
図16　拓本のみ静岡県教育委員会編二〇〇一
図21　1　杉本二〇一六、2　前編二〇一一、3　森一九五四、4　河上一九九九、5　後藤一九二六、6　岩井編二〇一四
図23　1・2　南部編二〇一六、3　段一九九八
図25　5　森一九六六を一部改変のうえ再トレース、6　中尾編二〇〇三を一部改変のうえ再トレース、7　島崎編一九九五を一部改変のうえ再トレース、8　春成二〇一一を一部改変のうえ再トレース
図26　1　宗像神社復興期成会編一九六一、2　大村編一九七八、3　天野編一九八九
表1　Wason 一九九四を改変
出典を明記していない図表は著者作製

あとがき

前著『古墳時代の王権構造』（二〇一一年）を上梓してから、はや七年がすぎた。前著では、古墳時代の有力集団構造／関係の実態に焦点をあてた。しかし、肝腎の有力集団や「畿内中枢」の内容が不分明にとどまり、議論の根幹に大きな問題を残した。この問題にたいして、正当な批判をいくつか頂戴した。また、生業・生産や被支配者の集団編成に関する視点を欠いたため、有力集団構造の特質に深くかかわる生産関係や支配構造についても、論がおよばなかった。これらの難点は、前著の「あとがき」において、今後の検討課題として明記した。

本書は、筆者の積年の研究目的であった国家形成論と、前著で残された課題の解決へのとりくみといえる。前者については、権力資源論を分析枠組として導入し、部分的ながら生業などの視点も組みこみ、考古学の立場から新たな国家形成論を提示できたと自負している。筆者はこの権力資源論の枠組と適用法を、学生時代に参加させていただいた京都大学人文科学研究所の共同研究班「国家形成の比較研究」（二〇〇一—〇五年）において、班員である関雄二氏・福永伸哉氏・菱田哲郎氏の発表と班員間の討論をつうじて学ばせていただいた。

他方、後者の課題については、保有論と首長墓系譜論を基軸にすえ、有力集団の通時的な結節原理を追究することで、部分的ながらも解決をはかろうとこころみた。しかし、ほとんどの課題は本書でも棚上げになり、あいかわらず根幹が脆弱な議論になった感は否めない。情けないとは思うが、これが実力だとみとめるよりほかない。

本書では、筆者としては珍しく、英文の参考文献を利用した。学生のころは、横文字の文献に頼らずにどこまで議論を構築できるかにこだわっていたが、威信財論や国家形成論にとりくむ以上、国内の研究成果に閉塞していても意味がないので、旧套を廃した。とはいえ、論旨に関連するごくありふれた文献しかとりあげていない。

また本書でも、韓半島に関する検討を意図的にはずした。これはひとえに、筆者の知識不足のためである。筆者は、権力資源モデルが韓半島の国家形成論にも有効に適用できると考えている。たとえば、土城に顕著なように軍事に主力が注がれた当地域の国家形成と、墳墓を中核とするイデオロギーに厖大なエネルギーが投入された列島社会の国家形成とを、権力資源論の観点から対比的に検討する作業は有望であろう。墳墓の大なるをもって誇りがちな日本の「お国自慢」的な姿勢を相対化する効果もあろう。

「序」を読むと、研究課題を自発的かつ計画的にこなしてきた成果が本書であるかのような書きぶりになっているが、前著から本書までの期間を冷静にふりかえると、あたえられた課題に場あたり的に対処してきただけだったようにも思える。実際、第一章（国家形成論）と付章（政権交替論）は依頼原稿であり、第二章および第五章（首長墓系譜論）、第三章（威信財論）、第四章（古墳出現論）、第七章（時空観論）は、研究会の依頼発表を成稿したものである。そのうえ筆者は、文章を書くのが嫌いである。構想とデータをそろえてから、幼児が鼻をつまんでピーマンを飲み下すかのように、意を決して一気に執筆することが多い。そのことが、主体性のない場あたり的な姿勢とあいまって、章間のつながりの悪さや内容の重複をうみだしてしまったようにも思う。

このように多くの難点はあるが、研究の細分化・蛸壺化が進んで、二十〜四十代に相当する若手・中堅層が総合的な歴史像をますます構築しにくくなり、それ以外では想像論が目だつようになってきている現状において、中堅層が体系的な国家形成論を提示したことには、それなりの価値があるだろう。今後、国内外の理論枠と諸研究に真摯にとりくみ、その成果を批判的に継承したうえで、本書で披瀝した国家形成論をいっそう発展させてゆくことを、ひとまずの課題としておきたい。ただ最近は、一〇年来の研究テーマである「偽史の考古学」に研究意欲の大半を傾注しているので、上記の課題をいつ実践にうつせるのか、いささか心もとない。とりあえずこの場で課題を明記して、退路をふさいでおきたい。

初校の校了後、寺沢薫氏の大著『弥生時代国家形成史論』（吉川弘文館、二〇一八年）が刊行された。列島の古代国家形成論に関する重要な成果であり、筆者の国家形成論も批判の俎上に載せられており、本書で言及できなかったことが残念である。

本書の製作・編集にあたって吉川弘文館の稲田美穂氏と石津輝真氏にご尽力いただいた。深謝いたします。

二〇一八年元旦

下　垣　仁　志

著者略歴

一九七五年　東京都生まれ
二〇〇六年　京都大学大学院文学研究科考古学専攻博士後期課程修了
現在　京都大学大学院文学研究科准教授。文学博士（京都大学）

〔主要著書〕
『三角縁神獣鏡研究事典』（吉川弘文館、二〇一〇年）
『古墳時代の王権構造』（吉川弘文館、二〇一一年）
『考古学的思考の歴史』（同成社、二〇一五年、翻訳書）
『日本列島出土鏡集成』（同成社、二〇一六年）

古墳時代の国家形成

二〇一八年（平成三十）四月一日　第一刷発行

著　者　下《しも》垣《がき》仁《ひと》志《し》

発行者　吉川道郎

発行所　株式会社　吉川弘文館
郵便番号一一三―〇〇三三
東京都文京区本郷七丁目二番八号
電話〇三―三八一三―九一五一〈代〉
振替口座〇〇一〇〇―五―二四四番
http://www.yoshikawa-k.co.jp/

印刷＝株式会社　精興社
製本＝株式会社　ブックアート
装幀＝黒瀬章夫

ISBN978-4-642-09352-1

索　　引

Ⅰ 事　　項

あ 行

か 行

さ 行

た 行

II　考古資料名

あ　行

か　行

さ　行

た　行

な 行

は 行

ま 行

や・わ行

Ⅲ 遺 跡 名

あ 行

か 行

さ 行

た 行

な 行

は 行

ま 行

や・わ行

Ⅳ　地　　名

V 人 名

あ 行

か 行

さ 行

た 行

な 行

は 行

ま　行

や・ら・わ行